Santiago de
Compostela
2003

p. 253 tarta de
            Almendras
p 245 masa para
      Empanada

La cocina del Camino de Santiago

María del Carmen Zarzalejos Nieto:
La cocina del Camino de Santiago

Ilustraciones de
Francisco Gracia Abril

El Libro de Bolsillo
Alianza Editorial
Madrid

®

© María del Carmen Zarzalejos Nieto
© Ilustraciones: Francisco Gracia Abril
© Alianza Editorial, S. A., Madrid, 1993
    Calle Juan Ignacio Luca de Tena, 15; 28027 Madrid; teléf. 741 66 00
    ISBN: 84-206-0627-8
    Depósito legal: M. 18.854/1993
    Fotocomposición: EFCA, S. A.
    Impreso en Fernández Ciudad, S. L.
    Catalina Suárez, 19. 28007 Madrid
    Printed in Spain

A mis hijos
María y Alvaro

«Con pan y vino se anda el camino.» Esta frase, célebre quizá por la sencillez de su construcción y de sus ingredientes, se hizo realidad a través de los siglos en el sustento que los hospitales y monasterios proporcionaban a los peregrinos santiagueños.

El Camino de Santiago, y centrando éste exclusivamente en el conocido como francés, estaba jalonado de hospitales, o centros de ayuda a los peregrinos, no sólo en el ámbito culinario, sino que también les proporcionaban descanso y atención sanitaria. Incluso había cementerios exclusivamente para los peregrinos que fallecían por muerte natural o provocada. El hacer el Camino no era un paseo dominical, sino que tenían que vencer muchas dificultades, climatológicas, orográficas, de resistencia física, y eludir los ataques hacia su persona, provenientes de salteadores, de timadores y en definitiva de gente no bien intencionada.

La obligación de ayudar al peregrino, así como la acre-

ditación de su carácter como tal, tuvo que ser institucio-
nalizada mediante un documento que se entregaba al peregrino por las autoridades eclesiásticas de su lugar de or

¡A vosotros, santos señores, obispos establecidos en vuestras
sedes apostólicas, abades y abadesas! A vosotros, duques, condes, vicarios, centuriones y deceneros.

A vosotros todos, que creéis en Dios y le teméis; yo pecador
indigno, el último de los siervos de Dios, obispo o abad de
en donde reposa la humanidad mortal del bienaventurado mártir (o confesor) .... salud eterna en Dios.

Os hago saber que el viajero llamado .... nacido en ....
ha venido a mí y me ha pedido consejo sobre un pecado que ha
cometido a instigación del enemigo común (el Demonio). [En
los primeros siglos de la tradición jacobea, la mayoría de los peregrinos lo hacían para saldar alguna *deuda* con Dios, así que se
presuponía que era un pecador]. Según nuestros usos canónicos,
he juzgado que este hombre había de ponerse en la condición de
los que vagan para la redención de sus almas.

Sabed, pues, que cuando se presentara a vos, no habéis de
pensar mal de él ni de apoderaros de su persona; antes, al con-
trario, concededle lecho, fuego, pan y agua, luego, sin detenerle
más, dejadle que vaya cuanto antes a los Santos Lugares. Obrad
así por amor de Dios y respeto a San Pedro, y obtendréis la re-
compensa en la vida eterna, porque en este extranjero habréis
recogido y alimentado a Jesús. Pensad que el Señor ha dicho:
«Era extranjero y no me recogísteis» y además: «Lo que haréis
por el menor de esos pequeños lo habréis hecho por mí».

Esta carta era algo más que un mero pasaporte para
atravesar fronteras (en el caso de peregrinos no españoles). Con esta carta el peregrino tenía acogida en monasterios, iglesias y hospederías religiosas. Asimismo era
obligación moral de buen cristiano acoger al peregrino en
sus casas particulares, castillos o palacios feudales. El ne-
garse a esta asistencia era una conducta merecedora del
máximo castigo de Dios.

En el capítulo XI de la *Guía del Peregrino Medieval**
(libro V del «Codex Calixtinus»), «De la acogida que hay
que brindar a los peregrinos de Santiago», se hace referencia a los castigos divinos por no asistencia al peregrino, y aunque los hechos están situados en tierras francesas, es interesante su transcripción por la insistente
importancia que se da a la ayuda al peregrino en cuanto a
la comida, aunque ésta consista simplemente en pan.

Todo el mundo debe recibir con caridad y respeto a los peregrinos, ricos o pobres, que vuelven o se dirigen al solar de Santiago, pues todo el que los reciba y hospede con esmero, tendrá
como huésped, no sólo a Santiago, sino también al mismo Señor, según sus palabras en el evangelio: «El que a vosotros recibe, a Mí me recibe». Hubo antaño muchos que incurrieron en
la ira de Dios por haberse negado a acoger a los pobres y a los
peregrinos de Santiago. En Nantua, una villa entre Ginebra y
Lyón, a un tejedor se le cayó súbitamente al suelo el paño, ras-
gado por medio, por haber rehusado dar pan a un peregrino de
Santiago que se lo pedía.
  En Vilanova, un peregrino de Santiago, necesitado, pidió li-
mosna por amor de Dios y de Santiago, a una mujer que teniendo el pan todavía entre las brasas calientes le dijo que no tenía pan. El peregrino le dijo: «Ojalá el pan que tienes se te
convierta en piedras!». Se fue el peregrino de su casa, y estaba
ya lejos de ella, cuando se acercó la mujer a las brasas con inten-
ción de coger el pan y en su lugar encontró una piedra redonda.
Arrepentida de corazón se fue tras el peregrino, pero no lo encontró.
  Volviendo sin recursos en cierta ocasión de Santiago, dos nobles galos pidieron hospedaje por amor de Dios y de Santiago, *
en la ciudad de Poitiers, desde la casa de Juan Gautier hasta San
Porcario, sin encontrarlo. Al fin se hospedaron en la última casa
de aquella calle, junto a la iglesia de San Porcario, en casa de un
pobre; y he aquí que por venganza divina, un voraz incendio

---

  * *Guía del peregrino medieval*. Traducción de Millán Bravo Lozano.
Sahagún, 1991.

abrasó toda la calle desde la casa en que primero había solici-
tado hospedaje, hasta aquella en la que se hospedaron. Y eran
unas mil casas. Pero la casa en que se hospedaron los siervos de
Dios, por gracia divina quedó intacta. Por lo que se debe saber,
que los peregrinos de Santiago, pobres o ricos, tienen derecho a
la hospitalidad y a una acogida respetuosa.

Para hacer realidad esta hospitalidad y atención a los
peregrinos en sus necesidades más vitales, se crearon innu-
merables hospitales a lo largo del camino, destruidos en su
mayoría en la actualidad. Su carácter, como la palabra indica, era el de ofrecer hospitalidad al peregrino en el más
amplio sentido de la palabra y estaban gobernados y atendidos por religiosos o religiosas, así como también estaban
los monasterios, en su mayoría de las órdenes cirsterciense
y cluniacense.

La asistencia alimenticia no era igual en todos los sitios,
a pesar de su «obligación moral», consistiendo casi siempre en pan, vino, queso y en algunos sitios sopa y verduras. En otros no se daba ni eso: agua, sal y una manta para
dormir era toda la ayuda; las diferencias eran notables de
unos sitios a otros.

El Camino de Santiago atravesaba, de acuerdo con la
Guía del Peregrino Medieval (siglo XII), Huesca, Navarra, La Rioja, Palencia, Burgos, León, Lugo y La Coruña.
Transcurridos varios siglos, el recorrido tradicional del
Camino de Santiago sigue siendo el mismo, con pequeñas
alteraciones debidas a circunstancias de infraestructura de
carreteras.

En la actualidad, al margen de la satisfacción que su-
pone llegar a Santiago de Compostela para abrazar al
Santo,tendremos la posibilidad de contemplar maravillas
arquitectónicas en iglesias y monasterios, y descubrir la
gastronomía de las diversas provincias y regiones que el
Camino atraviesa. La cocina no es solamente comple-

mento necesario para el peregrino, como medio de subsistencia, sino una posibilidad de conocer el paisaje que se pisa y al paisanaje que lo habita, algo a lo que este libro pretende contribuir..

El libro se inicia con unas consideraciones sobre la figura del peregrino y unos consejos prácticos para quien esté deseando ponerse en marcha.

El camino gastronómico que proponemos sigue fielmente la ruta que recorría el Camino por el territorio español: parte de dos puntos distintos fronterizos con Francia (Roncesvalles, en Navarra, y Somport, en Huesca) que irán a juntarse en Puente La Reina, en Navarra, para seguir hasta el punto definitivo, Santiago de Compostela, en La Coruña.

El Camino se recorre haciendo pequeñas escalas en los más significativos monumentos de la actualidad.El texto hace referencia a diferentes leyendas, a la historia de los hospitales que existían y la atención que brindaban al peregrino, intercalando peculiaridades gastronómicas de cada sitio.

El recetario, que constituye la parte fundamental del libro, ha sido seleccionado en función, sobre todo, de realzar la cocina tradicional, la de siempre, la que da impronta a cada lugar, sin despreciar por ello las nuevas aportaciones, que también aparecen. Las recetas se ajustan a los sitios por donde pasa el Camino, con alguna «escapada» cuando merece la pena hacerla.

Al final se aportan datos de alojamientos para peregrinos, algunos hoteles y restaurantes con datos objetivos, que pueden servir de orientación y ayuda al peregrino. No se pretende que sea una guía exhaustiva del Camino, pero sí creo que servirá para conocer la gastronomía, degustarla, y no desgajarla del ámbito cultural en que siempre debe estar inmersa.

La figura más importante del Camino de Santiago, aparte del propio santo, que es el propiciador de este importante hecho histórico (aunque hay teorías que dicen que el Camino existía antes del cristianismo siguiendo el camino de las estrellas, y sugieren un trasfondo esotérico), es el peregrino, que recorría a pie o a caballo los caminos para conseguir su objetivo, que era llegar a Santiago de Compostela.

> Y ese hombre, con su legado de Dios,
> es el protagonista de nuestra historia.
> Es la búsqueda de un pasado
> envuelto en la frontera de lo fantástico
> y mitológico.

La personalidad del peregrino a lo largo de los siglos ha sido, y es, variadísima: reyes, duques, condes, políticos, obispos, y fundamentalmente el hombre desconocido y anónimo que toma la decisión de emprender el Camino, por motivos de devoción, de promesas hechas o simplemente de reencuentro consigo mismo.

El peregrino andaba ligero de equipaje y de vestimenta y, aunque en un principio cada uno iba como quería, ya en la época medieval se creó un estereotipo de su vestimenta, que le identificaba como tal y facilitaba su andadura a la hora de recibir ayuda y hospitalidad.

> Ella vio en una noche lejana
> como ésta, sin ruidos ni vientos,
> al Apóstol Santiago en persona
> peregrino en la tierra del cielo.
> — Y comadre, ¿cómo iba vestido?,
> le preguntan dos voces a un tiempo.
> — Con bordón de esmeraldas y perlas
> y una túnica de terciopelo.

> (Federico García Lorca)

El peregrino no llevaba perlas ni esmeraldas, pero sí portaba:

• *Una capa,* que le cubría entero y le llegaba hasta los pies, con un capuchón que le servía para resguardarse del frío y de las inclemencias del tiempo. Algunos lo sustituían por un *chambergo* de cuero o fieltro, de ala muy ancha, que levantaba por la parte delantera para evitar que le molestara a los ojos.Para cubrirse llevaba *una capa con esclavina* de poco vuelo que se echaba por los hombros.

• *Túnica de esclavina o vestido* con poco vuelo que el peregrino se echaba sobre los hombros y que, a veces, adornaba con insignias de motivos religiosos.

• *El zurrón o bolsa en bandolera,* en el que llevaban al-

gunas monedas. Era un bolsito muy pequeño de piel de
animal. Las más preciadas eran las de ciervo, que se ven-
dían en el «Paraíso» (que así se llama en documentos medievales a la ciudad de Santiago de Compostela) en la
puerta norte de la catedral. Los peregrinos solían llevar
prendida en ella una concha venera.

• *La cajita* para los certificados del peregrino. Lo fundamental era su carta tractuaria o «pasaporte» de peregrino, con el que tenía acceso tanto a la caridad organi-
zada de los hospitales y conventos como a la privada en
casas y posadas. Solía ser de hojalata o de estaño.

• *El bordón o palo alto*, que podía servirles de apoyo,
para librarse de algún obstáculo de la naturaleza o ele-
mento viviente incordiante con que se encontrase.

• *La calabaza*, como recipiente para el agua o el vino,
que colgaba del bordón o de la cintura.

• *Las sandalias* o botas altas era el calzado habitual.

• *Una cruz de tela roja,* cosida a la capa o a la túnica,
era el signo inequívoco de religiosidad, de su condición
de peregrino santiaguino.

• A partir del siglo XIV, muchos llevaban *un rosario,*
como objeto de piedad, aunque no era un atributo exclusivo de los peregrinos santiagueños.

De todas las prendas, la que mayor importancia tenía,
y así hay constancia de ello, era el calzado. En el hospital
de Roncesvalles había un fraile que se dedicaba a trabajar
el cuero y se ponía a disposición de los peregrinos para
arreglarles sus borceguíes y sus sandalias. Asimismo exis-

tía una orden por la que los zapateros de Astorga podían trabajar los días de fiesta si era para arreglar el calzado de los peregrinos.

A la vuelta de Santiago el peregrino llevaba consigo la concha venera, señal de que había cumplido su objetivo.

Este uniforme no se estableció desde un principio de las peregrinaciones, sino que se fue imponiendo a través de los siglos, de forma que el ir vestido así era un seguro para los que lo portaban contra la cantidad de inconvenientes que tenían que sufrir a lo largo de su peregrinaje, que en ningún caso era fácil.

El Camino en la actualidad

Iniciar el Camino como peregrino, y así se considera al que lo realiza a pie, a caballo o en bicicleta, tiene muchas motivaciones que en la mayoría de los casos no son religiosas, o al menos no exclusivamente religiosas.

Motivaciones deportivas (cubrir unas etapas con un destino cierto cargado de tradición), artísticas (conocer las maravillas que nos ofrece el Camino y ver también, en muchos casos, las que se perdieron), personales y familiares (en más de un caso es una buena disculpa para aglutinar a la familia y hacer todos un viaje que siempre es apetecible)... y así un sinfín más, y con la ventaja de que todas ellas son compatibles.

Los peregrinos del siglo XX no llevan un uniforme determinado, pero se puede establecer una relación de prendas y utensilios casi obligatorios, que serán cómodos y prácticos:

• *Mochila*, amplia y ligera. Se coserán unas hombreras a las correas para evitar rozaduras. Deberá tener bolsillos exteriores para guardar las cosas de uso inmediato. Hay que proteger todo lo que se guarde en su interior en bolsas de plástico.

• *Calzado*. Dependerá dc la época del año en que se haga el Camino, pero es recomendable utilizar botas y además llevar unas buenas zapatillas de deporte. Utilizar doble juego de calcetines, unos finos y encima unos gruesos; esto hará que salgan menos ampollas. Es importante llevar el tobillo sujeto para evitar esguinces.

• *Saco de dormir*. Siempre es conveniente llevarlo, pues no siempre hay plazas en los alojamientos para peregrinos y además hay algunos en que se puede dormir dentro pero tienen pocas camas.

• *Ropa*. Dentro de la comodidad se deberá ir correctamente vestido y con limpieza. Hay que llevar ropa interior, camisetas, un jersey, un chubasquero, calcetines...; lo necesario, pero también lo justo.

• *Cantimplora* con agua fresca, a la que se puede añadir algún preparado en polvo de bebidas isotónicas.

• *Comida*. Lo mejor y lo más cómodo son los frutos secos o chocolate para reponer fuerzas durante el Camino. En la mayoría de los sitios hay tiendas de alimentación para comprar lo justo. En San Juan de Ortega y Rabanal del Camino no se puede comprar nada, así que más vale prevenir la comida o la cena.

• *Varios*. Cámara de fotos ligera, una cartulina con los datos de todos los alojamientos, plano del Camino, un cuaderno de notas pequeño con un bolígrafo y una guía.

• *Bolsa de aseo*. El ser peregrino no quiere decir que

haya que ir sucio. En la mayoría de los alojamientos hay duchas con agua caliente.

• *Botiquín*. Una carterita con las cosas más imprescindibles; para curar ampollas, pomada para dolores musculares...

• *Un palo* que quiere recordar al largo bordón. Si bien los adornos son variopintos, desde pequeñas banderas del país de origen, flores silvestres o insignias metálicas, lo que prácticamente ha desaparecido es la clásica cruz roja santiagueña, hecha en tela y cosida a la ropa. Lo que sí llevan todos es su carta credencial que les acredita como «peregrino».

Credencial

Este pasaporte lo deberá solicitar el peregrino, antes de empezar el Camino, a su parroquia, al obispado, a la abadía, a una cofradía o a una asociación. Sólo se concederá a los peregrinos que hagan el camino a pie, en bicicleta o a caballo. Quienes lo realicen motorizados, no entran dentro de este apartado tan especial de consideración de peregrino. Al solicitar la credencial el peregrino es conveniente que enseñe una carta de presentación de la parroquia, ayuntamiento o colegio que dé fe de la autenticidad de la personalidad del solicitante y de la veracidad de su objetivo.

Al final del Camino, en la oficina de acogida de peregrinos de la catedral de Santiago de Compostela, se puede solicitar la «compostela», certificado de haber hecho la peregrinación a Santiago. Para ello se enseñará la credencial sellada, ya que en cada sitio donde el peregrino se aloje deberá solicitar que se la sellen.

Esta credencial es imprescindible para tener acceso a

los alojamientos para peregrinos, y además siempre le
servirá de aval en caso de necesitar ayuda de cualquier
tipo. Asimismo se pretende que sirva para obtener des-
cuentos en restaurantes así como para tener entrada gra-
tuita a monumentos y museos de la Ruta Jacobea.

DONDE CONSEGUIR LA CREDENCIAL

RONCESVALLES. Javier Navarro, en la Colegiata. (948) 76 00 00.
PAMPLONA. Isabel Roncal. En el alojamiento de peregrinos si-
   tuado en Cizur Menor. (948) 26 09 71.
LOGROÑO. José Carlos Rodríguez. C/ Sagasta, 10.
   (941) 23 03 45.
SANTO DOMINGO DE LA CALZADA. José Ignacio Díaz.
   Casa del Santo. (941) 35 01 34.
SAN JUAN DE ORTEGA. Monasterio. José M.ª Alonso.
   (947) 43 80 16.
BURGOS. Parroquia de San Lesmes (Pza. de San Juan).
   César Alonso.
FROMISTA. Alberto Ruiz. Pza. de San Telmo, 3. (988) 81 01 44.
VILLASIRGA. Ramiro Fernández. C/ Real, 24.
   (988) 88 80 76.
CARRION DE LOS CONDES. José Mariscal. Sta. María, 1.
   (988) 88 00 72.
HOSPITAL DE ORBIGO. Liberto Cenzano. Parroquia.
   (987) 38 84 44.
PONFERRADA. Antolín de Cela y Alberto Morán.
   Basílica de la Encina. (987) 41 19 78.
O CEBREIRO. Félix Rielo. Santuario. (988) 36 90 25.

Parada y fonda

Sea cual sea la motivación, y cualquiera que sea la cali-
ficación del peregrino, hay algo de lo que no van a poder
prescindir ninguno, y es descansar y comer.

Para descansar a lo largo del Camino, los peregrinos
«auténticos» y que así lo acrediten contarán con innume-
rables alojamientos gratuitos, o con precios muy simbóli-

cos (ninguno sobrepasa las 500 ptas) en los que serán acogidos siempre. (Ver información detallada págs. 257.)

Para comer, tampoco van a faltar tiendas, bares y tascas cerca de los alojamientos para peregrinos con precios módicos y en la mayoría de los sitios sirven comidas a «precio especial para peregrino». En algunos alojamientos hay cocina o medios para calentarse comida o incluso prepararla.

Asimismo hay restaurantes de todas las categorías, y por lo tanto de todos los precios, que servirán comida típica del lugar, y esto nos dirá mucho de cómo han sido y son sus gentes, y en muchos casos cada plato tendrá una justificación histórica, debido a su climatología, recursos y modos de vida.

Es muy recomendable probar los platos del lugar, acompañarlos con sus vinos y degustar con tranquilidad un trozo de queso local, un dulce o una copita de un licor reconfortante y digestivo, que a lo mejor confecciona la dueña o el dueño del local. Esto también forma parte del Camino de Santiago, de su historia pasada y de su presente.

Un auténtico peregrino, independientemente de que vaya motorizado, deberá aprehender todo lo que le rodea, admirar lo que ve, escuchar lo que le cuentan, saborear lo que come y paladear lo que bebe. Así se hace el Camino, y después de llegar a la plaza del Obradoiro, abrazar al Santo y comprar la concha venera en cualquier puesto callejero, y antes de hacer los honores a un buen pulpo a feira con un cuenco de ribeiro tinto como acompañamiento, sentir la sensación de plenitud total de que, por una vez, no hemos dejado nada en el Camino, sino que el Camino nos ha dado mucho.

En este caminar gastronómico por el Camino de Santiago, me he encontrado con muchas puertas abiertas, otras medioabiertas y otras cerradas. Al peregrino también le va a suceder que no siempre sea bien recibido, pero por eso no hay que perder el aliento ni el deseo de llegar al final del Camino.

Este libro es, en gran parte, el resultado de una serie de aportaciones de todas las personas que aparecen nombradas en él y de otras, que aún siendo anónimas, con sus charlas me han enseñado mucho, no ya del Camino, sino de las buenas gentes que en él te puedes encontrar.

A lo largo del Camino se comprueba que hay muchas personas que anónimamente ayudan a conseguir que éste se mantenga e incluso que mejore y que el paso por sus pueblos sea un grato recuerdo para el cansado e ilusionado peregrino.

Saben de tascas y de bares con comida casera y, sobre todo, algo muy importante, tienen conciencia histórica de que el Camino «pasaba por aquí».

ARAGÓN

En la cumbre del puerto del **Somport,** pasado el monolito que marca la frontera franco-española, están los vestigios del que fue el más renombrado hospital de peregrinos, el de Santa Cristina. No debía de ser muy grande, pero en 1078 ya era muy conocido. Consta que en 1661 estaba destruido.

Una leyenda atribuye la fundación de este hospital a dos peregrinos franceses —Arnovio y Sineval— que, atrapados por la nieve y ante el acoso de los lobos, se resguardaron en una cueva e hicieron una promesa a la Virgen de construir un refugio si los salvaba. Al día siguiente, una paloma les despertó y contemplaron un bello amanecer sin nieve y sin rastro de lobos. En el dintel de la puerta del hospital fue tallada una paloma; en la catedral de Jaca también se reproduce este mismo motivo.

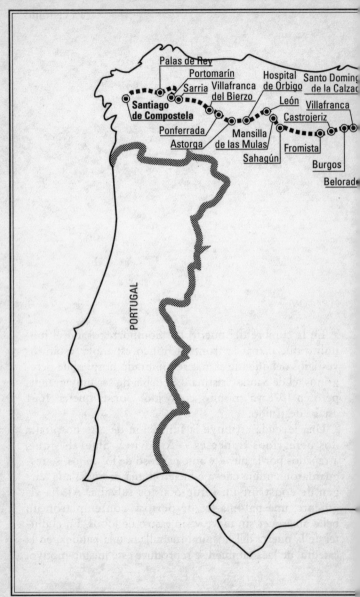

Los itinerarios del Camino de Santiago.

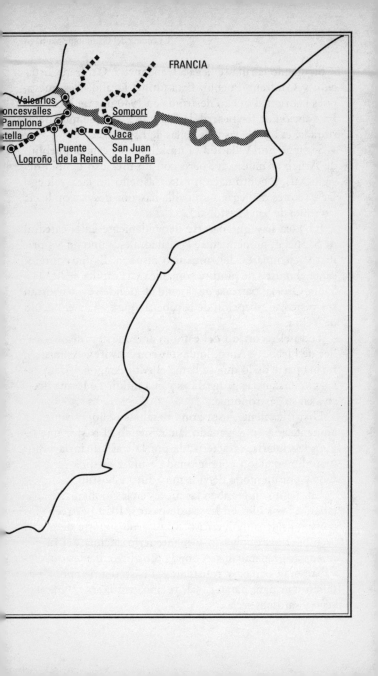

FRANCIA

Valcarlos
oncesvalles
Somport
Pamplona
tella
Jaca
Logroño
Puente
de la Reina
San Juan
de la Peña

Siguiendo la ruta se llega a Candanchú, Canfranc-Estación y Canfranc-Pueblo. Esta última localidad es nueva, pues la original quedó destruida en 1940 por un incendio. La estación de ferrocarril de Canfranc, aunque muy deteriorada, es una de las más bellas de España.

Se sigue por **Villanúa** (a un kilómetro está el pueblito de Aruej, abandonado, pero con un precioso templo del siglo XII), a continuación está Castiello de Jaca y luego Jaca. (Antes de llegar a esta villa hay una desviación hacia la ermita de San Cristóbal.)

En **Jaca** hay que pararse detenidamente en la catedral de Santiago, pionera entre las catedrales y uno de los primeros ejemplares del románico hispano. Es muy interesante el museo de pintura románica y la capilla dedicada a Santa Orosia, patrona de la ciudad, donde se encuentran sus restos, a excepción de la cabeza, que está en el pueblo de Yebra.

Todo el recorrido del camino aragonés bordea los valles de Hecho y Ansó, lindantes con Navarra. Asimismo, forma parte de lo que se llama el Alto Aragón. Todas estas circunstancias geográficas van a influir de forma decisiva en su gastronomía.

Históricamente, esta zona basaba su supervivencia y alimentación en el ganado lanar, siendo el pastor una figura legendaria, caracterizada por la trashumancia y por una alimentación condicionada a unos medios escasísimos y por un modo de vida muy duro y hostil.

En cuanto empezaban las nieves en las montañanas, bajaban a los valles en busca de pastos. Iban pertrechados con un caldero de hierro o cobre y un soporte de hierro («craba») para colgarlo y mantenerlo encima del fuego, mientras preparaban su comida. Los ingredientes que llevaban eran parcos y resistentes al paso del tiempo. Contaban con pan, patatas, sal, tocino, vino, arroz, bacalao seco y sardinas secas.

Uno de los platos de comida más habituales de los pastores eran las *migas,* acompañadas en alguna ocasión de ensalada y vino. Ponían en el caldero un poco de sebo (o de tocino, si lo tenían) y, si había posibilidad, un chorrito de aceite. Sobre una servilleta puesta sobre las rodillas cortaban el pan, con ayuda de un cuchillo muy afilado, en láminas pequeñas y finas. Las humedecían un poco y las agregaban a la sartén, en la que el sebo ya estaba deshecho. Se sofreían hasta que estuvieran doradas y se retiraba el caldero del fuego. Las migas se comían directamente de este recipiente, antes de que se enfriaran. Este plato tan sencillo se sigue manteniendo en la cocina tradicional aragonesa, aunque con el tiempo se ha ido enriqueciendo con otros ingredientes. Según el estudioso Dionisio Pérez, «éste es el plato indígena más antiguo y clásicamente español, anterior a las invasiones fenicias, cartaginesas y romanas; plato, en suma, ibérico o celtíbero».

Otro guiso muy típico del Alto Aragón son los *espárragos montañeses* o, lo que es lo mismo, «colas de corderas guisadas».

En las montañas se «escodan» las colas («codas») de las corderas que se reservan para ser madres y de esta forma se facilita la cubrición. Tradicionalmente esta tarea se realizaba el día de Viernes Santo y el de Todos los Santos. En la actualidad muchos pastores mantienen estos mismos días para la realización de la escoda. Hay que pelarlas y dejarlas desangrar antes de proceder a cocinarlas. La forma más sencilla es freírlas, pero también se pueden acompañar de una salsa de tomates, pimientos y cebollas.

En torno al trabajo de los pastores, en concreto al del esquileo, existía todo un menú tradicional con unas horas establecidas para realizar las diversas comidas del día. Primero esquilaban los corderos blancos y luego los negros. Mecánicamente, cantaban: «De blanco a negro vamos; de pelo no cambiamos». Al acabar con el último cordero ne-

gro empezaban con las ovejas blancas y también cambia-
ban de canción: «De negro a blanco vamos; de pelo cambiamos; agua o vino, el porrón con vino». A media mañana comían sopa, judías secas y *carne de olla*, que era la
carne de la oveja que habían matado para la ocasión. Pasadas las dos de la tarde, volvían a parar y era «el trago de
las dos». Entonces preparaban la *sopanvina*, un pan cortado en rebanadas muy gruesas, mojado con vino y cubierto de azúcar (se servía en unas «horteras» de barro).
La merienda, a media tarde, la solucionaban con carne es-
tofada y ensalada. Al acabar la jornada tomaban «el trago
del burro», que consistía en longaniza, queso y vino. Finalmente, para cenar, comían sopa, ensalada y menudo o
frechura. El *menudo* es un guiso parecido a los callos,
pero a base de pulmón y tripa de oveja, y la *frechura* se
realiza con la sangre y el hígado de la oveja.

Una elaboración artesana de probada calidad era el
queso de Ansó. Realizado por los pastores, nunca ha tenido la transcendencia que se hubiera merecido. Jorge
Puyo —pastor y escritor ansotano— denuncia en sus
obras que este queso se vendía en muchas ocasiones
como «del Roncal», cuando «éste es de inferior calidad».
En la actualidad existe este queso, pero se limita al consumo local debido a su escasa producción. La corteza es
de un color amarillento-pardo, brillante y dura. Su pasta
es amarillenta, compacta y con algunos ojos en su interior. Su sabor es fuerte y tiene ciertas similitudes con el
de Roncal.

La *caza*, en temporada, es una oferta muy atractiva. Si
hay oportunidad no hay que perderse un plato de venado
o corzo preparado en una buena marinada y guisado en
ella a fuego lento.

Siguiendo el Camino hacia Jaca, cerca ya de la frontera
con Navarra, comprobamos el gran predicamento que se
tiene al *cordero* o *ternasco*, preparado al horno, a las bra-

sas o al chilindrón. También son frecuentes las *truchas* escabechadas, las fritas o las que llevan alguna salsa especial. El *pollo al chilindrón* y los *boliches de Embún* completan el itinerario.

Aunque a lo largo del Camino tendremos oportunidad de tomar deliciosos postres caseros, en Jaca hay que hacer mención especial a su repostería. He aquí el muestrario: los *lazos* (se hacen con hojaldre y, una vez horneados, se pintan con yema glaseada), las *collardas* (brioches con almendra molida, pasas y naranja, con una forma que recuerda al monte Collarada), el *tronco de yema* (bizcocho con yemas cubierto con mazapán), las *patatas de Jaca* (mazapán a base de almendras, azúcar y yemas), pastillas de café con leche llamadas *ansotanas*, los *corazones de Jaca* (hojaldres cortados en forma de corazón y con un baño de yema y azúcar), los *besitos* (caramelos de crocante, elaborado con miel, leche y a elegir entre piñones, almendras o avellanas), las *coronitas de Santa Orosia* (rosquillas hechas con mantequilla, almendras y huevos; una vez horneadas, se bañan con azúcar glaseada), los *condes de Jaca* (hojaldre con una capa de claras de huevo batidas; una vez horneado y frío, se rellena con nata o crema y se corta en triángulos), los *jaqueses* (sobre una plancha redonda de masa de bollería muy fina se extiende un baño de miel y almendra en granillo y después se corta en porciones triangulares). Hay otra variedad de pastillas de café con leche, las llamadas *de San Juan de la Peña*.

En su día, las monjas benedictinas del monasterio de Santa Cruz (que data del siglo X, el convento más antiguo del reino aragonés) realizaban los *civillcos*, que eran unas medias lunas de harina, huevo y azúcar con un relleno de yema. En la actualidad ya no se hacen y, según me informaron en el monasterio, se llamaban así por la forma que tenían, parecida a los tricornios de la Guardia Civil. La receta la desconocen porque «las antiguas no nos dejaron la fórmula»... Está claro que los maestros reposteros y las monjas son los que con más celo y recelo guardan sus secretos.

El vino regional que nos van a recomendar en casi todos los sitios donde hagamos parada son los de denominación de origen de Somontano, cuyo epicentro se halla en Barbastro, Salas Bajas, Ponzano y otras localidades oscenses, cercanas al Camino.

Las bodegas más prestigiosas son Cooperativa Somontano de Sobrarbe (Barbastro), Bodegas Lalanne (Barbastro), la más antigua y de origen bordelés, Bodegas Borruel (Ponzano) y Compañía Vitivinícola del Somontano (Salas Bajas).

A 11 km de Jaca hay que salirse del Camino para visitar **Santa Cruz de la Serós** y San Juan de la Peña. El primero es un pequeño pueblo en el que, aparte del encanto de sus casitas, hay que ver la iglesia del monasterio benedictino de Santa María, fundado en el siglo XI para el descanso de las tres hijas de Ramiro I. Lo más llamativo es la torre, o cámara alta, con su forma prismática de ocho lados. En su día debió de cumplir funciones de capilla, y también de bastión para proteger a sus moradoras. San Caprasio es el otro templo del pueblo —siglo XI—, dedicado a este santo francés que murió en Agén, mártir y víctima de las persecuciones del emperador Maximiliano.

San Juan de la Peña es cuna de las más antiguas tradiciones aragonesas. El monte Pano (donde está excavado el monasterio) sirvió de cobijo a los lugareños ante los pertinaces ataques de los musulmanes. Cuenta la leyenda que dos hermanos, Voto y Felicio, encontraron las reliquias del ermitaño Juan de Atarés. Por otro lado, el abad Sancho de Arinzana llevó desde Almería los cuerpos de los Santos Jaime e Indalecio. Con todos estos precedentes y bajo al advocación de los Santos Juan Bautista, Julián y Basilisa, se convierte durante el reinado de Sancho Ramírez en el principal centro religioso de Aragón y punto desde el que irradia la reforma cluniacense.

El monasterio está embutido en la roca, colgado como si fuese un nido de águilas. Desde el punto de vista arquitectónico, tiene yuxtaposición de estilos, desde el mozárabe hasta el barroco. Su claustro es una maravilla del románico, y sus ábsides, excavados en la roca, ofrecen un conjunto inusual y casi mágico. El panteón de Nobles guarda la mayor colección de crismones, y el de Reyes contuvo los restos de los primeros monarcas navarros y aragoneses.

San Juan de la Peña encierra una de las leyendas más bonitas que bordean el Camino. El Santo Grial (que es el vaso de la Ultima Cena y el cáliz con el que José de Arimatea recogió la sangre de Cristo durante la crucifixión) fue guardado entre sus muros durante más de tres siglos.

En el año 1076, el obispo de Jaca don Sancho entrega al monasterio de San Juan de la Peña el Santo Grial que, a su vez, recibe del monasterio de Leire, en Navarra. Don Sancho se refugia en el monasterio hasta su muerte y el Santo Grial permanece allí hasta el año 1399, en que el rey Martín el Humano ordena su traslado a Zaragoza.

Volviendo al Camino, se pasa por **Santa Cilia de Jaca**, pueblecito en el que está situado el monasterio de San Juan (siglo XVII), construido sobre las ruinas de otro anterior, erigido en el siglo X. Se sigue por Puente la Reina (Osturit), Berdún y Tiermas, pueblo deshabitado desde 1958, fecha en la que se construyó la presa y el valle quedó inundado. Los peregrinos medievales se encontraban al llegar a este punto abundancia de manantiales y termas de agua caliente.

A partir de aquí, el peregrino pisará brevemente territorio zaragozano, pasando por Yesa para entrar en territorio navarro.

NAVARRA

Valcarlos es el primer enclave español del Camino en tierras navarras. Esta localidad fue fundada sobre las ruinas de un antiguo hospital de peregrinos, el de San Juan de Irauzqueta, situado en lo que hoy es el barrio de Elizaldea. Se llama Valcarlos (Valle de Carlos) en honor de Carlomagno.

En el alto de Ibañeta, se encuentra la capilla de San Salvador, construida en 1969 en el lugar que ocupaba el monasterio de San Salvador de Ibañeta durante la época medieval. El hospital dependía de este monasterio y prestó grandes servicios a los peregrinos. Con el tiempo fue trasladado a Roncesvalles. En este alto también hay un monumento a Roldán con una lápida dedicada a la Virgen de Roncesvalles o «Reina del Pirineo».

En **Roncesvalles** hay que visitar todo el conjunto arquitectónico. La colegiata de Nuestra Señora de Roncesvalles está emplazada sobre un solar que antiguamente estaba ocupado por la iglesia del hospital para peregrinos. Este hospital, llamado igualmente de Nuestra Señora de Roncesvalles, fue construido por Sancho de Larrosa, obispo de Pamplona, a principios del siglo XII, y sustituyó al que existía en el alto de Ibañeta. Constaba de una gran iglesia, de los edificios conventuales, el hospital, un albergue y el cementerio para peregrinos. La asistencia era espléndida.

Dentro de la colegiata se encuentran la capilla del Santo Cristo, la capilla de San Agustín y el Tesoro, que guarda, entre otras cosas, el ajedrez de Carlomagno, de donde dicen procede el ajedrezado que tiene el escudo de la villa.

Otro edificio, el más antiguo de todo el recinto (siglo XII), es la capilla del Espíritu Santo o Silo de Carlomagno. Es el antiguo cementerio de peregrinos, cuando existía el hospital, y se dice que aquí fueron enterrados Carlomagno y los nobles francos que le acompañaban.

La iglesia de Santiago, o iglesia de peregrinos, data del siglo XIII y en ella se conserva la campana del hospital de San Salvador de Ibañeta, que tañía durante la noche para orientar a los peregrinos y que no se perdiesen por los caminos del puerto de Cize o Cisa.

A la salida de Roncesvalles se encuentra la Cruz de los Peregrinos, también llamada de Roldán, que sustituyó a otra que existía y que fue destruida en 1794.

Se sigue ruta pasando por Burguete (antiguo Burgo de Roncesvalles), Espinal, Viscarret (donde hubo un hospital para peregrinos en el siglo XII), Linzoáin y Zubiri, o «pueblo del puente» (lo cruza el río Arga).

En **Larrasoaña** estaba el monasterio de Santa María y San Agustín, dependiente del de Leyre. Asimismo, había dos hospitales atendidos por las cofradías de Santiago y de San Blas.

Huarte, en la actualidad, es prácticamente un barrio de Pamplona. Hay que visitar la iglesia de San Juan Evangelista. Antiguamente, junto al puente de la Magdalena, había un hospital bajo la advocación de esta misma santa. Se dedicaba a los peregrinos enfermos de lepra. A lo largo del Camino se construyeron varios lazaretos.

Los romeros entraban en **Pamplona** por el Portal de Francia o de Zumalacárregui y desde allí se dirigían a la catedral de Santa María. En el Museo Diocesano se pueden ver las cocinas y las chimeneas donde se preparaba la comida.

El hospital más famoso fue el de San Miguel, cerca de la catedral, con 50 camas. Durante tres días ofrecía pan, vino, carne, verduras y cama a los peregrinos. La permanencia de tres días es una excepción a la regla general de los hospitales, pues la mayoría sólo aceptaban que los peregrinos pasaran dentro una noche. En caso de enfermedad, podían estar hasta que se curasen.

Hay tres barrios en Pamplona que son clara huella ur-

banística de sus antiguos moradores, algunos de ellos re-
lacionados con el Camino: el de la Navarrería, antiguo
núcleo de la ciudad con una estructura clásica romana; el
de San Nicolás, con una disposición rectangular que contenía varios hospitales para peregrinos, y el de San Satur-
nino, de forma hexagonal.

Gastronómicamente, desde Luzaide-Valcarlos a Pamplona nos vamos a encontrar una cocina navarra típica
con innovaciones de restauración moderna, pero hay algunas consideraciones de tipo histórico-gastronómico
que hay que reseñar y conocer.

En Valcarlos y Roncesvalles es muy característica la
caza de las palomas. En el caso de la legendaria Roncesvalles hay que destacar su herencia medieval; se cazan vivas,
con red, imitando la técnica de las palomeras de Echalar.
Cuando empieza la temporada de la *pasa,* en tierras de
Estella se cazan con escopeta, pero en el Pirineo lo hacen
con red.

En lo más alto del desfiladero de Roncesvalles se coloca un vigilante. Cuando las aves (con viento dirección
norte, siempre favorable a ellas) se meten en él, el vigía
lanza un disco de madera de forma que proyecta una
sombra que hace creer a las torcaces que es un gavilán.
Su método de defensa es hacer vuelo en rasante; es en
ese momento, al final del desfiladero, cuando les espera
la red. La calidad de las palomas, una vez guisadas, es
excelente, pues al no perder sangre se mantienen mucho
más tiempo frescas y sabrosas. Algunas de estas palomas se utilizan como *ciegas* en las palomeras del interior.

En esta localidad, y en el propio recinto de la colegiata,
se vende queso de oveja. Para acompañarlo, nada mejor
que acercarse a Zubiri, a 14 km, a comprar un pan autén-
ticamente delicioso.

En Valcarlos las cazan a la espera, en los pasos migratorios, cuando sobrevuelan a una velocidad vertiginosa. La dificultad del tiro es su gran aliciente.

Se sigue el Camino aceptando cualquier sugerencia que se nos pueda hacer en cuanto a comer y beber, sin perder la oportunidad de tomar un *talo* recién hecho y desmigado en una taza de leche caliente o unas *migas*.

Al llegar a Pamplona nos encontramos con la posibilidad de tomar una muestra de todos y cada uno de los platos regionales navarros, aunque no hay que desechar la posibilidad de acercarnos a Tafalla, o a Haro (fuera del Camino), para hacer parada y fonda, y degustar la tradicional cocina navarra o la nueva con ingredientes de siempre.

En la capital hay que tomar una *chistorra frita* con pan en la barra de cualquier bar acompañada de un vino tinto. Podremos tomar unas deliciosas *menestras de verduras frescas* o ensaladas de *cogollitos* de Tudela, o unos deliciosos *espárragos* simplemente cocidos, cualquier *guiso de cordero o gorrino* y, cómo no, un plato de *pimientos del piquillo rellenos*, serán un regalo para el paladar. En otoño son obligadas las *alcachofas*, y en invierno, el *cardo*.

La *borraja* es una verdura muy fina, y al igual que en Aragón se toma también en ensalada. Si tienen suerte, y los encuentran, prueben unos *crespillos* hechos con las hojas de la borraja.

En la época de caza son muy recomendables los *guisos de paloma torcaz* o de cualquiera otra pieza de caza mayor o menor. Tampoco son materia desdeñable las diversas preparaciones del *pato*, sobre todo en sus modalidades más típicas de origen francés, el *magret*, el *confit* y el *paté*. En la actualidad y en el norte de Navarra, hay criaderos de patos que potencian esta nueva especialidad de la cocina navarra.

Las *truchas a la navarra* o unas *setas a la plancha*, también son platos muy solicitados. En el caso de las truchas, no hay que olvidar que, como decía el escritor y gastrónomo Luis Antonio de Vega, «Navarra ha enseñado al mundo a comer truchas». Un pequeño lujo son las ancas de rana, difíciles de encontrar hoy en día, pero los navarros eran y siguen siendo muy aficionados a ellas.

No nos podemos olvidar del *bacalao al ajoarriero*. La fórmula original era con tomates y pimientos choriceros (secos), pero la aparición del pimiento del piquillo ha desbancado en muchas ocasiones la producción de aquél, algo así como si ya no estuviera de moda, circunstancia culinaria que, en cualquier caso, hay que dejar al gusto del cocinero. El bacalao al ajoarriero podrá acompañarse con trozos de langosta, langostinos, patatas partidas en cuadraditos muy pequeños o incluso con caracoles. En cualquiera de sus variantes está exquisito. La regla de oro es que esté bien hecho y sea de muy buena calidad, lo cual apreciaremos en su blancura y jugosidad. Limpio de espinas y pieles, desmigado o separado en láminas pequeñas, jamás será válido un ajoarriero con bacalao en trozos.

En los Sanfermines no hay que perderse la posibilidad de degustar un *estofado de carne de toro* o de *rabo con patatas.*

(Algunos peregrinos, a la salida de Pamplona elegían una variante y hacían el recorrido de Cizur Menor - Esparza - Uterga - Muruzabal, atravesando la sierra del Perdón para llegar a Obanos - Puente la Reina.)

Siguiendo el Camino se pasa por Astráin (donde hubo un hospital hasta hace 50 años) y Legarda y se llega a **Puente la Reina**.

Esta villa nació única y exclusivamente por el fenómeno del Camino de Santiago a mediados del siglo XI, ante la necesidad de vadear el río Arga, ya que aquí confluían los peregrinos procedentes de Somport y Roncesvalles. A partir de Puente la Reina, el Camino es común hasta llegar a Santiago.

Se llama Puente la Reina debido a su impulsora, la reina doña Mayor, esposa de Sancho III el Mayor, rey de Navarra. El puente encierra una bonita leyenda que tiene como personaje central a un *chori* o pajarillo. Allí estaba situada la imagen de la Virgen de Puy y el pajarillo bajaba de vez en cuando a lavarle la cara y las manos. Lo hacía con sus alas y con el agua que retenía en el pico. En 1843 la imagen fue trasladada a la parroquia de San Pedro y el *chori*, desconcertado, anduvo buscándola sin lograr dar con el paradero.

Aquí hay que visitar la iglesia del Crucifijo y ver el Cristo, cuyos orígenes, alemanes, se remontan al siglo XIV.

La Calle Mayor merece un paseo, pues por ella pasaban los peregrinos. Con el tiempo se fueron creando calles y construcciones aledañas. También en esta calle hay que admirar la portada de la iglesia de Santiago.

Saliendo de Puente la Reina, y hasta alcanzar el siguiente jalón importante, se pasa por las localidades de Mañeru, Cirauqui (ver la portada de la iglesia de San Román y la iglesia de Santa Catalina, ambas del siglo XIII), Lorca (iglesia de San Salvador), Villatuerta y Estella.

Estella, aparte de ser una de las localidades más bonitas de todo el recorrido, es un enclave fundamental por los hospitales, hospederías y cofradías que tuvo. El rey Sancho Ramírez fue el que impulsó esta villa, en 1094, con el establecimiento de un castillo y la repoblación por francos, consiguiendo un modelo de villa muy similar a la de Le- Puy-en-Velay. Aparte de la organización urbanística, poseen la misma Virgen (Nuestra Señora del Puy) dentro en una basílica, con la particularidad de que las dos son negras. Ambas ciudades están bajo la advocación de San Andrés. En Le-Puy la iglesia de San Miguel se encuentra

en un alto, y en Estella la iglesia de San Pedro de la Rúa
también lo está.

Todavía en el siglo XVI, sus establecimientos aparecían
rotulados en provenzal y sus habitantes se llamaban Ro-
ger, Robert, Stéphane... Sus devociones se dirigen a Saint
Martin, a Notre Dame del Puy, Notre-Dame de Rocama-
dour...

En esta ciudad hay que visitar varios lugares y monumentos: la plaza de San Martín, con la fuente de los cho-
rros, el ayuntamiento, el palacio de los Reyes de Navarra,
la iglesia de San Pedro de la Rúa (en el jardín del claustro
hay enterrados muchos peregrinos), el palacio de los condes de San Cristóbal, el palacio del Gobernador, la iglesia
del Santo Sepulcro, el convento de Santo Domingo, la
iglesia de Santa María Jus del castillo, la iglesia de San Miguel Arcángel, la iglesia de San Juan Bautista...

A las afueras hay que dirigirse a la basílica de Nuestra
Señora del Puy, con la imagen de la Virgen recubierta de
plata, exceptuando las manos y la cara. Camino de Logroño se encuentran los restos de la ermita de Nuestra
Señora de Rocamador, que fue utilizada como albergue
de peregrinos en la Edad Media.

En Estella es muy recomendable hacer un alto gastronómico. En el otoño se cazan las palomas en choza
(puesto fijo, que sirve de cobijo y punto de reunión casi
permanente), con *orgaderas* y palomas *ciegas*. En torno a
la choza se sigue todo un ritual, independientemente de
que se cace o no. El desayuno, o *taco de media mañana*,
se compone de habas con cola de cerdo o bien del apeti-
toso *amarretako*, a base de chistorra y setas a la brasa.
Para comer, *caparrones* (alubias rojas) con tocino, costillas de cordero o carnero y queso; después, café, copas
(que no falte el pacharán), puro y una partida demus.

Los guisos de estas piezas de caza son los habituales,
con sus adobos o rellenos y acompañados de diferentes

salsas, desde pimientos y tomate, hasta de chocolate. En algunos casos se utilizan de guarnición los *perrechicos* (una variedad de setas). Aparte de palomas, también se cobran perdices, codornices y becadas.

En sus ríos trucheros (Egea, Urederra, etc.), y durante la época hábil, todavía es posible capturar y degustar piezas «auténticas», ya que el resto del año son de piscifactorías.

Asados de *gorrín* (cochinillo) y cordero completan la ofera gastronómica; de postre, unas *alpargatas* (hojaldre relleno de crema de almendras), y para los amantes del chocolate, las *rocas del Puy*, que son pequeñas montañitas de chocolate con avellana.

Dejando atrás Estella se pasa por **Ayegui**. A un kilómetro hay una desviación hacia el monasterio de Irache, donde existió uno de los principales hospitales del Camino. Fue construido por García de Nájera en 1052.

Aquí vivió San Veremundo, patrón del Camino de Santiago en Navarra desde 1969. Nació en Villatuerta o en Arellano en 1020. Era sobrino del abad Munio de Irache y éste le protegió. Desde pequeño ejercía labores de portero en el monasterio. Un día, como era su costumbre, salió con unos cuantos panes debajo del hábito para socorrer a los pobres. Se encontró con el abad y éste le preguntó qué llevaba. Veremundo le contestó que unas astillas. Al abrir el hábito, los panes se habían convertido en astillas, lo que propició la creencia de su poder para obrar milagros.

A los 23 años fue nombrado abad-coadjutor, y en 1054 se convirtió en el nuevo abad.

Inmediatamente se dedicó a habilitar el hospital para peregrinos que llevaba dos años en construcción, mejoró los caminos y propició la repoblación de la Ruta Jacobea con la fundación de pequeños monasterios dependientes del cenobio.

Mantuvo estrechas relaciones con tres reyes: Sancho García el de Nájera, Sancho el de Peñalén y Sancho Ramírez. Se dice que la repoblación y el asentamiento de francos en Estella (con toda la concesión de prebendas ya citadas) se debe a su influencia sobre Sancho Ramírez.

Se le atribuyen varios milagros, tanto a lo largo de su vida como después de su muerte, siendo muy importante la ayuda que prestó a los peregrinos y a los pobres. Murió en 1099 y, junto a Domingo de la Calzada y Juan de Ortega, forma la trilogía de santos que favorecieron notablemente al Camino y sus peregrinos.

No se sabe si será milagro de San Veremundo, pero en una bodega aledaña al monasterio hay dos fuentes: de una sale agua y de la otra vino.

Volviendo al Camino, se pasa por Azqueta y Urbiola y se llega a Los Arcos, donde en el siglo XIII existió un hospital para peregrinos.

Las siguientes localidades son Sansol, donde hubo hospital, y Torres del Río, aquí hay que visitar la capilla del Santo Sepulcro, de planta octogonal, como la de Eunate, y cuya finalidad fue la de capilla funeraria (hay quien la relaciona con la Orden del Temple).

A tres kilómetros de Torres se haya el santuario de Nuestra Señora del Poyo. La imagen, del siglo XIV, está rodeada de una leyenda muy curiosa: la Virgen se negó a ser trasladada a Viana, y cada vez que lo intentaban la imagen volvía a aparecer en el santuario.

Precisamente la última localidad navarra es **Viana**. Fue fundada por Sancho el Fuerte para defenderse de los ataques de Castilla y llegó a tener cuatro hospitales. Hay que visitar el monasterio de San Pedro y la iglesia gótica de Santa María.

En esta villa podemos degustar las riquísimas menestras, los pimientos y los guisos de cordero. En Viana se

empieza a notar —desde el punto de vista gastronómico— que estamos a punto de entrar en La Rioja.

Muy cerca están Mendavia y Lodosa, localidades conocidas por sus magníficos productos de huerta. En el caso
de Lodosa, su fama se debe a los pimientos del piquillo,
suaves, regulares de tamaño, que comercializan en distintos envases, bien para su consumo directo o para rellenar.
Respecto a los pimientos del piquillo hay que resaltar la
cantidad de platos que ahora van acompañados de salsa
de pimientos en sustitución de la de tomate.

* * *

Los peregrinos que venían de Aragón accedían a
Puente la Reina por **Yesa**. En esta localidad, unos se desviaban al monasterio de Leyre y volvían a Liédena, y
otros se desviaban a Javier y Sangüesa y regresaban de
nuevo a Liédena. A partir de este punto se pasaba por
Monreal, Eunate, Obanos y Puente la Reina.

Leyre está ocupada en la actualidad por frailes benedictinos. Durante el siglo XI fue cabeza de todos los monasterios del Pirineo navarro. Se puede visitar la iglesia, la cripta
y la Porta Speciosa. El resto es clausura, lo que no impide
la posibilidad de comprar un riquísimo licor de hierbas que
elaboran los monjes y que tiene propiedades digestivas.

Javier es el lugar de nacimiento de San Francisco Javier, confundador de la Compañía de Jesús. El santo nació en el castillo en 1506. Se visita la torre del homenaje
(siglo XI), algunas dependencias de los siglos XII-XIII y el
oratorio. Asimismo, se puede acceder al santuario, situado en una de las alas del castillo. La pila donde fue
bautizado se encuentra en la parroquia-abadía de San
Francisco Javier.

Sangüesa es otro jalón importante en la peregrinación
jacobea. La iglesia de Santa María la Real, con su portada

gótica, merece una detenida visita. Data de 1132 y se construyó bajo la tutela de la Orden de San Juan de Jerusalén. En su interior se guarda una imagen de la Virgen de Rocamador. Otras visitas interesantes son: iglesia de Santiago, iglesia de San Salvador, convento de San Francisco, palacio-residencia del Príncipe de Viana (actual ayuntamiento), palacio del Duque de Granada y el palacio de Vallesantoro.

Es el sitio ideal para comprar o consumir las *pochas* (judías blancas tiernas recién desgranadas). Su época son los meses de julio y agosto. Se preparan con morcilla y chorizo, pero dada la extraordinaria suavidad y delicadeza de esta legumbre también se toman simplemente cocidas, con un rehogado de tomates, pimientos, cebollas y ajo. A partir de septiembre son ya alubias blancas, que, aunque no están tan tiernas, sigue siendo una legumbre muy apreciada.

Desde **Liédena** (merece la pena acercarse a la espectacular foz de Lumbier) se sigue el Camino hasta encontrar la desviación a Eunate. Antes se pasa por Idocín, Monreal, Campanas, Otano, Ezperun, Tiebas y Enériz.

En Eunate está la ermita románica de la Virgen de Eunate, de planta octogonal, para algunos perteneciente a la Orden del Temple. Otros la consideran un simple reducto funerario. Esta misma estructura arquitectónica la encontramos en la capilla del Santo Sepulcro de Torres del Río.

En Obanos existieron varios hospitales para peregrinos. Hay que visitar la iglesia parroquial de San Juan Bautista. Esta localidad se encuentra a un paso de Puente la Reina.

LA RIOJA

Una de las ciudades que nació y creció gracias al Camino fue **Logroño**. En el siglo XI, y a instancias de Juan de Ortega, se construyó un puente de piedra con doce arcos y dos torres para salvar el río Ebro. Este puente ya no existe, pues fue sustituido a finales del siglo pasado por otro de piedra.

Los monumentos y lugares que hay que visitar son: iglesia de Santiago el Real, situada al comienzo de la calle Barriocepo, que conduce hasta la Puerta del Camino o del Revellín. Por aquí salían los peregrinos camino de Nájera. Junto a la iglesia de Santiago está la fuente de los Peregrinos. En la parte superior del arco de la portada hay una enorme estatua de Santiago Matamoros, en conmemoración de la batalla de Clavijo, librada en un descampado de esta localidad, a 17 km de Logroño.

El 23 de mayo se celebra en **Sorzano**, pueblo próximo a Clavijo, la procesión de las doncellas en recuerdo de la citada batalla. Asimismo, el tercer domingo de mayo y el 25 de julio, festividad de Santiago Apóstol, los danzantes de Albelda de Iregua se acercan a Clavijo con el propósito de honrar la memoria del apóstol.

Se puede continuar la visita por la plaza del Espolón y por la Calle Mayor, antigua vía de peregrinos. Aquí se encuentra la catedral de Santa María la Redonda; detrás está la iglesia de San Bartolomé y un poco más allá la de Santa María del Palacio. La visita al palacio de Espartero merece la pena para ver su museo.

En la capital podemos degustar la variedad de la gastronomía riojana y de sus vinos.

Como ya hemos visto en otras comarcas, hay dulces que van unidos a determinadas celebraciones religiosas; las rosquillas, el día de San Blas; las torrijas, el día 19 de marzo, festividad de San José; el 11 de junio, San Bernabé, patrono de La Rioja, la Cofradía del Pez conmemora la defensa de la ciudad por parte de los logroñeses contra los franceses, y ofrece a todos un pez frito, un bollito de pan y un jarro de vino; el día 1 de noviembre, festividad de Todos los Santos, se hacen los famosos huesos de santo, rollitos de mazapán rellenos. En Navidad es muy tradicional el cardo con almendras, el besugo con pimientos secos y de postre compota y también castañas cocidas con anís.

Se sigue camino y se llega a **Navarrete**, localidad donde lo más notable es la iglesia de la Asunción, con un tríptico que se adjudica a Rembrandt o a su discípulo Ysenbrandt, y todos aquellos peregrinos que la visitaran podían ganar cuatro jubileos perpetuos y la portada del cementerio, que pertenecía a la entrada del hospital de peregrinos de San Juan de Arce.

El pueblo mantiene una serie de casas blasonadas bien conservadas y pervive la tradición alfarera.

En Navarrete es típico hacer bollos de pan horneado con un chorizo dentro el día de San Blas. Este tipo de bollos de pan rellenos, se dan mucho en Castilla y se llaman *hornazos*.

El siguiente alto en el camino es Nájera, «lugar entre peñas» en árabe, donde se encuentra el monasterio de Santa María la Real, fundado a mediados del siglo XI por García el de Nájera, que hiciera de esta villa capital de su reino. Asimismo este rey creó la Orden de la Terraza, bajo la advocación de la Anunciación.

Tanto la construcción del monasterio como la creación de la orden vienen determinadas por la siguiente leyenda: salió un día de caza el rey acompañado de su halcón y vio que éste, persiguiendo a una paloma, se metía en una cueva de donde salía un extraño resplandor. en cuyo interior el rey encontró una imagen de la Virgen con una terraza (jarra) o cáliz con azucenas y las dos aves juntas en actitud pacífica y amigable. En este sitio se alza el monasterio, que se convirtió en panteón de la familia real, y en honor de la terraza con azucenas creó la citada orden de caballeros, que se cree ha sido la primera en España. En la cueva se venera una imagen gótica que está acompañada de una terraza.

El monasterio estuvo dirigido y habitado en un principio por los benedictinos de Cluny y, después de la Desamortización y ya en 1895, lo habitan los franciscanos. El claustro de los Caballeros, que es uno de los más bonitos de España, y el sepulcro de doña Blanca de Navarra son dos de las visitas obligadas dentro del monasterio.

Conviene pasear por todo el pueblo y visitar sus iglesias y admirar sus casas blasonadas.

En Nájera se pueden degustar unas pochas o caparrones acompañadas de chorizo y oreja de cerdo, con unas guindillas en escabeche que se untarán de sal y se irán comiendo a la vez, así como unas cabecitas de cordero asadas al horno con perejil y ajo o una asadurilla de cordero y también un picadillo (es el relleno de los chorizos antes de embutirlo) que, acompañado de morcilla de Belorado, es un plato fuerte pero que regado con un rioja de cosechero, joven y fresco, entra muy bien; las truchas también forman parte de su gastronomía local.

Saliendo de Nájera, y a pocos kilómetros, hay una desviación que conduce a **Berceo** y a **San Millán de la Cogolla**, lugar visitado muy frecuentemente por los peregrinos y donde se pueden admirar los monasterios de Suso y de Yuso.

San Millán o Emiliano eligió este sitio para hacer vida eremítica en el siglo VI. Nació en Berceo en el último cuarto del siglo V y murió en el año 574. Era pastor y tocaba muy bien el rabel. Un día entró en éxtasis escuchando su propia música y decidió buscar al ermitaño Félix, que vivía cerca de Haro, donde recibió su magisterio. Después de permanecer varios años a su lado, regresa a Berceo con fama de santo y autor de milagros. Ante la presencia de tanta gente que acudía a conocerle decide retirarse a la sierra de la Demanda en busca de soledad y tranquilidad.

Como todos los eremitas, se alojó en una cueva y en torno a ella creó un cenobio masculino y otro femenino. Entre los miembros del cenobio femenino destaca Santa Oria, que se emparedó de por vida junto a la ermita que allí se levantó.

Sobre la cueva primitiva y como prolongación de ella surgió un cenobio constituido por varias cavernas excavadas en la peña y dispuestas en dos pisos comunicados por un pozo y dos capillas aledañas.

Este cenobio fue ampliado y mejorado por Sancho Garcés I de Pamplona y se consagró como iglesia de Suso en el año 984. Hoy en día el monasterio de Suso («el de Arriba») mantiene su encanto tanto por sí solo como por el entorno. En una de las cuevas se encuentra el sepulcro del santo, que es una magnífica talla de alabastro del siglo XII que evoca a San Millán yacente.

En el monasterio de Yuso («el de Abajo»), a unos dos kilómetros de distancia del de Suso, se conserva una colección de códices y documentos antiguos de valor incalculable.

Se vuelve al camino principal, pasando por Azofra, que es un nombre de origen árabe que significa «trabajo forzoso, impuesto y gratuito».

El siguiente lugar de parada es el pueblo jacobino por excelencia en La Rioja, **Santo Domingo de la Calzada**.

Domingo nace en Viloria de la Rioja (Burgos). Tras llamar a las puertas de los monasterios de Valvanera y de San Millán de la Cogolla, donde no es aceptado a causa de su torpeza, decide retirarse a hacer vida eremítica en los montes cercanos al río Oja, donde conoce a Gregorio Ostense que le transmite su sabiduría.

En un lugar llamado La Hayuela, y con sólo la ayuda de una hoz, tala árboles, limpia los caminos de malezas y

construye la calzada peregrina. En este tiempo recibe la
visita de Domingo de Silos y toma como discípulo a Juan
de Ortega, que sería otro de los constructores y benefactores del Camino.

Después decide construir el puente sobre el río Oja
(posteriormente reconstruido por Juan de Ortega) y un
hospital que atendía personalmente. De este hospital no
queda ni un solo vestigio. En el cenobio de este hospital,
que no tenía cristales en las ventanas, no entró jamás
una sola mosca. También construyó una iglesia y se
cuenta que para que los vecinos le dejaran terreno suficiente utilizó una triquiñuela muy pícara. Les prometió
que su iglesia se sujetaría sobre la superficie de una piel
de toro... Y lo que hizo fue cortar la piel de toro en tiritas y con ellas marcó una extensión de terreno considerable.

En el año 1090 Alfonso VI le encarga la realización de
todos los puentes de Logroño a Compostela que atraviesan el Camino, tarea a la que se dedica durante ocho años
con ayuda de Juan de Ortega. En 1102 construye su propio sepulcro, pero lo hace fuera del solar eclesiástico, para
que una vez muerto y enterrado los vecinos se vean obli-
gados a ampliar la iglesia para acogerle. Así lo hicieron,
una vez que el santo falleció en 1109. Santo Domingo es
patrón de las Obras Públicas en España.

En Santo Domingo hay que visitar la catedral, que conserva en su interior el sepulcro del santo. En la cripta está
el sarcófago que contiene los restos del gran constructor
y protector del Camino y sobre éste hay un templete di-
señado por Virgany en 1513 en el que se representan escenas de la vida de Santo Domingo y el milagro del ahor-
cado. En la reja que rodea al mausoleo está la vieja hoz
que fue el arma de trabajo imprescindible del santo.

Frente a este sepulcro está el famoso gallinero, con una
gallina y un gallo vivos en recuerdo del milagro del ahor-

cado. Estas dos aves se renuevan cada semana. Pycaud lo
sitúa en Toulouse, pero parece ser que fue en esta villa
donde sucedió.

Estas aves están relacionadas con un hecho que sucedió
a un matrimonio alemán que, acompañados de su hijo,
hicieron parada en su peregrinación en una posada de
Santo Domingo de la Calzada. La hija del posadero se
enamoró del joven hijo del matrimonio, pero éste la re-
chazó. Ella, en venganza, y la noche antes de partir, co-
locó en el morral del joven una taza de plata. Al día siguiente, ya en camino, la familia alemana fue alcanzada
por la justicia y el hijo fue acusado de robo y condenado
a la horca. Los padres van a Santiago y a su vuelta pasan
por Santo Domingo, donde encuentran a su hijo colgado
pero vivo por la intercesión del apóstol. Los padres acuden ante el juez a contarle el milagro. Este tenía encima
de la mesa un gallo y una gallina asadas para comer, y al
oír las palabras del matrimonio alemán, exclamó como
fruto de su incredulidad: «Tu hijo está vivo lo mismo que
estas aves que ves aquí en el plato». Y en ese momento las
aves saltaron de la fuente y cantaron. De ahí el dicho:
«Santo Domingo de la Calzada, donde la gallina cantó
después de asada». Los jueces de Santo Domingo llevaron
durante mucho tiempo una cuerda atada al cuello como
castigo a su incredulidad. Tiempo después se sustituyó
por una cinta de color.

Hay creencia extendida entre los peregrinos de que si
estando viéndolos canta el gallo, es buen augurio, así
como también los peregrinos franceses tenían por buen
augurio el conseguir una pluma de las aves y seguir el Camino con ella puesta en el sombrero.

En la culinaria de Santo Domingo de la Calzada y sus
alrededores ya empieza a hacerse efectiva la influencia
castellana, y los guisos de cordero quedarán relegados
por los asados. El día 12 de mayo hay tradición de repar-

tir un bollo con la efigie del santo. El día 11, víspera de la
festividad de Santo Domingo, se reparte una cebolleta, y
el día siguiente, la cofradía ofrece un almuerzo consistente en un potaje de garbanzos y acelgas y con la carne
de dos corderos que durante un año han estado pastando
por donde han querido, privilegio que se les concede en
función del fin para el que se les tiene previsto. El día 13
de mayo, que es cuando se cambia al prior de la cofradía,
reparten pan y queso. Al domingo siguiente a este día 13,
acuden en romería al gallinero para dar las gracias por la
entrega de la leña que dieron para hacer el potaje el día
del santo, y entonces reparten pan, chorizo y vino. El domingo siguiente al martes de Pentecostés hacen una romería a la ermita de la Virgen de las Abejas, siendo tradicional comer lentejas. El patrón es bien celebrado por su
cofradía.

Merecerá la pena desviarse a 15 km hacia el sur y llegar
hasta Ezcaray, donde la cocina riojana está exaltada por
un par de restaurantes muy recomendables y de gran tradición familiar. Por cierto que, en esta localidad, el día 21
de marzo, festividad de San Benito, se prepara un gigan-
tesco plato a base de habas secas con tocino, manteniendo
una vieja tradición.

Hacia el norte de Santo Domingo, y a 18 km, está
Haro, donde se puede comer un buen cordero asado regado con un tinto rioja.

Los vinos jóvenes o de cosechero son los más solicitados; además de que su precio es mucho más asequible
que el de los de reserva, son en general de gran calidad.
Aunque en los restaurantes ofrecen vinos de calidad y
de reserva, hay que aprovechar para pedir vinos del
año.

Burgos

El primer pueblo con que el peregrino se encuentra al entrar en Castilla es Redecilla del Camino.

En Castildelgado, a la salida del pueblo, se encuentra el término de «Pisa Romeros» y la fuente que llaman Jaque (su origen es Jac o Jacques, que significa Santiago en francés). A pocos kilómetros está Viloria de Rioja, lugar de nacimiento de Santo Domingo de la Calzada.

Siguiendo la Ruta Jacobea se llega a **Belorado**, donde hay unas ruinas del castillo completamente destrozadas, y debajo, excavadas en el cerro, unas cuevas en las que hubo vida eremítica. Este fenómeno de las cuevas para refugio de ermitaños se da mucho a lo largo del Camino.

En la Plaza Mayor, y en todo el pueblo, hay varios mesones y bares con platos castellanos, aunque algunos tienen ciertos toques de la cocina riojana.

Pasado Tosantos se llega a **Villafranca-Montes de Oca**. Tanto el nombre, oca, como la efigie de este animal, los vamos a encontrar repetidamente. Los canteros medievales eran muy aficionados a plasmarla. Hay quien dice que el juego de la oca está basado en el Camino de Santiago, con su secuencia de ocas y puentes.

El añadido de Villafranca demuestra la presencia masiva de francos, que antepusieron este nombre al de Montes de Oca. En origen se denominó Auca, y el primer obispo de esta localidad —según cuenta la tradición— fue San Indalecio, nombrado por el propio Santiago.

El Hospital de la Reina o de San Antonio, fundado en 1380, era conocido como un lugar «alto de camas y pobre de ropa». Pero allí se daba muy bien de comer, como atestigua el alemán Kuning: «Todos los hermanos disponen de una buena ración». En la parroquia de Villafranca está representado el Apóstol como un peregrino descalzo, ataviado con bordón, esclavina y ancho sombrero con insignias jacobeas.

En el puerto de la Pedraja comienza el ascenso a los Montes de Oca, un paraje donde los peregrinos eran asaltados y saqueados con excesiva frecuencia. Aquí podemos ver la ermita de la Virgen de la Oca, con una talla del siglo XIII, y al lado los cuatro manantiales con el pozo por donde fue arrojado San Indalecio tras su martirio. Más adelante están las ruinas de la iglesia gótica de Valdefuentes.

Cuando se llega a **San Juan de Ortega,** el peregrino se encuentra en un lugar donde la hospitalidad está asegurada. Además, es un hito en la Ruta Jacobea. Juan de Ortega fue uno de los grandes benefactores del Camino y toda su vida la entregó a ayudar a los peregrinos. Nació en Quintanaortuño (Burgos), y fue sacerdote en Nájera, donde conoció a Domingo de la Calzada, con el que colaboró hasta la muerte de éste, en 1109.

Sabedor de las dificultades y penurias de los peregrinos en Montes de Oca —tanto por la orografía del terreno como por los saqueos que padecían—, decide edificar un hospital en Urtica. Posteriormente esta localidad se llamó Ortega, apellido con el que se le conoce al santo. Para llevar adelante el hospital, crea una comunidad bajo la regla de los canónigos regulares de San Agustín. En este hospital, y de acuerdo con testimonios de la época, «los padres son muy ricos y hacen mucha caridad a los peregrinos».

Rehízo e hizo puentes, como el de Logroño, Nájera y Santo Domingo, desecó la zona pantanosa entre Agés y Atapuerca, a lo largo de la cual construyó una calzada y un puente. Murió en Ortega, en 1163. Se le considera un santo que beneficia y protege la fecundidad, sobre todo la de los varones. Al morir, y según costumbre muy arraigada, hizo una serie de donaciones a su propio hospital.

El santuario de Ortega es un sitio tranquilo que invita al descanso y donde el peregrino será siempre bien recibido por el párroco. Es de sobra conocida la hospitalidad de este santuario, una hospitalidad que se remonta a los tiempos en que vivía este dadivoso santo. Existe una taberna que no tiene días fijos de apertura, eso sí, los días festivos no falla.

En torno al 21 de marzo y el 21 de septiembre se produce un fenómeno de una gran belleza visual y de contenido misterioso. Cuando se pone el sol, un rayo de luz atraviesa la ventana e ilumina el capitel del santuario, recorriendo minuciosamente las pequeñas esculturas contenidas en él.

Entre los pueblos de Agés y Atapuerca hay un paraje, conocido con el nombre de Fin de Rey, donde las tropas de Fernando de Castilla asesinaron a su hermano, García de Nájera. Este acontecimiento precipita el ocaso de la hegemonía del reino pirenaico y el nacimiento de la grandeza castellana. En el centro de la explanada hay un menhir que conmemora la muerte de García de Nájera.

En **Atapuerca** se pueden visitar unas pinturas rupestres e incluso adentrarse hasta unas excavaciones arqueológicas en las que se han hecho unos descubrimientos realmente importantes.

Hasta llegar a Burgos se pasa por Rubena, que tuvo un hospital para peregrinos, y Gamonal.

Saliendo de San Juan de Ortega llegamos a Ibeas de Juarros. De Ibeas son famosas las alubias, que forman parte de la olla podrida burgalesa.

Cuando se llega a **Burgos** lo primero que se ve es la iglesia de San Lesmes. Lesmes, de origen francés, estuvo al frente de un hospital para peregrinos, el de San Juan.

La iglesia de San Gil guarda un bonito Cristo. A través de la llaga del costado se expone la custodia. Enfrente está el actual «Mesón del Cid», lugar donde se puede probar la típica cocina burgalesa. Está situado en el local de la que fue primera imprenta burgalesa. Su fundador, Fadrique Alemán, oriundo de Basilea, se encarga de imprimir en 1485 la *Gramática* del abad de Oña y en ella también, en 1499, nace la primera edición de la *Tragicomedia de Calixto y Melibea: La Celestina.*

La catedral es toda ella una maravilla, pero hay dos paradas obligadas: una muy simpática, la del Papamoscas, que da las horas, y su pequeño compañero, Martinillo, que da los cuartos; la otra parada, realmente impresionante, es la del Cristo de Burgos o de los agustinos. Un mercader burgalés regaló el Cristo a esta orden como consecuencia de una promesa; cuando se abrió la caja en que se transportó al Cristo, se vio una inscripción que certificaba que la imagen era obra de Nicodemo, la persona que desclavó a Jesús de la Cruz.

Hay varios hechos que testimonian la fe que tienen depositada los burgaleses en este Cristo. Hasta 1835 no se pudo transportar a la catedral desde la iglesia de los agustinos, pues siempre ocurría algo que lo impedía. Su flexibilidad es tal, que los burgaleses afirman que está hecha con piel de búfalo y que viajó por mar desde Beirut (Líbano) en un recorrido muy similar al de la pétrea barca del apóstol Santiago.

Las Huelgas Reales es un monasterio que mandó edificar Alfonso VIII en 1186 y constituye una de las más poderosas instituciones religiosas femeninas de España. Aunque todo el conjunto merece la pena, como curiosidad hay que mencionar que en la sala capitular, cuadrada, hay cuatro columnas, cada una de ellas rodeada de ocho columnitas. Tocándolas, suena la escala musical.

Próximo al monasterio se encuentra el Hospital del Rey, fundado en 1195 por Alfonso VIII. En el siglo XV, los peregrinos alojados en este hospital tenían derecho —diariamente— a más de un kilo de pan, carne de carnero, potaje de legumbres con tocino, pescado o huevos (según la época), además de tres cuartos de litro de vino. Como se ve, era un hospital generoso.

Al lado se encuentra el cementerio de San Amaro. Fue fundado por un peregrino de origen francés llamado Mauro (Amaro en la posterior traducción), que, a su vuelta de Santiago, se quedó en Burgos y levantó un hospital para servir a los pobres y atender a los peregrinos. Aparte de darles comida y cama, recogió por los caminos a los enfermos y tullidos. El día de su muerte, el hospital se incendió y todas las campanas de las iglesias de Burgos tañeron sin intervención de mano alguna.

Hoy día, en el sitio donde estuvo, hay una ermita que fue erigida en 1614. Está adornada con cráneos y tibias cruzadas, y en su interior se encuentra el cementerio de peregrinos. También se puede ver el sarcófago del santo, labrado con una escultura yacente y vestida con el hábito de peregrino.

Desde el punto de vista gastronómico, Burgos engloba toda la cocina castellana. Es muy recomendable callejear por la zona de las tapas (detrás de la catedral), un sitio conocido como Huerta del Rey. Aquí se podrá picar morcilla de Burgos, caracoles, cangrejos, chorizos...

Pasando Tardajos se llega a Rabé de la Calzada. Debía de ser muy trabajoso este tramo, pues hay un famoso dicho que reza: «De Tardajos a Rabé, libéranos Domine. Y de Rabé a Tardajos, no te faltarán trabajos».

Desde Tardajos se puede ir hacia Olmillos de Sasamón. Aquí hay que reseñar una anécdota muy curiosa. En 1391, Salomón ha-Leví, rabino mayor del reino de Castilla —era cuando empezó una persecución contra los judíos, alentada, según parece, por San Vicente Ferrer—, decidió convertirse con el nombre de Pablo de Cartagena. Pedro de Luna lo designa obispo de Burgos con el nombre de Pedro de Santa María. Elige la flor de lis como símbolo de su familia y señal de devoción a la Virgen María. Este señor concedía indulgencias a quien contestara al Ave María del siguiente modo: «Santa María, Madre de Dios y prima de su excelencia nuestro obispo, ruega por nosotros».

Pasando Hontanas y antes de llegar a Castrojeriz, están las ruinas del convento de San Antón. Este lugar estuvo rodeado de influencias un tanto extrañas, mezcla de esoterismo, símbolos abstrusos, ideas religiosas egipcias... Llegaron a crear su propio símbolo, en forma de T, llamado *tau*, que es un precedente del símbolo que posteriormente adoptaron los templarios. El monasterio se fundó en 1146 y perduró hasta que, en 1789, Carlos III extingue la orden y dos años más tarde cierra el convento.

A la entrada de **Castrojeriz** se encuentra la colegiata de Nuestra Señora del Manzano, cuya virgen fue encontrada en un manzano. El lugar de su emplazamiento parece ser que lo indicó el apóstol Santiago, cayendo en él tras un sorprendente salto desde el castillo, montado en su caballo blanco. En la puerta hay clavadas cuatro herraduras. Al parecer se pusieron allí. Esta Virgen es muy milagrera y Alfonso X el Sabio cita cuatro milagros realizados por ella.

Castrojeriz tuvo mucha importancia en el Camino, pues todavía en el siglo XIX contaba con siete hospitales. Asimismo dispone de magníficos templos: Santo Domingo, Santiago de los Caballeros, San Esteban y San Juan.

Gastronómicamente Castrojeriz cuenta de una forma especial con los dulces que realizan las monjas del monasterio de Santa Clara. Una de ellas, Sor María Trinidad Beitia tuvo la gentileza de enviarme una receta que es como el elixir de la vida. Se llama «tarta de santidad», y dice así:

En una tartera de buena conciencia
se echa a manos llenas
heroica paciencia.
Se pone en el fondo gran cantidad
la sólida masa llamada humildad.
Sobre ésta se extiende
una confitura hecha de alegría,
de paz y dulzura.
Y todo se empapa de ron de obediencia,
se ponen anises de la penitencia.
Se mete en el fuego de la caridad,
y ésta le da el punto de la santidad.
La Cruz es el ramo que debe adornarla
y del aire vano hay que preservarla.

A muy pocos kilómetros de Burgos se encuentra la abadía cisterciense de San Pedro de Cardeña. En la antigüedad acogían a peregrinos, sirviéndoles caldo, potaje, pan, vino y un principio de carne en las comidas. Para cenar, huevos o tortilla. En la actualidad, en la plaza, hay un mesón con una magnífica olla podrida y un soberbio cordero guisado.

En este monasterio se elabora el licor Tizona del Cid. Fray Dalmacio Ortiz, bibliotecario del mismo, no me ha proporcionado la fórmula exacta, pero me indicó que:

Se consigue mediante raciones milimetradas de alcohol, azúcar y maceración de hasta 37 hierbas distintas, aplicando el ramaje, a veces la flor e incluso de algunas su raíz. Hay dos clases: verde y amarillo

En cuanto al vino, comercializado como Valdevegon, proviene del envejecimiento de vinos originarios de La Rioja o de la zona de la Nava, en Valladolid.

Se sigue camino para llegar ya a la provincia del León, pasando primero por Castrillo de Matajudíos, donde existió una aljama judía situada en la «mota» (cerro) —de ahí el sobrenombre de «mata-judíos».

El último pueblo burgalés, Itero del Castillo, tiene un bonito puente de once ojos situado sobre el Pisuerga. El puente de Itero es nombrado por Pycaud como límite de la primitiva Castilla. Los peregrinos lo atravesaban para acercarse hacia tierras de Frómista y Carrión.

A partir de aquí, el peregrino se enfrenta a los largos y extensos campos palentinos. Ya Trago Pompeyo dijo de este páramo que «era duro para todos y lleno de privaciones».

PALENCIA

Llegando a **Boadilla del Camino** ya el paisaje anuncia la entrada en Tierra de Campos: inmensos campos de cereal, palomeras cuadradas o redondas, casas de adobe y con cuevas o bodegas excavadas en la tierra para el vino. Merece la pena visitar la iglesia parroquial, para admirar el retablo mayor y la pila bautismal.

Se sigue camino hasta Frómista. Se entra por la calle del Milagro y se llega al templo de San Martín de Tours, que es uno de los hitos del románico jacobeo a lo largo del Camino. Formaba parte de un monasterio que hoy ya no existe. Llama la atención su cimborrio octogonal. Conviene fijarse en los capiteles de su interior, pues en algunos de ellos aparecen escenas que representan rituales que coinciden con los ritos de salutación que en la actualidad hacen los masones. Otros edificios religiosos visitables son la ermita de Santiago o del Otero, la iglesia de Santa María del Castillo, la iglesia parroquial de San Pedro, el monasterio de benedictinos (en ruinas), la aljama judía y el hospital de Santiago.

En la plaza está la estatua dedicada a San Telmo, patrono de la villa y de navegantes, y a su espalda se encuentra el hostal «Los Palmeros», donde se pueden reponer fuerzas de una manera extraordinaria, y que en su día fue hospital de peregrinos.

En **Frómista** se pueden degustar magníficos quesos (San Martín) y dulces, como las rosquillas de palo, las pastas caseras y el pan bregado.

Saliendo de Frómista se pasa por Población de Campos, Revenga de Campos, Villovieco de Campos y Villamermentero. En este pueblo se puede admirar la iglesia parroquial de San Martín de Tours y en su interior la armadura mudéjar que cubre la capilla mayor.

Dos kilómetros antes de llegar a Villalcázar de Sirga está el sencillo santuario de Nuestra Señora del Río. Aquí existía un busto de alabastro de Santiago peregrino, con bordón, calabaza y sombrero con conchas jacobeas. Los peregrinos pasaban un pañuelo por la frente de la imagen y luego por su propia cabeza, pues existía la creencia de que quitaba los dolores de cabeza, las jaquecas y las cefaleas. Esta imagen ahora se encuentra en la iglesia de Villalcázar.

Ya en **Villalcázar de Sirga** lo que más destaca es la iglesia de Santa María la Blanca, que perteneció a la Orden del Temple. Es monumental y de estilo gótico. La capilla en que se encuentra la Virgen está cerrada siempre con una verja de hierro. Alfonso X el Sabio narra en sus *Cantigas* los milagros hechos por esta Virgen.

En esta localidad, en su mesón, situado en frente de la iglesia de Santa María la Blanca, Pablo Payo, ínclito personaje del Camino, aparte de ofrecerle para comer unas buenas sopas albadas, cordero asado y otras tantas especialidades palentinas, si tiene suerte podrá darle de beber el licor del peregrino, que es una especie de *queimada*. A los peregrinos de «a pie», única y exclusivamente, les ofrecen gratuitamente un vaso de vino y un plato de sopa.

También en Villalcázar hay que probar sus magníficos almendrados, los amarguillos, las pastas y las cocadas de elaboración casera.

En esta localidad hubo dos hospitales de peregrinos: el Real y el de Las Tiendas.

La siguiente población es **Carrión de los Condes**. Los primeros hospitales para la atención a los peregrinos jacobeos surgieron en la segunda mitad del siglo X. Uno de ellos estaba en Carrión y los otros dos en Cebreiro (Lugo) y Sahagún (León). También se sabe que a principios del siglo XII existía un hospital entre Carrión y Sahagún, llamado de Santa María de las Tiendas, y siguiendo una costumbre muy habitual Alfonso VIII de Castilla concede una exención de impuestos a este hospital. Otro hospital fue el de la Herradura, llamado así por la forma de la puerta de acceso, y sus restos se encuentran frente a San Zoilo.

Manier, uno de los peregrinos medievales más famosos por dejar escrita su peregrinación, relata cómo en la abadía de Benevivere, «cerca de Carrión», se ha beneficiado de la «pasada» de pan; el mismo día en el convento del Gran Caballero; en el hospital de San Marcos (León); en San Martín del Camino, consistía en una libra de pan y un cuarto de mantequilla... La «pasada» consistía en que en algunos conventos y hospitales existían unas hornacillas donde se daba la comida a los peregrinos que seguían camino y no se quedaban por tanto a descansar.

Existió una importante judería, en la que se crió don Sem Tob ben Ishaq ibn Ardutiel, más conocido como Santos de Carrión. Escribió en tiempos de Pedro el Cruel la *Danza General de la Muerte* y los *Proverbios Morales*. También aquí nació don Iñigo López de Mendoza, el famoso marqués de Santillana, y los infantes de Carrión, casados con las hijas del Cid.

La iglesia de Santa María del Camino, o de la Victoria, está unida al «milagro de las cien doncellas», en cuyo pórtico parece que se representa. La de Santiago tiene un Pantocrátor muy bonito y una arquivolta que representa 24 oficios distintos. Parece ser que el templo fue financiado por las sociedades gremiales.

El monasterio de San Zoilo, a la salida de la villa, tiene un claustro renacentista digno de verse. Además se conservan los restos de San Zoilo en relicario de plata, así como los de otros santos más; también están los sepulcros de los condes de Carrión, del siglo XIII. Hasta el siglo XV estuvo bajo la tutela de Cluny y llegó a ser el cenobio más importante después del de Sahagún. Tenía un hospital anejo al monasterio en el que los peregrinos eran bien recibidos.

En Carrión hay oportunidad de comer un buen asado de cordero, y desde aquí acercarse a Villoldo, a 12 km de la villa. En la confitería de la familia Pedrosa podrá degustar muchos dulces palentinos, pero su especialidad son los *amarguillos* (elaborados con almendra, azúcar y clara de huevo) y los *tocinillos de cielo*. Esta confitería data del año 1913 y fue inaugurada por Heriberto Pedrosa. El año 1954 se la pasó a su hijo Emilio y en la actualidad están al frente los hijos de éste Carmina y Angel. La fórmula exacta de sus amarguillos la guardan celosamente y sólo la conoce la familia.

Calzada de los Molinos, Cervatos de la Cueza, Quintanilla de la Cueza, Calzadilla de la Cueza, son las siguientes poblaciones por la que atraviesa el Camino. Cerca de esta última localidad existió el monasterio de las Tiendas, que tenía mucha fama entre los peregrinos, pues allí les daban abundantes raciones de pan, queso y vino.

Se sigue camino por Lédigos, modelo de pequeño pueblo con casitas de adobe. Al llegar a Terradillos de los Templarios sólo hay que pensar que según la leyenda aquí se encuentra enterrada la gallina de los huevos de oro. Esta historia fue inventada y propagada por los templarios para justificar su enorme riqueza basada sobre todo en el oro. Así dicen que en la alborada del día de San Juan, que coincide con el solsticio de verano, las gallinas con polluelos detectan los escondites de oro.

Moratinos es un pueblo pequeñito que sólo tiene una calle, llamada Calzada Francesa.

La última localidad palentina es San Nicolás del Real Camino, que en su día tuvo un hospital de peregrinos.

LEON

En el año 872 fue fundado en **Sahagún** por Alfonso III el monasterio de los Santos Facundo y Primitivo («Sant Facund», derivó a Sahagún), cuyos restos reposan en el mismo templo. Posteriormente, Alfonso VI, en su política de introducción de los cluniacenses en España, hace de la abadía de Sahagún el centro de la reforma cluniacense en Castilla. El hospital de la abadía ofrecía 60 camas a los peregrinos, 2.000 fanegas de trigo y la famosa cuba de Sahagún.

En Sahagún hay que visitar las iglesias de San Tirso y de San Lorenzo, de estilo románico-mudéjar, y el santuario de la Peregrina, que en su día fue convento de los franciscanos. El nombre de este santuario proviene de la imagen de la Virgen Peregrina. Es una talla del siglo XVIII salida de las manos de la escultora sevillana La Roldana, que representa a la Virgen con indumentaria de peregrina y que hoy día está custodiada en el pequeño museo de las RR.MM. Benedictinas, que siguen brindando hospitalidad a los peregrinos. Su hospedería tiene 24 habitaciones. También se puede aprovechar la visita para comprar los magníficos dulces que salen de las manos de las monjitas.

Aunque dicen que sus especialidades son el *amarguillo*, hecho a base de almendra, y la *tarta de San Marcos*, hacen también empiñonados, pastas de té, almendras garrapiñadas, pasteles, bollería variada y, en Navidad, mazapán y turrón de guirlache, frutas y yema.

A orillas del río Cea se desarrolló una de las leyendas más famosas del Camino, que ya Picaud menciona. Carlomagno se enfrenta al rey moro Agiolando y a sus tropas. La víspera de la gran batalla los cristianos clavan sus lanzas en el suelo y «aquellos que habían de recibir por la fe la palma del martirio» quiebran las suyas que, al amanecer, están florecidas y «adornadas con cortezas y ramas». En la batalla mueren cuarenta mil cristianos y el caballo de Carlomagno, y, a pie, el Emperador, con su espada *Gaudiosa*, parte «por el medio a muchos sarracenos».

Saliendo de Sahagún por el puente del río Cea, se deja Tierra de Campos y se entra en lo que los lugareños llaman Tierra de Cantos, anunciando el paisaje que los peregrinos se van a encontrar durante muchos kilómetros.

El solitario y áspero páramo del Cea al Esla, con la mancha boscosa de la que todavía quedan restos en los términos de Calzada del Coto, Bercianos del Real Camino y El Burgo Ranero, suponía dificultades y peligros para los peregrinos. Laffi narra cómo un tramo antes de llegar a El Burgo Ranero vio un lobo comiendo el cadáver de un peregrino.

A partir de Villa Zacarías (hoy Calzada del Coto) una doble vía con variante por Calzadilla de los Hermanillos y por Bercianos del Real Camino deja claro la imprecisión y dudas razonables que debían asistir al peregrino a la hora de seguir camino.

Eligiendo cualquiera de las dos rutas se llega a **Mansilla de las Mulas**. Al llegar a Mansilla los peregrinos encontraban remanso y descanso, pues en su día contaba con varios hospitales, iglesias y monasterios, así como con unas soberbias murallas de las que sólo quedan restos y su sólido puente sobre el Esla.

En Mansilla se desarrolla la famosa novela de *La Pícara Justina,* mesonera leonesa por excelencia y que forma parte de los personajes históricos-literarios de León.

El plano de esta ciudad, fundada por el rey Fernando II en 1181, forma un perfecto cuadrado dividido en dos por la ruta de Santiago.

En la confluencia del río Esla con el Porma, destaca el monasterio de Sandoval, que se erigió por orden de don Ponce y su mujer Estefanía. Cuenta la leyenda que don Ponce se ausentó un tiempo y estuvo cautivo en Marruecos. A su vuelta, y camino de Santiago como peregrino, se detuvo en el monasterio de Carrizo, que durante su ausencia había fundado su mujer para atender a los peregrinos, hecho que don Ponce desconocía. Le toca a la condesa lavar los pies a su esposo (la cura de los pies y llagas de los peregrinos era la primera tarea que se solía realizar en los hospitales y lugares de acogida) y al ver éstos y sus manos lo reconoce. Tras este reencuentro hacen una promesa de continencia y levantan al monasterio de Sandoval.

A 15 km hay que desviarse para ver la iglesia de San Miguel de la Escalada, una auténtica joya mozárabe, que fue consagrada el 20 de noviembre del 913.

Volviendo al Camino, se pasa por el puente de Villarente, donde a la salida del mismo existió un hospital de peregrinos que hoy es un restaurante.

Se llega al alto del Portillo, desde donde se divisa **León**. Se desciende a Puente de Castro, que fue importante *aljama* o castro de judíos en el siglo XII. Lo que se ve ahora data del siglo XVIII. Entrando por el barrio de Santa Ana se puede recordar que en su día fue una población de mercaderes judíos y moriscos.

León fue una de las ciudades más hospitalarias con los peregrinos y más vinculadas al Camino.

Las visitas obligadas en esta ciudad son la iglesia de Santa Ana, que en el siglo XII tenía un cementerio para peregrinos y un lazareto para leprosos, así como la iglesia de Santa María del Camino, que data del siglo XII, y cuyo acceso se hacía por la portada meridional, conocida como la Puerta del Perdón. La Virgen titular de León es precisamente la del Camino.

La real basílica de San Isidoro, que es uno de los hitos arquitectónicos del Camino, es parada que ya recomendara Pycaud. Hay un deseo de todos los peregrinos, si bien no se sabe cuál es su origen, y es el de lograr dormir una noche dentro del templo.

En la catedral de Santa María la Regla o, lo que es lo mismo, la catedral de León, espléndida obra gótica acristalada por vidrieras que datan del siglo XIII al XIX, aparte de éstas, hay que ver la Virgen Blanca, la Virgen del Dado (en la portada norte) y la figura del Apóstol Santiago, cuya columna sobre la que se apoya está desgastada por las manos de los peregrinos. Hay que observar las figuras del coro, los relieves de la tumba del obispo Martín, que representan la distribución de alimentos a pobres y peregrinos, la capilla de Santiago y la de la Virgen del Camino y recorrer el Museo Catedralicio y Diocesano.

El antiguo monasterio de San Marcos fue una de las sedes principales de la Orden de Santiago. Hoy en día es conocido con el nombre de «Hostal de San Marcos», y forma parte de la Red de Paradores Nacionales. Su fachada está llena de símbolos santiaguistas. Al lado está la iglesia conventual, que fue consagrada en 1541, y cuya fachada renacentista se decora con infinidad de veneras o conchas de peregrino. La sillería del coro se debe a Juan de Juni y a Guillermo Doncel. A la derecha de esta iglesia se encuentra el Hospital de San Marcos, construido en

1528, que estaba dedicado a acoger a los peregrinos y era el más importante de los diecisiete hospitales que tenía León.

Se sigue por el puente de San Marcos y se llega al santuario de la Virgen del Camino, construido en 1961 y que sustituyó a una iglesia del siglo XVI. Forma parte de un complejo religioso-social regido por los dominicos desde 1954.

Está casi excusado decir que en la capital hay la posibilidad de comprar y comer todas las especialidades leonesas de embutidos, quesos, licores, aguardientes y dulces. En muchos de sus restaurantes ofrecen la cocina tradicional, y un paseo por el Barrio Húmedo, en torno a la plaza de San Martín, ofrece la posibilidad de comer de picoteo a base de mollejas, bacalao al ajoarriero, chorizos, tortilla guisada, liebre con patatas, jamón, pimientos de Cacabelos..., todo ello en un ambiente animado, que los fines de semana es casi masivo.

Después se pasa por varios pueblos, y el siguiente más interesante es **Hospital de Orbigo**, que en su día tuvo un hospital regido por los caballeros hospitalarios del Camino. Pero lo más nombrado es el puente de Orbigo, donde se desarrolló el famoso episodio del *Passo Honroso* que, en el año santo de 1434, protagonizó Suero de Quiñones. Por amor a su dama provocó las justas del 10 de julio al 10 de agosto, venciendo en todos los combates, que dieron como resultado 166 lanzas rotas por don Suero, muchos heridos y descalabrados y un muerto, el caballero aragonés Esberte de Claramonte. Al concluir soltó el grillete de oro que llevaba en el brazo derecho, en honor de su dama, labrado con letras azules, y se fue a Santiago, dejando al santo un grillete de plata sobredorada que se conserva en el museo de las reliquias de la catedral santiaguesa.

En esta localidad hay que probar las truchas; si se

puede es mejor pescarlas y si no hay que contentarse con comerlas. En Prada a Tope, cerca del río, se pueden comprar ya escabechadas.

A partir de aquí se entra en la famosa y misteriosa tierra de la Maragatería.

Astorga fue centro de dominación de los astures para la explotación del oro de las Médulas, del Sil y del Orbigo y punto crucial de las vías militares del Imperio Romano.

Durante la Edad Media tuvo dos aljamas (barrios de judíos) y un barrio de francos, así como cofradías de raíz francesa (Rocamador) e inglesa (Santo Tomás de Canterbury). La visita a esta ciudad leonesa empieza desde el exterior de la misma, para poder admirar las murallas acordonando la catedral y el palacio episcopal.

La catedral de Santa María acoge en su interior al Apóstol vestido de peregrino, y en ella se suceden varios estilos arquitectónicos (gótico, renacentista y barroco). Curiosidades para admirar son: la figura de *Perro Mato*, personaje de Clavijo, vestido de maragato, situado en uno de sus pináculos; el retablo mayor, de Gaspar Becerra; la Virgen de la Inmaculada, la sillería del coro y la Virgen de la Majestad. El Museo Catedralicio también merece una visita.

El palacio episcopal, de comienzos del siglos XX, proyectado por Gaudí, acoge en su interior el Museo de los Caminos, que con sus 26 salas es visita obligada para cualquier peregrino.

La Plaza Mayor está presidida por el ayuntamiento, del siglo XVII, coronado por un reloj que tiene dos famosos personajes maragatos —*Juan Zancudo* y *Colasa*— que «dan las horas, pero no los cuartos», dicho que alude a la tacañería de los maragatos.

Los maragatos están considerados, y sobre todo en el pasado, como una etnia muy especial y de orígenes inciertos. Su principal actividad hasta comienzos del siglo

XIX era la de arrieros, trabajadores y honrados, que con
sus mulas y carros crearon una auténtica red de distribución por toda España. A ellos se debe la popularización
de la fórmula del *ajoarriero*, a base de ajos, aceite y pimientos secos, y que se emplea sobre todo para hacer el
bacalao, aunque hoy en día se utiliza para otros ingredientes y la fórmula del ajoarriero también tiene sus variaciones.

En sus tierras también tuvo origen el famoso *cocido
maragato*, estandarte culinario leonés, así como las famosas *mantecadas*.

Astorga contó hasta con 22 hospitales para atender a
los peregrinos, conservándose hoy en día, en bastante
buen estado, el de las Cinco Llagas (en él se refundieron
cinco hospitales) y el de San Juan, que hace esquina con la
catedral.

Saliendo de Astorga, y siguiendo el camino tradicional,
se pasa por Valdeviejas, que en su día tuvo un hospital de
peregrinos; después, por Murias de Rechivaldo, y algo
más adelante hay una desviación a Castrillo de los Polva-
zares, por donde nunca pasó el camino, pero cuyos inte-
reses turísticos (el pueblo es muy típico y reducto de la
Maragatería y además la escritora Concha Espina lo po-
pularizó con su novela *La esfinge maragata*) y gastronómicos, pues aquí se come por encargo un excelente cocido, han hecho que la visita a este pueblo sea casi
obligada, sobre todo para el peregrino motorizado.

Los siguientes pueblos son Santa Catalina de Somoza,
que en su día tuvo un hospital bajo la advocación de la
Virgen de las Candelas, y El Ganso, donde se conservan
teitadas, construcciones populares con la clásica techumbre de paja sobre muros de mampostería.

En Rabanal del Camino se inicia una etapa dura para el
peregrino de a pie. Se atraviesan los Montes de León y
luego se suaviza un poco al entrar en el Bierzo. En Raba-

nal se inicia la ascensión del monte Irago, donde se puede ver la fuente del Peregrino.

Foncebadón en la actualidad es un cúmulo de ruinas, pero en su día tuvo una gran fama y contó con un hospital, una alberguería y una iglesia, todo ello obra del ermitaño Guacelmo. Alfonso VI le concedió el señorío del lugar.

Después de un kilómetro se llega al puerto de Foncebadón o puerto del monte Irago, donde se termina la Maragatería y empieza la comarca del Bierzo. Aquí se encuentra el monumento más humilde, pero de gran tradición, de todo el Camino, **la Cruz de Ferro**, erigida en su día por Guacelmo para orientar a los peregrinos. Es un mástil de madera rematado por una cruz de hierro oxidada, que a su vez se encuentra clavada en una colina artificial, realiza a base de las piedras que los peregrinos arrojaban en este lugar y también los segadores gallegos que se dirigían a Castilla a trabajar. Cerca se erigió en 1982 una pequeña ermita dedicada a Santiago. Es parada obligada para el peregrino de a pie, para descansar de la subida.

A partir de aquí se entra en el Bierzo, comarca fértil y cuyas gentes muestran ya una combinación leonesa-gallega que se muestra evidente en todas y cada una de sus costumbres.

Algunos de estos monasterios fueron el de Santa María de Tabladiello, que debajo del monte Irago prestaba auxilio a los pobres desde el siglo X; el de Poibueno, de canónigos regulares, favorecido por Alfonso VII; el de San Juan Bautista de Cerezal, el cisterciense de Villabuena y el de Carracedo, uno de los más ilustres de las zona pero hoy en día en completa ruina.

Siguiendo camino hay pueblos como Manjarín y Labor del Rey, despoblados hoy en día, que nos conducen a El Acebo, donde se puede admirar la característica construcción berciana, con escaleras exteriores y tejados de pizarra. Estando aquí se puede visitar Compludo, donde San Fructuoso creó su primer monasterio en el siglo VII que persistió hasta el siglo XII. Es un pueblo pintoresco y además está la famosa herrería de Compludo, con un martinete accionado hidraúlicamente. Para algunos data del siglo XIX, aunque otros quieren buscar su fecha de origen en la Edad Media.

Pasado El Acebo se llega al precioso pueblo de Molinaseca, donde las edificaciones de pizarra conviven con casonas barrocas, lugar que ya representa para el peregrino un pequeño oasis. En 1512 había un hospital, que permeneció abierto hasta el siglo XIX. Hay un documento de 1173 referente a la polémica que existió entre la sede de Astorga y los monasterios de Carrizo y Carracedo para tener jurisdicción sobre Molinaseca.

Se llega a **Ponferrada**, cuyo origen es el puente de hierro (*pons ferrata*) que alzó el obispo Osmundo sobre el río Sil para que los peregrinos pudieran atravesarlo. El castillo, que data de finales del siglo XII, perteneció primeramente al Temple, después a los condes de Lemos y ya finalmente los Reyes Católicos lo agregaron a la Corona. Hay que visitar el Hospital de la Reina, fundado por Isabel la Católica y que todavía funciona, y la basílica de la Virgen de la Encina, patrona de la ciudad y de todo el Bierzo y que ya era venerada por los peregrinos medievales.

Tampoco carecen de interés el ayuntamiento, la puerta y torre del Reloj y la iglesia de San Andrés, con su Cristo de las Maravillas o de los Templarios, del siglo XIII.

Una desviación que merece la pena hacerse es la que lleva al pueblo de Otero de Ponferrada, donde se puede ver la iglesia románica de Santa María de Vizbayo, para luego continuar hasta el valle de la Valdueza, donde se puede admirar un bello paisaje, además del monasterio mozárabe de San Pedro de Montes, la iglesia mozárabe de Santiago de Peñalba y la Tebaida leonesa.

A partir de aquí había una desviación del camino que pasaba por el puerto de Manzanal, Combarros, San Maurín de Torre, Bembibre y San Miguel de Dueñas. Pero siguiendo el camino tradicional las siguientes localidades dignas de interés son Cacabelos y Villafranca del Bierzo. Luego ya se atraviesa Pereje, Trabadelo, Ambasbestas, Vega de Valcarce, Ruitelán y Herrerías. De aquí se llega al puerto de Piedrafita, en Galicia.

Cacabelos, que en la Edad Media tenía tres iglesias ya desaparecidas —San Esteban, San Lázaro y San Bartolomé—, en la actualidad cuenta con dos, la de la Santa de la Plaza y la de San Roque. Además tiene el santuario de Nuestra Señora de la Quinta Angustia, que data en documento escrito del siglo XVII. Hay noticias de tres hospitales, uno de ellos llamado de Alfonso Cabrito. A la salida hay una desviación para visitar el monasterio cisterciense de Santa María de Carracedo.

Hoy Cacabelos es la capital vinícola del Bierzo, y además es un pequeño reducto gastronómico, con sus pimientos, sus frutas en almíbar, sus aguardientes y otras especialidades bercianas. Prada a Tope ha montado aquí un pequeño rincón del *gourmet* berciano para degustar y comprar productos artesanos y de calidad.

Antes de llegar a **Villafranca del Bierzo** se pasa por la pequeña localidad de Pieros, con la iglesia de San Martín, consagrada por el obispo Osmundo en 1086, el mismo que construyó el puente de hierro (Ponferrada), personalidad eclesiástica que se preocupaba del camino y los peregrinos.

Villafranca del Bierzo está situado en la confluencia de los ríos Burbia y Valcarce. Durante el reinado de Alfonso VI se establecieron allí los francos y se erigió una iglesia llamada Santa María de Cluniaco, por ser monjes cluniacenses los que mantuvieron su culto. Después pasó a llamarse de Cruñego. Atendía a peregrinos franceses y extranjeros en general.

Monumentos e iglesias a visitar son: la iglesia de Santiago, del año 1186, en cuya portada septentrional, conocida como la Puerta del Perdón, los peregrinos que no podían continuar hasta Santiago podían conseguir las mismas gracias que allí si comulgaban ante ella; el convento de San Francisco; la colegiata de Santa María; el convento de la Anunciada; la iglesia de San Nicolás, el hospital de Santiago y el palacio-castillo, que en su día perteneció a los Alvarez de Toledo.

La ciudad tiene calles con mucho sabor que hay que recorrer andando.

Contó con dos hospitales, el de Santiago y el de San Lázaro, y probablemente con alguno más, aunque no haya testimonio escrito de ellos.

Kuning nos dice que en esta villa «se debe beber el vino con discreto miramiento, pues saca a algunos de sentido, dejándose correr como un cirio».

Saliendo de Villafranca, hay que realizar un paseo por Pereje y sus calles medievales. Se sigue por Trabadelo y Ambasmestas, para llegar a Vega de Valcarce, donde nos encontramos con dos castillos construidos por los templarios. A cuatro kilómetros está la aldeíta de Ruitelán, que tiene una iglesia pequeñita románica que data de los siglos XI-XII.

Ya en la frontera con el puerto de Cebrero está Herrerías, donde en el siglo XII había un hospital para peregrinos ingleses. No es que fueran una mayoría los peregrinos de esta nacionalidad, pero Inglaterra tenía extensas posesiones en Francia, en concreto en la zona de Aquitania, y sus habitantes seguían el mismo camino que los franceses.

LUGO

El puerto de Piedrafita, por su elevada altitud de 1.293 metros sobre el nivel del mar, es uno de los puertos de montaña más difícil de superar, sobre todo en invierno, por los peregrinos. Desde su cumbre la visión es maravillosa, por un lado el Bierzo y por otro la provincia de Lugo.

Para atender al peregrino se fundaron un hospital y un monasterio, que Alfonso VI pusiera bajo la protección de los monjes de la abadía francesa de San Giraldo de Aurillac, pues la mayoría de los peregrinos eran franceses. En el siglo XV pasó a depender del monasterio de San Benito de Valladolid y siguió en sus manos hasta mediados del siglo XIX, cuando desapareció por la desamortización de 1854. Era un hospital que gozaba de gran fama por su buena asistencia al peregrino y al encontrarse en la cima del puerto, hacía que los peregrinos se sintieran al llegar como en el paraíso.

Asimismo **Cebreiro** fue famoso por una leyenda que, con distintas versiones y datada en diferentes años, se ha narrado repetidas veces por historiadores y peregrinos. Uría lo resume así en el libro *Las peregrinaciones a Santiago de Compostela*:

Celebrando el Santo Sacrificio en la iglesia del Cebrero cierto clérigo, asaltóle la duda en el momento de consagrar la Sagrada Forma sobre si en ella se contenía lo que sus palabras expresaban; al instante «se le demostró sin ninguna nube lo que estaba debaxo della», pues se convirtió la hostia, visiblemente, en una perfecta carne y el vino en natural y verdadera sangre.

En la iglesia de Santa María la Real se expone un cáliz, una patena y un relicario regalado por los Reyes Católicos, en conmemoración del *milagro del Cebreiro.*

En la aldea de O Cebreiro se conservan unas cuantas *pallozas*, viviendas típicamente celtas, con planta circular, de·muros de mampostería y con una techumbre a base de una especie de paja trenzada llamada *bálago*. Una de las pallozas, sin agua ni luz, ha servido durante muchos años de alojamiento para peregrinos, aunque en la actualidad cuentan con un establecimiento nuevo y casi de lujo. Asimismo existe el hostal de San Giraldo de Aurillac, que funciona en régimen de hotel.

Alvaro Cunqueiro cita esta hospedería llevado por su añoranza de las cecinas de cerdo o vacuno:

Ya se hacen pocas cecinas, aunque he de hacer constar, y saber del asunto no le disgustaría nada a San Giraldo d'Aurillac, fundador de Santa María del Cebreiro, que me encontré en este lugar, y en la hospedería que lleva su nombre, en la primavera de 1973, con media docena de cecinas vacunas colgadas en la trascocina, la mejor cecina es la de cebón.

Las cecinas se comen cortando la carne en lonchas finitas o metiendo a remojo un trozo para, una vez desalado, cocerlo con grelos o unas coles. Este tipo de cecinas se hacía antiguamente en grandes casas y monasterios y en Lugo era costumbre tomarla con castañas cocidas. También se puede degustar *touciño* (tocino) *asado, cachola con cachelos* y *botelo* (tipo botillo leonés).

En Liñares, que es el Linar de Rege del Códex Calixtinus, hay que visitar la iglesia de San Esteban, que data de antes de 1120. Tiene una concha venera sobre la puerta. Se pasa por el alto de San Roque, donde existió una capilla dedicada a este santo y de la que hoy no queda ningún vestigio.

Pasado este alto se llega a Hospital de la Condesa. En escritos franceses del siglo XVI aparece reseñado este lugar con el nombre de Hospital de la *Comtesse*. Existió un hospital fundado a finales del siglo IX y la iglesia que se conserva data de antes de 1130. Tanto esta iglesia como la de Liñares siguen el patrón arquitectónico de la de Cebreiro.

Pasado este lugar se llega a San Juan de Padornelo, donde hay una iglesia de la encomienda de San Juan, llamada Santa María del Poyo, hoy convertida en cementerio cubierto. Data de los siglos XV-XVI.

Se sube el Alto del Poyo y se desciende hasta llegar a Fonfría del Camino. Existió hasta el siglo pasado el convento de Sancti Spiritus, en el que se atendía a los peregrinos proporcionándoles luz, agua, sal y cama con dos mantas, y si estaban enfermos les daban un huevo, pan y tocino. Aquí también se conserva un trozo de calzada jacobea hecha con pequeños bloques de cuarcita.

Enseguida se llega a la cumbre de San Pedro de Viduedo (Biduedo), donde existió otro priorato de la Orden de San Juan que poseía muchos bienes.

De Biduedo iba el camino a Ramil, pasando antes por Foyllevar y Los Pasantes, y de aquí a Santiago de Triacastela.

En Triacastela existieron un monasterio y una iglesia con las advocaciones de San Pedro y San Pablo. No se sabe cuáles fueron los tres castillos que dieron origen al topónimo de la localidad y que figuran en el escudo de la villa.

La iglesia parroquial de Santiago fue reedificada en el año 1790 y en la hornacina central del altar mayor existe una imagen de Santiago peregrino.

El Camino atraviesa el pueblo y hay una casa que en su día fue el hospital para peregrinos, aunque parece ser que hubo más de uno. Asimismo existió una cárcel para peregrinos y en su interior se conservan dibujos hechos por los presos.

También aquí se presentaban los agentes de la hostelería compostelana haciéndose los encontradizos con los peregrinos, convenciéndoles para que acudieran a sus posadas, donde les robaban abusando en los precios del hospedaje, en el cambio de moneda y con otras artimañas.

A la salida del pueblo hay constancia de que muchos

peregrinos cargaban con una piedra de caliza hasta llegar a Castañeda (seis kilómetros antes de llegar a Arzúa, ya en La Coruña), donde estaban los hornos de cal en la que se elaboraba el material para la construcción de la catedral de Santiago.

Aquí se pueden degustar *chorizos con lacón, grelos y cachelos,* que es una combinación de dos platos muy gallegos: el lacón con grelos y el caldo gallego.

Para llegar a Sarria el camino a pie clásico queda muy distante del que actualmente utilizan los peregrinos motorizados. Así jacobitas medievales hacían el recorrido de Balsa-San Gil-Montán-Lousada-Furela-Pintín- San Mamed del Camino-San Pedro del Camino y Sarria.

Pero el recorrido por carretera se hace, una vez que se sale de Triacastela, por San Cristóbal, Lusio, Renche, Lastres, Freituje, San Martín, Samos, Teiguín, Frolláis y Sarria.

En Freituje, la iglesia de Santiago fue dada al monasterio de Samos por el papa Paulo III en el año 1538, para que acudiese con «el sustento ordinario y vino a los peregrinos que pasaban en romería a visitar el cuerpo del Apóstol».

Después se llega al valle donde se encuentra el enorme monasterio de Samos, cuya superficie ocupa más de una hectárea. Se fundó en el siglo VI bajo la regla de San Fructuoso. Parece que sufrió ya una restauración en el siglo VII. Fue enriquecido con donaciones de monarcas asturianos llegando a poseer cuantiosos bienes y ser una de las abadías más célebres de Galicia. En el siglo X, con la llegada de unos monjes de San Juan de la Peña se restaura la alicaída vida monástica, adoptando la regla de San Benito, adhiriéndose en el siglo XII a la regla de Cluny. Después de la desamortización, en 1880, se vuelven a hacer cargo del monasterio los benedictinos. En este monasterio vivió y escribió algunas de sus obras el Padre Feijóo.

En el monasterio elaboran el licor PAX, con receta propia, que venden en la portería, así como miel elaborada por los monjes y pastas caseras de las benedictinas del monasterio de la Transfiguración del Señor. Además acogen a los peregrinos en un albergue con cuarenta literas y servicios dotados con duchas y agua caliente. Asimismo los peregrinos pueden participar de la liturgia coral de forma voluntaria.

Frente al monasterio se encuentra una iglesia mozárabe muy pequeñita bajo la advocación de San Salvador.

Los peregrinos entraban a comer en el refectorio, donde podían permanecer hasta tres días, y allí les proporcionaban a cada uno de ellos la misma alimentación que la que recibían los monjes. Si los peregrinos eran sacerdotes o «personas de calidad» se les daba cama y mesa en el propio monasterio y a los peregrinos normales se les daba cobijo en una casa que existía en el pueblo de Samos, cercana al convento.

Dejando al paso las localidades citadas (Teiguín, Frollais, Fontao y Vigo de Sarria) se llega a **Sarria**. Domenico Laffi, peregrino italiano citado reiteradamente por todos los estudiosos del Camino, describe así su visión de la vega de Sarria: «se llega a una llanura hermosa y fructífera, muy abundante en frutos, donde hay muchas casas, huertas y jardines, se pasa un río en el que hay muchos molinos, luego se sube un poco y se llega a Sarria». Para Munzer, otro viajero del Camino, es comarca fértil, montuosa y poco poblada, haciendo hincapié en que «la carne es el principal alimento de sus naturales» cuya suciedad le parece extraordinaria.

En la villa de Sarria hay que visitar la iglesia de San Salvador. Frente a esta iglesia se encuentra un caserón enorme, hoy en día es un edificio dedicado a juzgado de primera instancia, que fue el hospital de San Antonio, de gran tradición en esta localidad. El principal benefactor

de este hospital fue un hijo bastardo del marqués de Sarria, que donó en su testamento una serie de bienes por
valor de cien fanegas de pan como renta para que, junto a
los bienes que el hospital tuviese, los dedicase a los peregrinos, a reparar el edificio y las camas. Se sabe que en el
siglo XVIII daban donativos a los peregrinos que volvían
de Santiago y enseñaban la «compostela» y a los enfermos les proporcionaban también cuidados médicos otor-
gados por un cirujano y una hospitalera. A finales de este
mismo siglo esta institución u hospital cayó.

También existía una leprosería cercana a la actual capilla dedicada a San Lázaro.

Otra visita obligada es el convento de la Magdalena,
habitado hoy por los padres mercedarios. Este convento
fue creado, al parecer, por dos agustinos italianos en el siglo XIII, y de él se cree que dependieron varios hospitales
de la zona. Se sabe que ayudaban a los peregrinos con li-
mosnas, cama, cuidados médicos, administración de los
sacramentos e incluso les enterraban.

La iglesia y el convento se hallan situados en el alto de
la colina, ya fuera de la villa, compartiendo ambos edificios la fachada de estilo plateresco.

Como especialidades gastronómicas ofrecen lacón con
grelos, chorizos, empanadas, truchas y el pulpo a feira.

El requesón de Sarria era famoso y se hacía con él flan,
que consistía simplemente un molde almibarado-acara-
melado y dentro se metía el requesón.

Bajando de la iglesia-convento se pasa por el río As-
pera, con su puente de un solo ojo que salva el río Ce-
leira, y se llega a Santiago de Barbadelo, donde hubo un
monasterio que en el siglo XI se anexionó a Samos, así
como un hospital para peregrinos. Sólo se conservan la
capilla conventual así como el Mosteiro, que es un viejo
caserón, y la casa rectoral, llamado el Priorato.

También esta localidad fue elegida por los criados de

los hosteleros compostelanos para embaucar a los peregrinos con recomendaciones fraudulentas sobre las posadas en Santiago.

En Paradela hay que visitar la iglesia de San Miguel, que data del siglo XII. Hay una leyenda que dice que el tañido de una de las campanas está prescrito para que los partos difíciles no sean largos. Cerca de la iglesia se encuentra el crucero de Paradela, considerado como uno de los más bonitos de Galicia.

La oferta gastronómica, como en la mayoría de los sitios por donde pasa el Camino gallego, es el lacón con grelos y el caldo gallego.

Antes de llegar a Portomarín, se pasa por Ferreiros, donde existió una iglesia románica ya derruida y un priorato de San Juan. Aquí existió una ferrería fundada por los monjes de Samos, donde fabricaban «clavos, con los cuales refuerzan los hermanos sus zapatos».

Portomarín ha formado parte del Camino ya desde el siglo IX, pero ya era nombrado por los romanos como *Pons Mineio, Portus Minei* o *Paso del Miño*.

Los caballeros de Santiago levantaron un hospital conocido con el nombre de Domus Dei o Casa de Dios. En el siglo XII se restauró el puente por Pedro el Peregrino, que había sido destruido por doña Urraca en sus luchas contra su marido Alfonso el Batallador.

Existió un monasterio, llamado de Santa Cruz de Loyo, del que sólo quedan vestigios, que hoy en día comparten terreno con los viñedos que proporcionan el famoso aguardiente de Portomarín, considerado como el mejor de Europa y por supuesto de España. Se le hace un homenaje el domingo de Resurrección, destilándolo en la plaza y celebrando al anochecer una *queimada* gigantesca.

La antigua villa de Portomarín fue «trasladada» en 1962 a otro lugar cercano, pues la original quedó anegada por las aguas del embalse de Belesar. La iglesia románica de San Juan fue trasladada y reconstruida piedra a piedra. Esta no se hizo de acuerdo con los cánones ortodoxos, que obligan a que el ábside mire hacia Jerusalén, a oriente, y la fachada hacia Finisterre, hacia poniente. Hoy se la conoce con el nombre de la parroquia de San Nicolás y data del siglo XII, siendo una sólida construcción y de las más características del románico gallego.

La iglesia de San Pedro era la antigua parroquial de la barriada Burgo de San Pedro de Portomarín.

En Portomarín, y en cualquiera de sus casas de comidas, hay que hacer honor a las empanadas, anguilas, tarta de almendras y, como remate, hay que tomar una copita de *aguardiente*.

De Portomarín a Palas de Rei hay un tramo en que coinciden carretera y Camino, pero los peregrinos motorizados pasarán por Tojibo, Gonzar, Castromayor, Hospital de la Cruz, Montecalvo (aquí se puede coger una pequeña desviación y visitar el monasterio de Vilar de Donas; en la actualidad se visita la parroquial de San Salvador, que en el siglo XII era la iglesia de un monasterio de monjas y en 1184 pasó a convertirse en casa capitular y enterramiento general de los caballeros de Santiago que vivían en Galicia; muy importantes son las pinturas góticas que decoran la capilla mayor), Alto del Rosario, desde donde se divisa el Pico Sacro, y Palas de Rei.

El peregrino de a pie, a partir del Hospital de la Cruz y hasta llegar a Palas de Rei, pasará por Ventas de Narón, Prebisa, Pazo de Lameiros, Ligonde —de gran tradición jacobea—, Portos, Lestedo, Dieo, Alto del Rosario y Palas de Rei.

Palas do Rei tiene una riqueza románica que está avalada por sus diecisiete iglesias románicas; el castillo de Pambre, del siglo XIV; el castillo de Felpós, cuyos habitantes robaban y atracaban a los peregrinos; el palacio de

Villamayor de la Ulloa, etc. Aunque parezca una contra-
dicción con lo dicho, el castillo de Felpós está unido a
una romántica historia. Parece ser que un caballero francés, peregrino a Santiago, fue atendido y cuidado en él
después de resultar herido por unos bandoleros. El señor
del castillo tenía dos hijas que se enamoraron del señor
francés, y éste eligió a la pequeña para casarse llevándo-
sela a Francia. La hermana mayor quedó sola en el castillo vigilando desde la torre el camino que había cogido su
amado con su hermana pequeña y en espera de su regreso
que nunca se produjo. Cierto día la encontraron muerta
de añoranza con los ojos fijos en el camino por donde vio
marchar a su gran amor.

La parroquial de San Tirso, de la que no queda casi nada
en pie, ya existía en el año 873. Hay varias casas medievales
y una de ellas tiene en su fachada una concha venera.

En Palas tienen una especialidad, que es la *carne maragata,* además de pulpo, queso de la nabiza, truchas, cabrito y cordero.

LA CORUÑA

Se entra en la provincia de La Coruña por Lebureiro
o Leboreiro, derivado de *Campus Levurarius* o «Campo
de Liebres», por la abundancia de estos animales. La
iglesia de Santa María, románica, tiene una bonita y
hasta coqueta historia referida a la Virgen sedente que
está esculpida en el tímpano y que es representación de
la imagen que está en el altar mayor. La imagen fue encontrada junto a una fuente de la que manó agua repen-
tinamente con acompañamiento de resplandores y aro-
mas diurnos. La Virgen fue trasladada a la iglesia, pero
volvía cada noche al lado de la fuente y sólo aceptó ser
alojada allí cuando se vio esculpida en la portada. Dicen

que la Virgen se iba por la noche a la fuente para peinarse.

En Melide, donde abundan dólmenes, castros y restos arqueológicos, hay que ver la portada de la iglesia de San Pedro, único resto de la original del siglo XII. Lo demás ha sido reconstruido en fechas posteriores. La iglesia de Santa María, de mediados del siglo XII, la parroquial, con un museo dedicado a Terra de Melide, y la casa consistorial completan el recorrido de visitas en esta localidad de gran tradición jacobea.

La empanada, el cocido gallego y los dulces «ricos» y melindres, será la oferta gastronómica que podremos degustar con éxito.

Santiago de Borente tiene casonas nobles, iglesia parroquial dedicada a Santiago, fuente de los peregrinos y un puente antiguo.

Castañeda es lugar conocido sobre todo porque era donde estaban situados los hornos de cal a donde los peregrinos llevaban sus piedras desde Triacastela. Para descansar los peregrinos elegían Ribadiso (Riba de Iso o Ribera del río Iso), en donde queda el puente viejo, de un solo arco, y una casona que fue hospital. Parece ser que aquí existió una fortaleza a cuyo amparo los señores feudales se dedicaban a desvalijar a los peregrinos.

Arzúa cuenta con su iglesia parroquial dedicada a Santiago y los restos del que fue convento agustino de la Magdalena, que tuvo hospital para peregrinos y del que sólo se conserva la capilla.

En sus numerosas casas de comidas podremos tomar cualquier plato de la cocina tradicional gallega con aire y estilo casero.

En cualquiera de los pueblos que comprenden la comarca de O'Pino, podremos degustar exquisitas empanadas y truchas pescadas en los ríos Tambre, Mera y Noa.

Desde aquí se pasa casi de puntillas hasta llegar a **Laba-**

colla. Aquí se lavaban los peregrinos y ascendían al monte del Gozo. Al parecer hacían una especie de «carrera», y el primer peregrino que llegara a la cima era proclamado *rey* del grupo. En lo alto del monte se halla la ermita de San Marcos y descendiendo hay otra ermita pequeñita, dedicada a San Lorenzo. En ella está enterrado un peregrino lorenés que fue abandonado por sus compañeros y al que el Apóstol Santiago trasladó a lomos de su caballo hasta este lugar. Los peregrinos que habían hecho el camino a caballo, desmontaban del mismo y entraban a pie en Santiago.

Desde aquí, y ante la vista de Compostela, los peregrinos cantaban el famoso *Ultreia*. Esta canción es conocidísima, por ser la más antigua, ya que se haya incluida en el *Liber Sancti Jacobi,* cuya música grave y devota resonaba ya, en el siglo XII, bajo las bóvedas de la basílica compostelana. Su estribillo,*«Herru Sanctiagu Got Sanctiagu E ultreia, e sus eia Deus, adiuva nous»,* era parecido al que los cruzados usaban en Tierra Santa.

El origen de este canto levantó en su día varias polémicas, pues se habló de su origen germánico, además del latín, y otros opinaban que era gallego, sobre todo por la métrica utilizada. El cancionero jacobeo merecería un estudio renovado y profundo, pues sus letras son una pequeña guía de sitios, gentes, leyendas y costumbres del Camino del Camino de Santiago.

Ya a las puertas de la meta, la entrada a Santiago de Compostela y posterior llegada a la plaza del Obradoiro, donde está la catedral de Santiago, se hace a través de un recorrido clásico entre calles que, incluso el peregrino motorizado, debe realizarse a pie.

Se empieza por la avenida de los Concheiros (en esta calle se situaban los vendedores de conchas de peregrino que realizaban en latón y plata para venderlas ante la catedral como recuerdo). Se sigue por Rúa de San Pedro,

Puerta del Camino, calle de las Casas Reales, plaza de Cervantes, calle de la Azabachería, Vía Sacra, plaza de la Quintana o de los Literarios, frente a la Puerta Santa, que sólo está abierta en los años santos. Si no es año santo, después de la calle Azabachería se sigue bordeando la plaza de la Inmaculada y después de pasar por el arco del Obispo se llega a la plaza del Obradoiro, adonde da la fachada principal de la catedral de Santiago de Compostela.

El describir la catedral sería una obra literaria, histórica, artística, arquitectónica y legendaria de tal amplitud y rigurosidad, que lógicamente se sale del objetivo de este libro. Sí merece ser mencionado, aunque sólo sea en dos líneas, el maravilloso Pórtico de la Gloria, cumbre, para muchos, del románico europeo y obra del Maestro Mateo (1168-1188), que además está cargado de alusiones no sólo religiosas, sino también alegóricas, y que por sí solo ha merecido infinidad de estudios.

Tres cosas tiene que hacer el peregrino una vez haya llegado a allí. Traspasado el pórtico, el peregrino deberá meter los dedos de la mano derecha en los huecos correspondientes que hay en el parteluz de la portada central del pórtico. En la base del parteluz hay una figura de un hombre joven al que se le conoce con el nombre de *Santo dos Croques*. Los gallegos llevan a sus hijos pequeños y les acercan la cabecita a esta basa, para que «tengan las ideas claras». Estos *croques* o golpecitos, se los dan en la actualidad todos los que llegan a Santiago; las ideas claras es bueno tenerlas a cualquier edad... El siguiente paso es abrazar la imagen del Santo que se encuentra en el altar mayor. Está recubierto de plata y piedras preciosas y por unas escaleritas laterales se accede a él, dándole el abrazo por detrás de los hombros. Este rito se llama la *acolada al señor Santiago*. Después hay que bajar a la cripta, donde se encuentran los restos del Santo dentro del arca marmórica.

Si hay suerte podrá el peregrino ver en funcionamiento el *botafumeiro*, enorme incensario que en sus orígenes era exclusivamente para tratar de disimular el mal olor que despedían los peregrinos después de su largo camino, lo que quizá hace pensar que no todos se lavaban en Labacolla...

Para visitar la catedral y la ciudad de Santiago, y una vez que el peregrino haya descansado, lo mejor es seguir andando con una buena guía en la mano, descubriendo todos y cada uno de los rincones de estas dos maravillas. Hay que aprovechar los altos para degustar en cualquiera de las tascas un trozo de empanada, una tabla de pulpo con cachelos, un tazón de caldo gallego o unos pimientos de Padrón, por poner algún ejemplo, y todo ello alegrado con un cuenco de ribeiro, albariño o cualquier otro vino gallego. Y el peregrino de a pie, de bicicleta o de caballo no olvide solicitar la *compostela* y comprar una vieira para prenderla en su sombrero.

RECETAS

Aragón
Navarra
La Rioja
Castilla-León
  Burgos
  Palencia
  León
Galicia
  Lugo y La Coruña

AUCO RELLENO A LA MAIRALESA CON MANZANAS
(Para 12 personas)

Ingredientes:

1 oca de unos 3 kg (se puede hacer con capón)
800 gr de magro de cerdo
400 gr de ternera
250 gr de tocino blanco
75 gr de jamón serrano cortado en tiras
25 gr de trufas cortadas en tiras finas
sal
pimienta blanca
1 rama de perejil picado
1 huevo
1 dl de nata líquida
1 copita de coñac
1 manzana reineta
4 ciruelas pasas negras

2 cucharadas de pasas de Corinto
1 tacita de aceite
100 gr de manteca de cerdo

Para la salsa:
2 cebollas
1 puerro
2 zanahorias
2 tomates maduros
2 dientes de ajo
1 vaso de vino blanco
1,5 l de caldo de ave

Para la guarnición:
12 manzanas pequeñas
12 guindas rojas

Se deshuesa la oca (pedirle al carnicero que lo haga)y se reservan los huesos.

Con unos caparazones de ave y dos litros de agua se hace un caldo, dejándolo cocer hasta que quede reducido a un litro y medio, que será luego necesario para la salsa.

Se ponen a macerar las pasas en el coñac.

Las manzanas de la guarnición, se lavan, se descorazonan y se colocan en una fuente de horno añadiéndoles azúcar y un poco de vino blanco. Se asan a fuego medio y cuando estén hechas se sacan y se dejan enfriar. En el momento de servir se coloca encima de cada una guinda roja.

Se hace un picadillo con el magro, el tocino blanco y la ternera. Se sazona con sal y pimienta y se añade el perejil, las trufas, el huevo entero, la nata, las pasas y la manzana reineta pelada y cortada en dados pequeños.

Se rellena el ave con esta farsa, colocando entre medias del relleno el jamón cortado en tiras y las ciruelas deshuesadas y cortadas en cuartos, de forma que quede bien distribuido.

Se cosen las aberturas y se sazona el ave por fuera con sal y pimienta.

Se coloca el ave en una fuente de horno con el aceite, la manteca de cerdo y los huesos. Se ponen alrededor las cebollas cortadas en ruedas, el puerro (sólo la parte blanca), las zanahorias raspadas y cortadas en rodajas, los tomates partidos en trozos, los dientes de ajo machacados y el vaso de vino blanco.

Se hará a fuego medio-alto por espacio de 75-90 minutos. regándola de vez en cuando con el jugo.

Cuando esté hecha se retira la oca del horno y se vierte el caldo de ave en la fuente de asar, rascando bien el fondo. Se deja cocer todo unos minutos.

Se pasa esta salsa por el chino y, si queda muy clara, se deslíe una cucharada de maicena en un poco de agua fría y se liga la salsa para que quede trabada.

Se corta el ave en lonchas, que se colocan en una fuente refractaria y se bañan con parte de la salsa. Se vuelve a meter la fuente al horno por espacio de unos cinco minutos, con cuidado que no se reseque la carne.

Se sirven las lonchas acompañadas de las manzanas asadas y el resto de la salsa aparte, pero bien caliente.

Nota.—La originalidad de esta receta radica en que el ave rellena es oca (*auco*), pero, como ésta no es fácil de encontrar, se puede sustituir perfectamente por un capón.

Receta del restaurante «Venta del Sotón», Esquedas.

ARROZ CON CARACOLES Y CONEJO
(Para 4 personas)

Ingredientes:

2 tazas grandes de arroz
$^1/_2$ kg de conejo cortado en
    trozos pequeños
los menudillos del conejo
1 vasito de aceite de oliva
1 cebolla picada
2 tomates medianos, pelados y
    cortados en trozos
2 dientes de ajo picados

1 cucharadita de pimentón dulce
unas hebras de azafrán
250 gr de jamón cortado en
    dados
400 gr de caracoles
250 gr de guisantes
2 pimientos morrones partidos
    en tiras

En una cazuela de barro se vierte el aceite y cuando esté caliente se agrega la cebolla, los tomates, los dientes de ajo, el jamón, los trozos de conejo, los menudillos y los caracoles bien limpios.

Se sazona todo con sal y se sofríe a fuego mediano-suave hasta que el conejo adquiere un color dorado.

Cuando el conejo está casi hecho se agrega el pimentón, el azafrán machacado y el arroz, y se mezcla todo bien. Se echa doble cantidad de agua.

Se añaden los guisantes y los pimientos cortados en tiras.

Se enciende el horno a temperatura media-alta.

Se deja hervir el arroz al fuego directo y vivo durante cinco minutos y luego se mete al horno por espacio de doce o trece minutos.

Se sirve inmediatamente sin dejarlo reposar, ya que el barro conserva mucho el calor y si se deja reposar se secaría demasiado.

El arroz típicamente aragonés tiene como ingredientes fundamentales caracoles y conejo (o sus menudillos), influencia clara de la región levantina. La gracia de este arroz está en que el conejo sea casero o de monte.

BACALAO AL AJOARRIERO
(Para 6 personas)

Ingredientes:

1 $^1/_2$ kg. de bacalao (lomos o trozos gruesos)
$^1/_2$ l de aceite
8 dientes grandes de ajo pelados y cortados en lonchas finas

1 kg de patatas peladas y cortadas en rodajas finas
$^1/_2$ kg de cebollas picadas en trozos menudos
5 huevos

Se ponen los trozos de bacalao (sin remojar) encima de un papel blanco o de aluminio y se meten a horno muy moderado.

Cuando esté reblandecido se saca del horno. Se van sacando hebras del bacalao, quitando bien todas las espinas, raspas y pieles.

Las hebras de bacalao se pasarán varias veces por agua fría, hasta que presenten un aspecto esponjoso. Se escurrirán bien, apretándolas con la mano, hasta que suelten todo el agua.

En una cazuela de barro se ponen medio litro de aceite y las lonchitas de ajo, y cuando éstas empiecen a tomar color se añaden las hebras del bacalao.

Se rehoga todo a fuego lento, evitando que los ajos se quemen y que el bacalao se fría. De vez en cuando se dará vuelta con una cuchara de madera, para que no se seque.

Mientras tanto, se pone aceite en una sartén honda y se añaden las patatas y las cebollas. Se rehogan ligeramente, y se deja que se vayan haciendo a fuego suave como si fueran para tortilla. (Deberá ponerse muy poco aceite —una taza de desayuno rasada—, y para asegurarse de que las patatas no se quemen se puede tapar la sartén.) Tardarán una hora en hacerse.

Antes de servir se añaden las patatas a las hebras de bacalao (en la misma cazuela de barro en que se han hecho); se pone a fuego suave, se añaden los huevos ligeramente batidos, se revuelve todo bien y cuando los huevos estén cuajados (no del todo, ya que la cazuela de barro conserva mucho el calor y el guiso se secaría), se sirve caliente.

Durante muchos años en el Alto Aragón existía la costumbre de comer este plato en Nochebuena después de haber oído la «misa del gallo». Para beber tomaban vino tinto en grandes jarras de barro en las que la noche anterior habían puesto en maceración higos secos, orejones, membrillos y manzanas, con canela, azúcar y nuez moscada.

BOLICHES DE EMBUN
(Para 6 personas)

Ingredientes:

$^3/_4$ kg de boliches*	3 dientes de ajo
2 orejas de cerdo	pelados y enteros
2 rabos de cerdo	4 cucharadas de aceite crudo de
1 cebolla picada menuda	oliva
1 rama de perejil	1 huevo cocido
picada	sal

* Los boliches son unas judías especiales típicas de esta localidad, pero esta receta se puede hacer con cualquier otra clase de judías.

Se ponen a remojo con agua fría los boliches, desde la noche anterior.

Se colocan los boliches (escurridos del agua del remojo) en una cazuela con agua fría hasta que los cubra. Se añaden las orejas y los rabos de cerdo bien limpios, habiendo chamuscado antes los pelillos.

Se ponen a fuego mediano, y cuando lleven media hora cociendo, se añade la cebolla picada, el perejil picado, los dientes

de ajo enteros y cuatro cucharadas de aceite crudo. Se sazona
con sal

Manteniendo el fuego siempre mediano-suave, se dejará que
se vayan haciendo y se añadirá agua fría (dos veces como máximo) a medida que se necesite; además de esta forma se asustarán los boliches y no perderán la piel.

Cuando estén tiernos, se desmenuzará la yema del huevo cocido en un mortero, se añadirán cuatro o cinco cucharadas del
caldo de los boliches y se vertirá en la cazuela.

Se dejará que hierva todo junto durante cinco minutos y se
sirve bien caliente.

*Este plato se puede consumir en muchos sitios de la provincia
de Huesca, y en concreto por los que pasa el Camino de Santiago
en el Alto Aragón. En toda esta zona son muy típicos los platos
de legumbres acompañadas de algunas partes del cerdo (oreja,
rabo, manos y morro) y de chorizo, ya que como es de rigor del
cerdo se aprovechaba y se aprovecha todo. Precisamente en la
matanza o «matancía» del cerdo, cuando se celebraba en familia, se hacía una fiesta que era motivo para comer algo mejor un
poco menos austeramente de lo habitual..*

BORRAJAS CON PATATAS
(Para 4 personas)

Ingredientes:

2 kg de borrajas	3 dientes de ajo
4 patatas medianas	sal
1 vaso grande de aceite de oliva	

Se limpian bien las borrajas y se lavan con abundante agua
fría.

Se cuecen con agua y sal y cuando estén tiernas se escurren.
Mientras tanto se cuecen las patatas con piel.

En una cazuela se ponen las borrajas cocidas y escurridas y
las patatas peladas y partidas por la mitad.

En una sartén se hace un sofrito con el aceite y los ajos partidos en láminas y cuando éstos estén dorados se vierte sobre la verdura.

Se deja rehogar todo por espacio de quince minutos a fuego suave, dando vueltas de vez en cuando para que las borrajas y las patatas queden sabrosas.

Se sirve caliente.

La borraja es una verdura típicamente aragonesa, siendo su mayor inconveniente su limpieza, pero ahora se vende ya limpia en bolsas de plástico. Su sabor es muy agradable y de una gran finura.

CABRITO GUISADO CON ALCACHOFAS Y ESPARRAGOS
(Para 4 personas)

Ingredientes:

1.200 kg de cabrito troceado	2,5 dl de aceite de oliva
600 gr de alcachofas	sal
8 espárragos naturales blancos	pimienta blanca
4 dientes de ajo	1 cucharada de harina

En una cazuela se pone el aceite y cuando esté humeante se añaden los trozos de cabrito, sazonados con sal y pimienta.

Cuando el cabrito esté dorado se agregan los ajos partidos en láminas, y una vez que éstos hayan tomado color se espolvorea todo con la harina, se da una vuelta con cuchara de madera y se salpica con un poco de agua.

Se tapa la cazuela y se deja cocer, por espacio de una hora aproximadamente y, a fuego suave. Hay que vigilar para que no se seque.

Mientras tanto se limpian las alcachofas de la forma habitual y se cuecen durante cinco minutos a fuego fuerte. Se escurren y se añaden al cabrito diez minutos antes de terminar la cocción.

Los espárragos, una vez limpios, se cuecen durante dos minutos en agua hirviendo. Se quita ese agua y se pone otra nueva, dejándolos cocer hasta que estén tiernos.

Se añaden al guiso cuando ya esté hecho del todo.

Se sirve caliente.

Nota.—Las alcachofas deberán ser tiernas, si no habrá que cocerlas previamente diez minutos más. Si los espárragos se preparan de antemano, se puede guisar el cabrito añadiéndole agua de la segunda cocción.

Este plato recuerda a las «calderetas» campestres, aunque es un poco más suave y digestiva que las tradicionales aragonesas.

Receta del restaurante «Venta del Sotón», Esquedas.

CORDERO A LA PASTORA
(Para 4 personas)

Ingredientes:

1 kg de cordero (cualquier parte del cordero menos las costillas y las piernas)	1 hoja de laurel
	1 patata grande
	sal
1 cebolla mediana cortada muy fina	agua
2 dientes de ajo pelados y picados	$^1/_2$ taza de aceite de oliva

Se corta el cordero en trozos medianos, se sazona con sal y se rehoga en una cazuela con el aceite, la cebolla y los ajos. Se mantendrá el fuego suave, de forma que la carne se dore y la cebolla no se queme.

Cuando el cordero esté dorado se añade la hoja de laurel y el agua suficiente para que se haga la carne. (Dependiendo de lo tierno que sea el cordero se necesitará más o menos agua.)

Se mantendrá siempre el fuego suave y cuando falten unos veinte minutos para que el cordero esté tierno se añade la patata cortada en cubitos.

Cuando las patatas estén tiernas y la salsa haya reducido se retira y se sirve inmediatamente.

Este guiso de cordero es una muestra más de la sobriedad de la cocina pastoril del Alto Aragón, y su resultado óptimo va a de-

*pender de la calidad del cordero y de cocinarlo a fuego muy
suave en todo momento.*

Receta de Lorenzo Borudas, hotel Villa Anayet (Canfranc-Estación).

CORDERO O CABRITO ASADO AL ESPEDO
(Para 6 personas)

Ingredientes:

1 ternasco (corderito lechal) de 2 ¹/₂ kg de peso	6 dientes de ajo sal

Una vez limpio el ternasco (también se puede hacer con cabrito), se atraviesa a lo largo con el espedo o espetón de hierro, que se sujetará entre dos soportes o pies, de forma que se pueda girar el cordero.

Entre los dos soportes se prepara una hoguera de sarmientos con cuyo calor se asará el animal, untado previamente con un machacado de ajos y sal.

Se acompaña con «patatas a lo pobre» (ver receta pág. 108) y una ensalada de lechuga.

Esta fórmula es típica de la montaña aragonesa.

CORZO EN SALSA BLANDA
(Para 4 personas)

Ingredientes:

1 kg de carne de corzo partida en trozos cuadrados de 3 x 3 cm aprox.	1 cebolla grande partida en trozos muy menudos
1 botella de vino tinto con cuerpo (el tinto aragonés es el adecuado).	2 zanahorias raspadas y partidas en rodajas finas
¹/₂ l de cerveza	1 puerro (la parte blanca) partido en juliana un poco de salvia

| 2 cucharaditas de café rasas de tomillo | 4 cucharaditas soperas de harina |
| sal | 150 gr de queso muy curado |

Se hace un adobo con el vino tinto, la cerveza, la salvia, la cebolla, las zanahorias, el tomillo y el puerro.

Se sazonan los trozos de corzo con sal y se meten en el adobo durante seis horas. (El adobo se hará en un recipiente de barro o cristal, se tapará con un paño limpio y se mantendrá en un lugar fresco.)

Transcurridas las seis horas, se sacan los trozos de corzo del adobo y se pasan a una cazuela para sofreírlos en su propia grasa o bien en un par de cucharadas de manteca.

Cuando la carne esté dorada, se añaden todas las verduras del adobo y se sofríen a fuego lento y dando vueltas muy a menudo con una cuchara de madera.

Transcurridos unos 20 ó 25 minutos se añade el líquido del adobo, del cual reservaremos una taza.

Se deja cocer a fuego lento y con la cazuela tapada.

Cuando esté la carne casi en su punto, se disuelve la harina en la taza del líquido que habíamos reservado (debe quedar sin ningún grumo) y se vierte sobre el guiso para que la salsa espese.

Se añade el queso partido en trozos pequeños y se revuelve un poco con la cuchara de madera para que ligue bien la harina y ayudar a que el queso se disuelva.

Cuando el queso esté fundido y la salsa presente un aspecto consistente se retira del fuego y se sirve caliente.

Esta receta está sacada de un libro del siglo XVIII y en ella se recomienda acompañar este plato con cerveza espumosa para beber. Es un plato fuerte, de sabor muy propio de la zona alta aragonesa, que se puede suavizar utilizando un vino más suave, pero jamás rebajarlo con agua.

Receta facilitada por Francisco Javier León, del restaurante «Reno», del hotel del mismo nombre en Villanúa.

CRESPILLOS

Ingredientes:

4 yemas de huevo y sus claras
azúcar (el mismo peso que el de
   las yemas)
leche (la misma cantidad que el
   peso de las yemas)

harina (la misma cantidad que el
   peso de las yemas)
2 sobres de gaseosa o de sifón
aceite de oliva

Se baten las yemas con el azúcar con una cuchara de madera hasta que se consiga una crema con aspecto de pomada esponjosa.

A continuación se añade, alternando, leche y harina. (La harina conviene pasarla por un cedazo antes de utilizarla.) Se unirá muy bien todo para evitar que se formen grumos.

Se baten las claras a punto de nieve firme y se añaden a la crema anterior. Se mezcla todo muy bien con movimientos envolventes y suaves hasta que presente un aspecto de crema suave y homogénea.

Finalmente se añaden los sobres de gaseosa, para que los crespillos queden más huecos.

Se pone abundante aceite en una sartén honda. Cuando esté caliente se mete una cuchara sopera en la sartén para que se unte de aceite, se saca de la sartén, se coge una cucharada de la masa preparada y se deja caer en la sartén para que se fría el crespillo. Esta operación se repetirá hasta terminar la masa.

Según se van sacando de la sartén se colocan en una fuente alargada y se espolvorean con azúcar.

Nota.—Si al echar el primer crespillo en la sartén se esparce, la masa se puede agregar más harina a éta para conseguir el espesor deseado, pero en cualquier caso habrá que evitar añadir demasiada, ya que si no los crespillos quedarían duros. Es preferible ir echando poca cantidad y hacer pruebas.

Los crespillos se hacen y se comen en el sábado «crespillero», que es el que precede al domingo de Carnaval. Su antigüedad se pierde en la memoria de los tiempos y se sigue haciendo no sólo en el Alto Aragón sino en toda la región aragonesa.

CHILINDRON DE CORDERO
(Para 4 personas)

Ingredientes:

1 ½ kg de cordero lechal partido en trozos
2 vasos de aceite de oliva
4 dientes de ajo
2 cebollas muy picadas
4 tomates rojos, pelados y partidos en trozos muy pequeños

3 pimientos verdes sin semillas y en trozos
2 pimientos rojos grandes asados y pelados
1 vaso de vino blanco seco
sal

Se sazonan con sal los trozos de cordero.

En una cazuela se vierte el aceite y se añaden dos dientes de ajo enteros. Cuando estén dorados se retiran y se agrega el cordero.

Cuando estén todos los trozos dorados se sacan a una fuente y en ese aceite se hace la salsa chilindrón, agregándole las cebollas, los tomates, los pimientos verdes y los otros dos dientes de ajo prensados.

Se sofríe todo a fuego suave y transcurridos veinte minutos se vuelven a poner los trozos de cordero, el vino blanco y el agua que se crea necesaria para que la carne quede tierna.

A media cocción se rectifica el punto de sal y se añaden los pimientos rojos cortados en tiras.

Es importante que la cocción se haga a fuego suave y con la cazuela tapada, vigilando para que no se pegue. La salsa deberá quedar muy trabada.

Se sirve caliente acompañado de «Patatas a lo pobre» (ver receta pág. 108)

Esta sabrosa salsa chilindrón resulta excelente con carne de vacuno o con muslitos de pollo deshuesados y rellenos de jamón serrano.

ENSALADA DE LECHECILLAS DE TERNASCO AL AROMA DE BASILICO
(Para una persona)

Ingredientes:

1 endivia deshojada
1 remolacha cocida, pelada y
  cortada en rodajas finas
2 hojas de col lombarda
  (morada) cocida y cortada en
  juliana
2 hojas de lechuga cortadas en
  juliana

1 manojo de berros
50 gr de piñones tostados
200 gr de lechecillas de cordero
aceite de oliva
1 hoja de basílico (albahaca)
un chorrito de vinagre de
  frambuesa
un chorrito de aceite de nueces

En un plato grande o fuente individual se colocan, en forma de abanico, y por el siguiente orden, primero las endivias, luego las rodajas de remolacha, la juliana de lechuga y la juliana de col lombarda.

El manojo de berros se divide en dos partes y se pone medio manojo a cada lado del plato.

A continuación se esparcen los piñones por encima de las verduras y se aderezan con el vinagre de frambuesa y el aceite de nueces y se espolvorean con sal.

Se sazonan con sal las lechecillas y se fríen en aceite de oliva, junto con la hoja de basílico, hasta que se doren.

Una vez que estén doradas se sacan de la sartén y se colocan en el corazón de la ensalada.

Receta de Mertxe Aldanondo, del restaurante «La Cocina Aragonesa» en Jaca.

ESCABECHE DE TRUCHAS AL ESTILO «RENO»
(Para 4 personas)

Ingredientes:

4 truchas de ración
2 vasos de vino de aceite de oliva
1 cucharadita de pimentón

3 dientes de ajo
$1/2$ vaso pequeño de vinagre de
  vino

2 cucharadas soperas de alcaparras	sal harina
8 pepinillos	1 taza de agua
12 cebollitas	

Se limpian las truchas, se salan y se pasan por harina.

En una sartén se pone el aceite y cuando esté caliente se van friendo las truchas.

Una vez fritas se sacan y se retira la mitad del aceite.

Al resto del aceite que ha quedado en la sartén se añaden los ajos muy picaditos y se deja que se doren.

Se retira la sartén del fuego y se añade el pimentón, el vinagre y el agua.

Se vuelve a poner al fuego y se introducen las truchas fritas, las alcaparras, los pepinillos y las cebollitas.

Se deja que hierva todo junto por espacio de cinco minutos aproximadamente, hasta que la salsa presente un aspecto consistente.

Se sirven calientes en una fuente, poniendo las truchas en el centro y alrededor rodajas de tomate intercalando las alcaparras, las cebollitas y los pepinillos.

Receta de Francisco Javier León, del restaurante «Reno» del hotel del mismo nombre, en Villanúa.

ESPARRAGOS MONTAÑESES
(Para 6 personas)

Ingredientes:

36-40 colas de cordera	maduros pero sin estar
harina	pasados
aceite (o manteca de cerdo) para freír	1 kg de pimientos sal
1 ¹/₂ kg de tomates rojos,	

Se pelan las colas y se cortan de forma que sólo quede la parte carnosa.

Se deja que suelten la sangre por espacio de dos horas.

Se cuecen en agua con sal hasta que estén tiernas. Se escurren del agua y se secan con ayuda de un paño limpio.

En una sartén honda se pone abundante aceite o manteca de cerdo y cuando esté caliente se añaden las colas previamente pasadas por harina y se fríen hasta que estén doradas.

Las colas, una vez fritas, se escurren y se reservan.

Se prepara una fritada con los tomates y los pimientos.

Se quitan los tallos y las semillas a los pimientos. Se parten en tiritas y se ponen en una sartén con el aceite suficiente para que se frían. (Con una taza de desayuno será suficiente.)

Cuando los pimientos estén medio fritos se añaden los tomates pelados y cortados en trozos medianos.

Se mezcla todo bien, se añade sal y se deja que se haga a fuego suave, hasta que los tomates estén deshechos y los pimientos tiernos. (Si se quiere se puede añadir una cucharadita de azúcar, para así contrarrestar un poco el sabor agrio del tomate.)

Se añaden las colas fritas a la fritada y se deja que den un hervor durante dos minutos.

Se sirve caliente. (También se pueden presentar por separado las colas fritas y la fritada.)

Las colas de cordera proceden de la «escoda» que se hace en las montañas de Huesca a las corderas elegidas para ser cubiertas y por lo tanto ser madres. La «escoda» se hace en Semana Santa y el Día de Todos los Santos, así que la posibilidad de consumir los espárragos montañeses estará limitada a esas dos fechas. Es un plato muy apreciado que en sus orígenes se consumía simplemente a base de las colas fritas, sin pasarlas por harina y sin el acompañamiento de la fritada.

ESTOFADO DE CAZA DE PELO (venado, ciervo, gamo)
(Para 4-6 personas)

Ingredientes:

1 $\frac{1}{2}$ kg de carne
2 cebollas
3 dientes de ajo

1 cucharada de tomillo
1 hoja de laurel
1 cucharada de orégano

8 bolitas de pimienta negra	vino tinto (el necesario para
3 zanahorias raspadas y partidas	cubrir la carne; conviene que
en rodajas gruesas	sea con mucho cuerpo y de
1 puerro	buena calidad, ya que es la
1 trocito de apio	base de la salsa)
sal	250 gr de manteca de
harina	cerdo

Se pone la carne cortada en dados en un recipiente de barro o cristal.

Se le añade las zanahorias, las cebollas, el tomillo, los ajos, el laurel, el orégano, las bolitas de pimienta negra, el puerro, el apio y sal. Se cubre todo con vino tinto y se deja en maceración por espacio de 48 horas, tapado el recipiente y en un lugar fresco.

Transcurridas las 48 horas se sacan los trozos de carne, se secan con un paño limpio, se pasan por harina ligeramente y se sofríen muy levemente en la manteca de cerdo.

Se pasan los trozos de carne sofritos a una cazuela, se vierte en ella todo el vino y los ingredientes del adobo y se pone a cocer a fuego suave hasta que la carne esté tierna.

Se sacan los trozos de carne para otra cazuela y se pasa la salsa una o dos veces por el pasapurés, ya que la salsa debe quedar espesa. Se vierte sobre los trozos de carne y se da un rápido hervor antes de servir.

Se sirve caliente, acompañado de cebollitas francesas, champiñones y puré de manzanas.

Receta de Sita Gallejones, del restaurante «Faus-Hütte» del hotel del mismo nombre en Villanúa.

FRUTAS DE SARTEN

Ingredientes:

125 gr de harina	1 cucharada de coñac o de
1 huevo	aguardiente
20 gr de azúcar	30 gr de mantequilla
2 cucharadas de agua de azahar	3 gr de sal

En un perol se unidos todos los ingredientes, excepto la harina.

Cuando se hayan mezclado, sin batir, se agrega la harina hasta formar una masa consistente.

Se deja reposar dos horas, tapada con un plato para que no forme corteza al entrar en contacto con el aire.

Transcurridas las dos horas, se extiende la masa sobre una superficie lisa, espolvoreada de harina, y se trabaja con un rodillo de madera enharinado hasta conseguir una capa delgada de masa.

Se corta la masa en cuadrados, rombos, triángulos... y se fríen en abundante aceite caliente.

Se sacan, se escurren bien y se van colocando en una fuente.

Una vez que están todas las «frutas», se espolvorean con azúcar o se bañan con miel diluida caliente.

Este postre es muy típico en Aragón, si bien, aunque con otros nombres, también se preparan en otros puntos del Camino, como, por ejemplo, en Castilla y León.

Receta de Teodoro Bardají.

HUEVOS AL SALMORREJO
(Para 4 personas)

Ingredientes:

4 huevos (u 8, según se hagan uno o dos persona)
250 gr de longaniza
250 gr de lomo fresco
4 rodajas de pan frito
$3/4$ l de caldo de carne (se hará un buen caldo con un trozo de carne roja, un hueso de jamón, un par de huesos de rodilla y un cuarto de gallina; se puede poner una zanahoria y un puerro)
sal

Se parten la longaniza y el lomo fresco en rodajas. Se fríen ligeramente y se reservan.

Se fríen cuatro rodajas de pan. Se reservan.

En cuatro marmitas de barro individuales hondas se distribuye el caldo y se comprueba el punto de sal.

Se distribuye la longaniza y el lomo entre las cuatro marmitas y se ponen al fuego de modo que cuezan un rato y el caldo coja el sabor de las carnes.

Transcurridos quince minutos se añade a cada marmita una rodaja de pan frito y se echa un huevo, con cuidado de no romper la yema.

Cuando el huevo esté escalfado y en su punto (la clara cuajada pero la yema deberá quedar con una película fina blanca por fuera y por dentro líquida; es decir, la yema no debe cuajarse), se sirve enseguida.

Los huevos al salmorrejo es una de las recetas típicas aragonesas en la aquel que los hace utiliza una fórmula distinta, sobre todo en lo que se refiere a los ingredientes de acompañamiento al huevo escalfado (espárragos, jamón...), e incluso en la base del caldo, que en algunos casos es una salsa bechamel muy clarita hecha con un poquito de harina disuelta en el caldo. Todas estas modificaciones son aportaciones nuevas que en ningún caso desmerecen la receta clásica, sobria y sencilla, de los huevos al salmorrejo que aquí se explica.

Receta de Laureano Boduras, hotel Villa Anayet (Canfranc-Estación).

JARRETES DE CORDERO A LA PASTORA
(Para 4 personas)

Ingredientes:

8 jarretes de cordero pequeños
$1/_2$ l de aceite
2 cebollas
3 zanahorias
2 puerros
4 dientes de ajo
4 alcachofas
200 gr de champiñón

1 ramita de apio
1 pizca de orégano
1 pizca de tomillo
1 ramita de hierbabuena
1 vasito de vino blanco
sal y pimienta
2 l de caldo

En una cazuela se pone el aceite con los ajos pelados y picados.

Se añaden los jarretes sazonados con sal y se rehogan hasta que estén bien dorados.

Mientras tanto se limpian y se parten en rodajas las cebollas, las zanahorias y los puerros.

Se limpian las alcachofas y los champiñones y se parten en mitades.

Cuando estén los jarretes dorados se añade el vino blanco y se deja reducir la salsa.

Se echan las cebollas, las zanahorias y los puerros.

Se agregan el caldo, las especias y el apio.

Cuando falte media hora para que el guiso esté en su punto (o lleve cuarenta minutos hirviendo) se añaden las alcachofas y los champiñones.

El guiso deberá quedar con una salsa trabada.

Se sirven los jarretes en una fuente, colocándolos en el centro rodeados con todas las verduras. Se vierte el jugo por encima de la carne.

Receta de Francisco Javier León, del restaurante «Reno» del hotel del mismo nombre en Villanúa.

JUDIAS CON OREJA Y CHORIZO
(Para 4 personas)

Ingredientes:

600 gr de judías blancas	1 cabeza de ajos entera
400 gr de tocino blanco	1 cebolla picada
4 orejas de cerdo	sal
150 gr de chorizo	

La noche anterior a su preparación se ponen a remojar las judías en abundante agua fría.

También la noche anterior se puede cocer el tocino, pues es muy duro y tardará mucho más en hacerse que las judías.

En una cazuela amplia se ponen las judías escurridas del agua de remojo. Se agrega agua fría y cuando rompe el hervor se tira este primer agua.

Ya definitivamente se vuelven a poner las judías en la cazuela y se agregan el agua de cocer el tocino, que estará fría, la cabeza de ajos entera, la cebolla picada muy menuda, el chorizo y las orejas de cerdo bien limpias. Deberá quedar todo cubierto con el agua de cocción del tocino, y si no es suficiente se agrega agua fría.

Se ponen a cocer a fuego suave, y con la cazuela tapada se va dejando que se hagan hasta que las judías estén suaves.

El aceite está ausente en este guiso, pues la grasa que aportan el chorizo y el tocino suele ser suficiente, pero si se desea se puede añadir al principio de la cocción un chorrito de aceite de oliva.

Si hiciera falta se puede ir agregando agua fría en pequeñas cantidades.

Cuando estén hechas las judías se echa el tocino, que ya está cocido, y se rectifica el punto de sal.

Nota.—Este guiso queda mucho mejor si se hace la víspera de tomarlo. Si el caldo no estuviera lo suficientemente trabado, se deshacen unas judías en un mortero y el puré resultante se añade al guiso, dejando que cueza todo junto durante diez minutos.

La preparación de las judías con cerdo era y es muy habitual en todo Aragón. Los garbanzos y las lentejas, aunque sí se consumen, tienen mucho menos tradición culinaria que las judías. ·

MELOCOTON AL VINO
(Para 4 personas)

Ingredientes:

4 melocotones grandes (u 8 medianos)	2 palitos de canela en rama
vino tinto aragonés	la corteza de medio limón
azúcar (100 gr por litro de vino)	un vaso de coñac (optativo)

Se pelan los melocotones y se colocan en un recipiente de barro o madera.

Se cubren de vino tinto aragonés, y se agregan azúcar al gusto, o en la proporción indicada, los palitos de canela, la corteza de limón y el coñac.

Se dejan en maceración tres o cuatro días, durante los cuales convendrá mover los melocotones para que se empapen del vino de forma uniforme.

Se sirven fríos, en cuencos individuales de barro, regados con el vino en que se han macerado.

Nota.—Los melocotones no deberán presentar ninguna matadura y deberán estar amarillos y no excesivamente maduros, pues se mustiarían al macerarse.

También se pueden cortar en trozos grandes, pero la presentación queda mejor sirviéndolos enteros.

La calidad de los melocotones aragoneses es proverbial. Este postre siempre se ha considerado festivo y en la actualidad también se reserva para algo especial.

MIGAS DE PASTOR

Ingredientes:

1 hogaza de pan que tenga dos o tres días antes de su utilización	150 gr de tocino partido en trozos menudos
2 dientes de ajo grandes pelados y partidos por la mitad	3 ó 4 cucharadas soperas de aceite
100 gr de sebo de cordero	sal
	agua

Con un cuchillo de hoja fina y bien afilada se va cortando el pan en hojas finas (no muy grandes) y de vez en cuando se unta la corteza con ajo.

Cuando esté todo el pan cortado se ponen en una sartén honda el sebo, los trozos de tocino y el aceite.

Una vez que estén líquidas todas las grasas se añaden las migas de pan, se revuelve todo bien y se sazona con sal.

Cuando las migas de pan estén bien empapadas de la grasa, se añade un poco de agua (una taza de desayuno aproximadamente) y se continúa sin dejar de revolver hasta que el agua se haya casi consumido.

Se añade un chorrito de aceite para suavizarlas y se comen en el momento bien calientes.

Las migas de pastor no es un plato exclusivo de las montañas aragonesas, ya que se comen en muchos sitios de España, pero en Aragón, y sobre todo en las zonas de montaña, es muy habitual su consumo.

La receta expuesta es del Instituto de Estudios Oscenses, y es la más sencilla y a la vez más ancestral forma de prepararlas.

Hay otras variedades, partiendo siempre de la base del pan duro y la grasa, que consisten en añadirles trozos de jamón, de chorizo, menudos de cebollas y tomate y acompañarlas con uvas (las negras tipo «garnacha» son las más adecuadas) o con chocolate.

Asimismo hay otra variante respecto a la receta expuesta, y es que las migas una vez cortadas se envuelven en un paño húmedo, variando el tiempo de media hora a dos horas, y luego ya se fríen en la grasa sin añadirles agua posteriormente.

PATATAS A LO POBRE
(Para 4 personas)

Ingredientes:

1 1/4 kg de patatas
aceite de oliva
sal

1/2 cebolla (opcional)
1 cucharada de perejil picado

Se pelan las patatas y se parten en rodajas muy finas. Se sazonan con sal.

Se colocan en una sartén y se vierte aceite, sin que llegue a cubrirlas. Si se quiere, se añade una cebolla partida en trozos muy pequeños y muy finos.

Se ponen a fuego muy suave y se tapan.

Se dará vuelta con espátula de madera, evitando que se doren.
Deberán quedar muy tiernas y blanquecinas.

Antes de servirlas se pondrán a escurrir dos o tres minutos y,
si se quiere, se espolvorean de perejil muy picado.

Nota.—Aunque pueda parecer extraño, con patatas nuevas
queda peor este plato, pues se deshacen demasiado, y lo caracte-
rístico es que al final mantengan su forma inicial y se queden
pegadas unas a otras, por eso también se les llama patatas «ape-
lotonadas» o «en pelotón».

*Estas patatas no son exclusivamente aragonesas, pues son
muy conocidas también en la cocina castellana, y son exquisitas
como acompañamiento de guisos o asados de cordero o de
carne.*

PATO SALVAJE
(Para 4-6 personas)

Ingredientes:

1 pato grande	sal
100 gr de manteca de cerdo	pimienta
1 cebolla	2 tazas de caldo de ave
2 clavos de especia	1 copa de vino de Oporto
1 limón	1 vaso grande de sidra natural
1/2 kg de cebollitas francesas	

Se limpia bien el pato por dentro y por fuera.

Se sazona con sal y pimienta blanca, por dentro y por fuera.

Se rellena con la cebolla, en la que se pinchan los dos clavos,
y el limón. Se cose la abertura y se birda el pato.

Se unta bien con manteca de cerdo y se mete al horno sobre
la parrilla, poniendo debajo de ésta la fuente del horno para recoger el jugo.

El horno deberá estar a temperatura media-alta.

Cuando el pato esté dorado por todos los lados, se vierte sobre él el caldo de ave y la sidra. Se pone el horno a temperatura

suave y se deja que se siga haciendo. (Se regará con el jugo de vez en cuando, y si es necesario se puede añadir más sidra.)

Cuando el pato esté hecho, se saca del horno, se le quita la cuerda y se retiran el limón y la cebolla.

En la fuente del horno, donde se habrá recogido todo el jugo, se vierte una copa de vino de Oporto y se rasca bien el fondo para hacer la salsa.

Se pasa la salsa por un chino y si hace falta se calienta un poco.

Para servir se pone el pato en el centro de una fuente y se rodea de cebollitas francesas peladas y abiertas en forma de flor (hay un aparatito para darles esa forma). La salsa se sirve caliente en salsera aparte.

Receta de Sita Gallejones, del restaurante «Faus-Hütte» del hotel del mismo nombre en Villanúa.

POLLO A LA CHILINDRON
(Para 6 personas)

Ingredientes:

3 pollos pequeños
$1/_2$ taza de aceite
300 gr de jamón cortado en dados
2 dientes de ajo enteros
1 cebolla mediana picada muy menuda
6 pimientos gordos rojos (como para asar)
8 tomates rojos, maduros y con la piel tersa
sal

Se limpian bien los pollos por dentro y por fuera y se parten en trozos (si los pollos fueran muy tiernos los trozos serán grandes).

En una sartén grande de hierro y honda (se puede hacer en cazuela) se pone el aceite con los dientes de ajo pelados y enteros.

Cuando los ajos se hayan dorado ligeramente se sacan y se van echando en el aceite los trozos de pollo, previamente sazonados con sal, y cuando empiecen a dorarse se añaden los trozos de jamón y la cebolla muy picada.

Transcurridos unos minutos se añaden los pimientos, pelados con ayuda de un cuchillo de hoja muy fina y cortados en trozos medianos.

A continuación se añaden los tomates, pelados y cortados en trozos muy menudos. (Para pelar los tomates con facilidad, se les hace un corte superficial en la base y con ayuda de un tenedor se sumergen en agua hirviendo un minuto, se sacan del agua y, sin quitar el tenedor, que servirá para sujetar el tomate, se pela tirando de las pieles donde se ha hecho el corte en forma de cruz.)

Se une todo bien con ayuda de una cuchara de madera. A fuego muy suave y con la cazuela tapada se dejará que el pollo se vaya haciendo, vigilando para que el guiso no se pegue, por lo que habrá que mover la cazuela enérgicamente de vez en cuando.

La salsa deberá quedar como una fritada y no con caldo.

Se sirve caliente y acompañado de patatas fritas o «a lo pobre» (ver recetas pág.108).

La fórmula de la salsa chilindrón tiene tres paternidades, la riojana, la navarra y la aragonesa, sin que todavía se sepa a ciencia cierta quién es el «padre» (o la «madre») auténtico.

La base siempre es la misma: tomates, pimientos (rojos o verdes), cebolla y, como en el caso de Aragón, se añaden trocitos de jamón. En La Rioja recibe también el nombre de «fritada». En Navarra, la denominan «chilindrón». En cualquier caso, esta salsa es conocida en todo el mapa gastronómico español y no falta, por supuesto, en ningún menú de los restaurantes aragoneses, siendo la base del pollo y también del cordero.

PONCHE DE NOCHEBUENA

Ingredientes:

1 l de vino tinto
4 higos secos
4 orejones
1 membrillo troceado

1 manzana troceada
2 cucharadas de azúcar
1 cucharada de canela

Se mezclan todos los ingredientes y se tiene en maceración veinticuatro horas antes de beberlo.

Esta bebida se preparaba en el Alto Aragón para tomar el día de Nochebuena.

Dionisio Pérez, en su Guía del Buen Comer, *dice: «En la Nochebuena se prepara en el Alto Aragón el "vino quemado", perfumado con canela en rama, corteza de naranja y azúcar. Se bebe también el vino en que se echaron trozos de membrillo, peras y manzanas después de asarlos.»*

RATAFIA

Dionisio Pérez dice: «([En el Alto Aragón]) se preparan en las casas "retacías" (ratafía o rosolí) de café, con aguardiente, café y azúcar; de guindas, con vino blanco y aguardiente, azúcar y cortezas de limón, y "el jarabe de fresa y chordón" (churdón o frambuesa), que es especialidad de la montaña.»

En el *Diccionario Aragónes* Rafael Aldonz la define como: «bebida alcohólica hecha con aguardiente, guindas, canela y otros ingredientes».

Teodoro Bardají da la fórmula general de, por cada litro de zumo de la fruta elegida (casi siempre guindas), agregar medio litro de aguardiente o de coñac, un cuarto de kilo de azúcar y un palito de canela. Se deja todo en maceración durante un mes, antes de consumirlo. (Las guindas, para extraerles bien su zumo, convendrá tenerlas en maceración con azúcar durante unos días, de esta forma se consigue un almíbar muy natural con el jugo que la fruta suelta.)

RECAO
(Para 6 personas)

Ingredientes:

1 kg de judías	1 cebolla partida en trozos
1 taza de desayuno de arroz	2 hojas de laurel

sal   100 gr de manteca de cerdo
1 kg de patatas peladas y   1 cabeza de ajos entera
   partidas en trozos medianos

Las judías se habrán puesto en remojo la víspera de guisarlas
por la noche.

En una cazuela grande se ponen las judías y agua fría hasta
cubrirlas.

Se ponen a fuego mediano y se deja que cuezan por espacio
de media hora. (Hasta el momento de echar las patatas se añadirá agua fría las veces que sea necesario para que no se sequen,
y además de esta forma las judías se «asustarán» y quedarán enteras y tiernas.)

Transcurrido este tiempo se añaden la cabeza de ajos entera,
la cebolla partida en trozos, las hojas de laurel, la manteca de
cerdo y la sal.

Cuando falte media hora para que las judías estén tiernas, se
añaden los trozos de patata y al cuarto de hora el arroz.

Se deja cocer todo por espacio de quince-veinte minutos, que
es el tiempo que tarda en hacerse el arroz.

Se retira del fuego y se deja reposar, con la cazuela bien tapada, por espacio de quince minutos.

Nota.—Este plato deberá guisarse a fuego lento y al final ha
de quedar caldoso.

El «recao» tiene la acepción en castellano de «todo lo necesario», por lo que este guiso se consideraba casi un plato único en
las familias del Alto Aragón, aunque para hacerlo más consistente, y siempre y cuando fuera posible, se agregaba carne, tocino, jamón o algún embutido casero. Lo más habitual era añadirle un trozo de carne de pecho de carnero («alcorzadizo») y
algo de tocino añejo, o casi rancio, que con muy poca cantidad le
da mucho sabor. El tocino era reemplazado por una pella de
manteca de cerdo, que en la montaña aragonesa se denominaba
«ensundia» o «enjundia».

SOPA CANA
(Para 4 personas)

Ingredientes:

16 rebanaditas de pan muy finas   1 l de leche
100 gr de manteca o enjundia de   100 gr de azúcar
   capón o gallina.

Se tuestan las rebanaditas de pan, sin que cojan apenas color.
Se colocan en el fondo de una sopera.

En una sartén se pone la manteca o enjundia partida en trocitos a fuego mediano hasta que esté líquida.

Se deja enfriar un poco, y sin colarla, esto es, dejando también los chicharroncitos que se habrán formado, se pasa a una
cazuela y se añade el litro de leche y el azúcar.

Se pone a hervir y cuando el azúcar esté bien disuelta se
vierte sobre las rebanaditas de pan tostadas. Se tapa la sopera y
se deja reposar diez minutos antes de servirla.

*Esta receta es de Teodoro Bardají, que dice al respecto: «Esta
sopa, que se sirve en Nochebuena y en algunas otras fiestas de
Aragón, Navarra y diversas zonas de La Rioja, suele tomarse
casi siempre como postre y no como principio del ágape.»*

TERNASCO ENTRE DOS FUEGOS
(Para 8-10 personas)

Ingredientes:

1 ternasco (cordero lechal   50 gr de almendras crudas
   pequeño, que no   los sesos del cordero limpios y
   pese más de 4 kg)   crudos
4 cebollas medianas   3 galletas maría
8 dientes de ajo   1 rama de perejil
1 hoja de laurel grande $^1/_2$ l de aceite de oliva
1 cucharada sopera de tomillo
3 tazas de conomé

Se limpia bien el ternasco y se corta en trozos medianos.

En una cazuela grande se pone el aceite, las cebollas picadas y siete dientes de ajo picados. Se añaden los trozos de ternasco, previamente sazonados con sal, y se rehoga todo a fuego lento.

Cuando la cebolla esté blanda y el cordero se haya dorado ligeramente, se añade la hoja de laurel, el tomillo y el consomé.

Se tapa la cazuela y se deja que hierva, pero siempre a fuego lento.

A media cocción se le agrega un majado de almendras, los sesos, las galletas, un diente de ajo y el perejil.

Se une todo bien con ayuda de una cuchara de madera, meneando la cazuela para que liguen bien todos los ingredientes.

Se deja que termine de hacerse a fuego lento, vigilando cada poco tiempo para evitar que se pegue el guiso. Convendrá mover la cazuela de forma enérgica, pues de esta forma se asegura que no se pegará ningún trozo en el fondo.

La salsa quedará espesa y antes de servir se probará el punto de sal.

Se sirve caliente.

Nota.—La cantidad de ingredientes está calculada para un ternasco que pese, con cabeza, de 3,5 a 4 kg.

Receta de Merche Aldanondo, del restaurante «La Cocina Aragonesa» (Jaca).

NAVARRA

ALUBIAS POCHAS DE SANGÜESA
(Para 6 personas)

Ingredientes:

1 kg de pochas frescas de
   Sangüesa desgranadas
2 cebollas medianas
1 zanahoria
4 pimientos verdes
2 tomates frescos

2 dientes de ajos
1 tacita de aceite de oliva
sal
250 gr de txistorra fresca o de
   jarrete de jamón (optativo)

Se pican las cebollas, los pimientos, la zanahoria y los tomates en trocitos pequeños.

En una cazuela se ponen las pochas, las verduras picadas y los
dientes de ajo enteros. Se cubre todo con agua fría y se ponen a
cocer a fuego lento y con la cazuela tapada durante 25 minutos
aproximadamente (dependerá del tipo de agua). En este momento se puede añadir el trozo de txistorra o de jamón.

Cuando empiece el hervor se añade el aceite y la sal.

Una vez que las pochas estén tiernas, se rectifica el punto de sal y se dejan reposar un rato antes de servirlas.

Las pochas de Sangüesa es una de las especialidades navarras de reconocido prestigio. Este plato está más sabroso si se deja reposar de un día para otro. Este «reposo» de 24 horas es muy recomendable, ya que el sabor de las verduras enriquece el de las pochas y hace que el caldo se trabe más.

Receta de Leonardo Vinacúa Armendáriz, jefe de cocina del restaurante «Yamaguchi» del hotel del mismo nombre, en Sangüesa.

ARROZ CON LECHE
(Para 4 personas)

Ingredientes:

1 litro de leche	1 palito de canela
200 gr de azúcar	canela en polvo
100 gr de arroz	

Se pone a hervir la leche con el palito de canela.

Cuando rompa el hervor se agrega el arroz en forma de lluvia, se remueve con una cuchara de madera y se pone el fuego muy suave, de forma que hierva, pero muy lentamente.

Se deja cocer durante tres cuartos de hora, dándole vueltas con una cuchara de madera de vez en cuando.

Se agrega el azúcar y se deja cocer otro cuarto de hora más.

Se reparte el arroz en cuatro cuencos individuales y se espolvorea con canela en polvo.

Nota.—El arroz deberá quedar cremoso, pero no seco ni apelmazado. Utilizar arroz de grano corto, que aportará mucha más cremosidad al postre que si es largo.

BACALAO AL AJOARRIERO A LA NAVARRA
(Para 4 personas)

Ingredientes:

750 gr de bacalao	1 pimiento verde grande
4 pimientos choriceros (rojos y secos)	250 gr de patatas
200 gr de pimientos rojos del piquillo	1 guindilla roja y seca
750 gr de tomates de lata	1 cucharadita de azúcar
2 cebollas grandes	1 rama de perejil
6 dientes de ajo	aceite de oliva
	manteca de cerdo
	sal

Dos días antes se pone a remojo el bacalao en agua fría, renovando ésta tres veces. Mantenerlo en un sitio fresco o en la parte menos fría de la nevera.

La víspera por la noche se ponen a remojo los pimientos choriceros.

Se parten en tiras los pimientos del piquillo y se ponen en una sartén con un poco de aceite y un diente de ajo prensado. Se mantienen a fuego suave durante veinte minutos. Se reservan.

En una cazuela se pone aceite, una cebolla partida en trozos y el pimiento verde picado. Se sofríe y se agrega el tomate de lata picado, sal y el azúcar. Cuando esté en su punto se pasa por el chino la salsa de tomate. Se reserva.

En una sartén con aceite (una tacita) se ponen a freír las patatas peladas y cortadas en dados pequeños. Se harán a fuego muy suave, de forma que cuando estén cocidas, se convertirán en puré deshaciéndolas con un tenedor en la misma sartén en que se han frito.

A este puré de patatas fritas se agrega una cebolla cortada muy fina y en trozos pequeños. Se hará también a fuego lento hasta que la cebolla esté muy suave. Se escurre bien del aceite y se pone en una cazuela de barro, donde se hará el guiso definitivamente.

Se limpia el bacalao de pieles y espinas. Se desmiga y se fríe en aceite (una tacita) y manteca de cerdo a partes iguales, añadiendo los cinco dientes de ajo restantes pelados picados.

Cuando los dientes de ajo se empiezan a dorar se pasa el bacalao a la cazuela de barro, mezclándolo bien con el puré de patatas fritas y cebolla.

Finalmente se agregan los pimientos del piquillo en tiras, la salsa de tomate y la carne de los pimientos choriceros.

Se deja cocer a fuego lento por espacio de quince minutos de forma que la salsa quede bien ligada, para lo que habrá que removerlo suavemente con una cuchara de madera. Hay que vigilar para que no se pegue.

Cinco minutos antes de retirarlo del fuego se añade la guindilla partida en aros finos y perejil picado y se rectifica el punto de sal.

Se sirve caliente en la misma cazuela de barro.

Esta fórmula tiene pequeñas alteraciones según quien prepare el bacalao. Se puede agregar trozos de langosta, caracoles, huevos batidos y cuajados como si fuera un revuelto, cangrejos de río, langostinos pelados, patatas fritas en dados muy pequeños...

COCHIFRITO
(Para 4 personas)

Ingredientes:

1 kg de cordero	10 granos de pimienta negra
2 cebollas picadas	(triturados)
2 dientes de ajo prensados	2 limones (su zumo)
2 cucharadas de pimentón	150 gr de manteca
2 cucharadas de perejil picado	

Se limpia el cordero y se parte en trozos pequeños.

En una cazuela se pone la manteca y cuando esté fundida se añade el cordero y la cebolla.

Se sazona con sal y se tapa la cazuela, dando vueltas de vez en cuando hasta que se dore toda la carne por igual.

Se agrega el ajo, el perejil, el pimentón, la pimienta y el zumo de limón.

Se tapa la cazuela y se deja cocer a fuego muy suave hasta que el cordero esté tierno. Conviene darle vuelta de vez en cuando para evitar que se pegue.

El cordero llamado en Navarra de «tres madres» se guisa desde tiempos ancestrales con la fórmula del cochifrito. Salsete, en su libro El Cocinero Religioso, *da la receta prácticamente igual, salvo que él la hace con cabrito. Algo muy típico de la cocina medieval es el uso del «agrio» (zumo de limón o vinagre) para cocer carnes, mezclado en muchas ocasiones con dulce (miel).*

CODORNICES EN HOJA DE PARRA
(Para 4 personas)

Ingredientes:

8 codornices	150 gr de manteca de cerdo o
8 lonchas de tocino cortadas	mantequilla
finas	sal
8 hojas de parra	pimienta

Se despluman las codornices, se vacían por dentro y se flambean con alcohol para quitarles bien todas las plumitas.

Se limpian por dentro y por fuera con un paño limpio.

Se sazonan con sal y pimienta por dentro y por fuera.

Se untan bien con manteca.

Se envuelve cada codorniz en una hoja de parra bien limpia y ésta a su vez en una loncha de tocino.

Se hace un paquete con cada codorniz atándolo bien con varias vueltas de hilo resistente al calor o bramante fino.

En una cazuela de barro se añade la manteca que haya sobrado después de untar las aves.

Se colocan encima las cordornices, procurando que no queden montadas.

Se cubre la cazuela con una tapadera, o incluso con otra cazuela de barro puesta al revés, y se dejan hacer por espacio de treinta o cuarenta minutos a fuego mediano.

Para saber si están en su punto se les clava una aguja y el jugo que salga deberá estar ligeramente rosado.

Se sirven habiéndoles quitado previamente el hilo y con patatas fritas, setas o champiñones.

Nota.—Las codornices también se pueden hacer rellenándolas
con tocino y envolviéndolas primero con jamón, luego untándolas de manteca y finalmente empaquetándolas en la hoja de parra, y en vez de asarlas en cazuela, se pueden hacer al horno.
Como no siempre es fácil tener a mano hojas de parra, se puede
utilizar papel de aluminio, aunque lógicamente el sabor no va a
ser igual.

*Las codornices envueltas en hoja de parra se hacen en Galicia y
en Francia, por lo que se puede suponer que el trasiego de peregrinos tuvo algo que ver. Hay muchos platos en la cocina francesa que
se denominan «a la navarraise».*

CONEJO DE MONTE EN FRITADA
(Para 4 personas)

Ingredientes:

1 conejo de monte	1 kg de tomates rojos y
2 cebollas picadas	maduros
3 dientes de ajo picados	$^1/_2$ kg de pimientos verdes
1 vaso de aceite de oliva	sal

Se limpia y se trocea el conejo. Se sazona con sal.
En una cazuela de barro se pone el aceite, a calentar y se aña-
den las cebollas, los ajos y el conejo troceado.
A fuego mediano se dorarán los trozos de conejo y se agrega-
rán los tomates pelados y cortados en trozos pequeños.
Los pimientos, limpios del tallo y de las semillas, se partirán
en trozos muy pequeños y se agregarán al guiso.
Se dejará que se haga a fuego muy suave, dándole vuelta con
cuchara de madera, para evitar que el tomate se pegue.
Se rectifica el punto de sal.
Se sirve en la misma cazuela.

La fritada es la salsa riojana por excelencia, pero no es de extrañar el que haya guisos navarros con esta misma base.

CREPES DE BORRAJAS SOBRE SALSA DE ALMEJAS
(Para 4 personas)

Ingredientes:

3 huevos enteros
50 gr de mantequilla
50 gr de harina
$^1/_4$ l de leche
sal
100 gr de borrajas cocidas y
    escurridas

Salsa
$^1/_2$ kg de borrajas
aceite de oliva
3 dientes de ajo
perejil
1 cucharada rasa de harina
24 almejas
$^1/_2$ vaso de fumet (caldo de pescado).

Se baten los huevos enteros, y se añaden la harina, poco a poco sin dejar de batir, para que no se formen grumos, la mantequilla derretida, la leche, la sal y las borrajas.

Se tritura todo junto con la batidora y se deja reposar una hora.

Mientras tanto se preparan las borrajas y la salsa.

Se cuecen las borrajas en agua hirviendo con sal durante 15 minutos, se escurren y se rehogan con un refrito hecho con una tacita de aceite y un diente de ajo muy picadito.

En una sartén se pone una tacita de aceite (o un poco más), dos dientes de ajo triturados y una rama de perejil muy picadito.

Cuando los ajos empiecen a dorarse se agrega la cucharada de harina, las almejas y el fumet de pescado.

Una vez que las almejas estén abiertas, se sacan, se les quita la concha y se vuelven a poner en la salsa.

Transcurrida la hora de reposo de la masa de los crepes se elaboran éstos.

En una sartén antiadherente de tamaño mediano y muy ligeramente engrasada (se pasa un pincel untado de aceite) se cubre el fondo con una capa fina de masa y se hace durante escasamente dos minutos. Se le da la vuelta con ayuda de una espátula

de madera ancha y se hace por el otro lado durante un minuto
escaso.

Así se elaboran todas la crepes. Tienen que salir como mínimo ocho crepes.

En cada crepe se pone una porción de borrajas y encima una
cucharada sopera de salsa de almejas y se enrolla sobre sí misma.

Se colocan dos crepes rellenas en cada plato y se cubren con
salsa de almejas, procurando que en cada plato haya seis almejas.

Se sirve caliente.

*Este plato de la nueva cocina navarra parte de un ingrediente
tan tradicional como es la borraja, resultando deliciosa y original
su mezcla con el sabor marinero de las almejas.*

Receta de Atxen, restaurante «Tubal», Tafalla.

CUAJADA
(Para 4 personas)

Ingredientes:

1 l de leche de oveja
cuajo o fermento que se
   vende en farmacia

Se hierve la leche y se retira del fuego.

Se agrega el cuajo en la medida que indique el prospecto.

Se vierte sobre cuatro recipientes de barro o cristal y se deja
cuajar.

Se sirve fría y en los mismos recipientes en que se haya cuajado. Se acompaña de azúcar o miel y nueces peladas.

Nota.—Mientras se esté cuajando la leche no se pueden mover los recipientes en los que se haya vertido.

*Una preparación más tradicional y cada vez menos habitual
es calentar la leche de oveja y cuando está templada se introduce
una piedra candente y se deja hasta que la leche hierva. Se deja*

*templar, y cuando se haya formado una ligera capa de nata, se
levanta por varios sitios del borde y se adiciona el cuajar de cordero de leche, a razón de una cucharada grande por cada dos litros de leche. Se deja reposar durante una hora y ya está en su
punto. Todo este proceso se realizaba en el kaiku, recipiente de
madera típicamente navarro y que hoy en día ya forma parte de
la artesanía navarra.*

CHULETAS DE CORDERO AL ESTILO DEL PAIS*
(Para 4 personas)

Ingredientes:

1 kg de chuletas de cordero con palo
50 gr de aceite
50 gr de manteca de cerdo
100 gr de chorizo de Pamplona cortado en lonchas
100 gr de jamón cortado en daditos
1 cebolla picada muy menudo
1 kg de tomates pelados y cortados en trozos pequeños
sal y pimienta

Se limpian bien las chuletas de nervios y se sazonan con sal y
pimienta.

En una sartén se calienta el aceite y la manteca y a fuego
fuerte se doran las chuletillas, que se van pasando a una fuente
de barro.

A la grasa en que se han frito las chuletas se agrega el jamón y
la cebolla y se rehoga todo durante unos minutos.

Se añade el tomate, se mezcla bien y cuando rompe el hervor
se vierte todo sobre las chuletas cubriéndolas.

Se cubren las chuletas con la tapa de la fuente (o papel de aluminio) y se mete a horno con fuego moderado hasta que las
chuletas estén tiernas.

Una vez cocidas, se saca la fuente del horno y se destapa, se
cubre toda la superficie del guiso con las lonchas del chorizo de
Pamplona y se vuelve a meter al horno.

---

* En el norte de España hay mucha costumbre de utilizar la palabra
«país» para determinar productos o recetas que consideran exclusivamente suyas.

Cuando las rodajas de chorizo empiecen a soltar su grasita, se sacar la fuente del horno y se sirve en este mismo recipiente.

En esta receta confluyen dos ingredientes típicamente navarros, su famoso chorizo de Pamplona y el cordero.

GUISO DE TORO
(Para 4 personas)

Ingredientes:

1 kg. de carne de toro partida en trozos medianos
$^{1}/_{2}$ vaso de aceite de oliva
1 cebolla grande picada
3 dientes de ajo triturados
1 vaso de vino tinto
$^{1}/_{2}$ vaso de vinagre de vino
1 vaso de caldo de carne
1 cucharada de perejil picado
$^{1}/_{2}$ cucharadita de canela en polvo
una pizca de nuez moscada
2 bolitas de pimienta negra
1 cucharada de especies variadas
sal
harina
1 lata pequeña de guisantes
4 patatas medianas

Se sazonan con sal los trozos de carne, se enharinan y se fríen. Una vez dorados se pasan a una cazuela (a poder ser a un puchero de barro con tapadera).

Al aceite en que se ha frito la carne se añaden la cebolla y los ajos.

Se sofríe todo a fuego suave y cuando la cebolla esté transparente se agrega el vino y el vinagre. Se mezcla bien y se vierte sobre la carne.

Se añaden el caldo (o agua), el perejil, la canela, la nuez moscada, la pimienta negra triturada, las especies y la sal que sea necesaria.

Se deja cocer a fuego suave y con la cazuela (o puchero) tapada hasta que la carne esté tierna.

Mientras tanto, se fríen las patatas partidas en cuadraditos pequeños.

Cuando la carne esté tierna se agrega la lata de guisantes y las patatas fritas.

Se da un hervor durante cinco minutos más y se sirve.

Nota.—Esta misma receta sirve para hacer estofado de ciervo.

La carne de toro guisada se puede degustar no sólo en Pamplona, durante los Sanfermines, sino en muchas localidades navarras siempre y cuando se celebren festejos taurinos.

FRICACEA
(Para 4 personas)

Ingredientes:

2 cabezas de cordero	1 puerro
8 patas de cordero	1 cebolla
100 gr de tripas de cordero	1 zanahoria
1 hígado de cordero lechal	1 pizca de laurel
200 gr de mollejas de cordero	1 dl de aceite de oliva
3 pimientos choriceros	1 cucharada de perejil picado
1 loncha de bacon	sal

En un cazo con agua templada se ponen a remojo los pimientos choriceros hasta que estén blandos. Cuando el agua se enfríe se irá renovando por agua templada. No hacerlo con agua caliente, pues si no se encallarían los pimientos y no se podría raspar bien su carne.

En la olla exprés se vierte agua con sal y se agrega el puerro partido en dos trozos, la zanahoria raspada y entera, las patitas y las tripas de cordero bien limpias. Se dejan cocer el tiempo necesario para que estén tiernas.

En una cazuela de barro amplia se hace un sofrito con el aceite, el bacon cortado en daditos y la cebolla muy picada.

Se deja hacer a fuego muy suave hasta que la cebolla empiece a tomar color y esté transparente.

Se añaden las cabezas de cordero partidas en dos y medio litro del caldo de cocción de las patitas y tripas y se deja hacer hasta que las lenguas de las cabezas estén tiernas.

Entonces se incorporan las patas y las tripas ya cocidas, las mollejas y el hígado troceados, la carne de los pimientos choriceros y la pizca de laurel.

Se rectifica el punto de sal.

Se mantendrá el hervor durante diez minutos moviendo constantemente la cazuela para que ligue bien la salsa.

Un minuto antes de servirse se espolvorea con el perejil picado.

Nota.—La carne de los pimientos choriceros se extrae quitando primero bien las semillas y una vez abierto el pimiento se raspa con una cucharita con cuidado de no romper la piel.

Este plato popular y antiguo de la Ribera navarra ha desaparecido prácticamente, pero resulta exquisito con el único e imprescindible requisito de la extremada limpieza de sus ingredientes.

Veremos cómo a lo largo del Camino el aprovechamiento de las cabezas de cordero es muy típico, aunque no resulte fácil el poderlas degustar, sobre todo en ambientes urbanos.

Receta del restaurante «Tubal», Tafalla.

GUISADO DE PALOMAS TORCACES
(CAZADAS AL ESTILO DE ETXALAR Y RONCESVALLES)
(Para 4 personas)

Ingredientes:

2 palomas torcaces
1 dl de aceite
2 zanahorias
1 cebolla
1 cucharada de harina
100 gr de champiñones
1 vaso de almidón
1 vaso de vino
  blanco

2 cucharadas de chalotas
  picadas
1 cucharada de mantequilla
1 diente de ajo
sal
2 granos de pimienta
ramillete de hierbas aromáticas
  (a poder ser frescas)
$1/4$ l de agua o caldo.

En una cazuela con aceite se doran las zanahorias raspadas y partidas en dados pequeños, la cebolla picada y el diente de ajo picado. Se añade la cucharada de harina y se dejará hacer hasta que se dore.

Se agrega un cuarto de litro de agua o caldo, dos granos de pimienta triturados y un ramillete de hierbas aromáticas.

Se sazona con sal y se deja hervir a fuego mediano.

Las palomas se asan y se deshuesan, conservando aparte los huesos, los cuellos y los hígados. Se dejan al calor, tapadas.

Se calienta el armañac, se prende con una cerilla y se vierte sobre las palomas deshuesadas.

Los champiñones, una vez limpios y cortados en láminas, se saltean con mantequilla y sal y se añaden a las palomas.

A la salsa, que estará cociendo, se agregan los cuellos, los huesos y los hígados de las aves, y se deja cocer todo junto media hora más.

En una cazuela se pone un vaso de vino blanco, dos cucharadas de chalotas picadas y una pizca de pimienta en polvo. Se coloca al fuego hasta que el líquido se evapore.

Toda la salsa que está cociendo con los despojos de las palomas se cuela sobre este fondo de chalotas cocidas, dejando que se trabe un poco, a fuego suave.

Se vierte sobre las palomas y se calientan a fuego muy suave, sin que lleguen a hervir en ningún momento.

Se sirven con rebanaditas de pan frito.

La caza de palomas con red fue privilegio de los canónigos de Roncesvalles y de Etxalar. Ha sido calificada de brutal, y lo es, por la muerte tan desagradable que sufren las palomas. El sabor de las palomas cazadas así tiene fama, porque al no desangrarse la carne resulta especialmente jugosa y tierna.

HUEVOS A LA NAVARRA
(Para 6 personas)

Ingredientes:

6 tomates	manteca de vaca
6 huevos	perejil
6 rodajas de chorizo de	pimienta
Pamplona	sal
50 gr de queso rallado	

Se untan con manteca de vaca seis cazuelitas individuales de barro o refractarias.

Los tomates se parten en rodajas, que se fríen en aceite, sazonándolas con sal y pimienta y espolvoreándolas con perejil muy picado.

En el fondo de cada cazuelita se coloca una base de rodajas de tomate fritas.

Encima de cada cazuela se casca un huevo, se espolvorea de queso rallado y se coloca una loncha de chorizo de Pamplona frito.

Se meten al horno hasta que las claras estén cuajadas y las yemas blandas. (La raja de chorizo servirá de protección de éstas, así que se mantendrán blandas sin problema.)

Se sirven inmediatamente, colocando cada cazuelita encima de un plato.

Nota.—Son una variedad de huevos al plato adaptada a los gustos y productos navarros.

LECHE FRITA CON QUESO Y MEMBRILLO
(Para 6 personas)

Ingredientes:

3 huevos enteros
3 cucharadas soperas de azúcar
3 cucharadas soperas de harina
$^3/_4$ l de leche
1 palito largo de canela
400 gr de queso de oveja navarro
   cortado en lonchas finas

400 gr de dulce de membrillo
   cortado en lonchas finas
aceite para freír
3 huevos
harina
azúcar y canela en polvo

Se pone a hervir la leche con canela.

Mientras tanto, se baten los huevos enteros con el azúcar hasta que ésta esté bien disuelta.

Se agrega la harina, en forma de lluvia y poco a poco, sin dejar de batir.

Se vierte la leche caliente sobre esta mezcla y se une todo bien.

Se pone a cocer a fuego mediano y sin dejar de dar vueltas con cuchara de madera hasta que se forme una crema espesa.

Se extiende la mitad de esta crema en una bandeja cuadrada o rectangular untada ligeramente de mantequilla.

Se cubre con una capa de lonchas de queso de oveja y otra capa de membrillo y se tapa todo con la otra mitad de la crema extendiéndola bien para que las diferentes capas queden bien unidas. Se deja enfriar.

Se corta en cuadrados regulares, se rebozan en harina y huevo y se fríen en abundante aceite caliente hasta que estén dorados.

Se escurren bien y se espolvorean con azúcar y canela molida a partes iguales.

Un postre clásico que preparado de esta forma se convierte en una deliciosa mezcla dulce-salada y que aumenta las posibilidades del consumo de queso.

LOMO DE LIEBRE A LA NAVARRA
(Para 4 personas)

Ingredientes:

1 liebre (sólo el lomo)	**Marinada de vino tinto:**
50 gr de manteca de cerdo	100 gr de zanahorias
250 gr de cebollas picadas	100 gr de cebollas
4 dientes de ajo prensados	3 dientes de ajo
$1/2$ cucharada de harina	un trozo pequeño de apio
2 dl de caldo de ternera (una	2 chalotas
taza)	3 ramas de perejil
un pellizco de tomillo	una pizca de tomillo
un trocito de hoja de laurel	media hoja de laurel
10 champiñones grandes	6 granos de pimienta negra
(sólo los sombreretes)	2 clavos
asados	$1 \, 1/4$ l de vino tinto
sal y pimienta	$1/2$ l de vinagre de vino
mantequilla	$1/4$ l de aceite de oliva

Preparación del lomo de liebre previa al guiso:

Con seis horas de antelación se parte el lomo en trozos pequeños sazonándolos con sal y pimienta y se prepara la marinada.

Se cortan en trozos menudos la cebolla, la zanahoria y los
ajos. La mitad de este picado de verduras se pone en una fuente
de barro. Encima se coloca el lomo troceado y se cubre con la
otra mitad de las verduras.

Se agregan todas las especias y condimentos, esparciéndolos
bien por toda la fuente, y se cubre todo con el vino, el vinagre y
el aceite.

Se mantiene en un lugar fresco durante seis horas removiendo frecuentemente la carne en adobo. Conviene tapar la
fuente con un paño limpio.

Preparación del guiso:

Transcurridas las seis horas, se escurren la carne y los ingredientes sólidos de la marinada.

Se pone todo en una fuente de horno y se asa a temperatura
alta. Hay que vigilar que la carne no se queme, y además hay
que tener en cuenta que tardará poco tiempo en hacerse, pues la
marinada ablanda mucho los ingredientes.

Mientras tanto, en la manteca de cerdo puesta en una sartén a
fuego suave se doran los 250 gr de cebollas picadas muy finamente y los cuatro dientes de ajo muy picados.

Cuando la cebolla esté ligeramente dorada se agrega la harina,
se mezcla bien y se vierte encima el caldo de carne de ternera.

Se añade el tomillo, el laurel y la sal necesaria.

Se deja cocer todo y, cuando la salsa esté hecha, se pasa por el
pasapurés y se vuelve a poner al fuego hasta que resulte un puré espeso con el que se rellenarán los sombreretes de los champiñones.

Asado de sombreretes de los champiñones:

Después de limpios y quitados los tallos, se untan los sombreretes con un poco de mantequilla diluida y se sazonan con
sal y un poco de ajo prensado. Se colocan en una fuente de
horno, y se asarán a fuego mediano durante quince minutos
aproximadamente. (Se empezarán a asar cuando se comience a
hacer la salsa con la que se rellenan, para que estén calientes en
el momento de servirlos.)

Una vez que la carne esté tierna se saca de la fuente de horno y se coloca en otra, que estará caliente. Se tapa para que no se enfríe.

El fondo de verduras sobre el que se ha asado el lomo de liebre se pasa por un chino, aprovechando bien todo el jugo que haya en la fuente del horno. Esta salsa resultante se ligará con un poco de mantequilla.

Para servir, se coloca la carne en el centro de la fuente rodeándola con los sombreretes de los champiñones rellenos con el puré y la salsa del asado se sirve en salsera aparte.

Dionisio Pérez deja constancia de la apropiación, por parte de los franceses, de muchos platos de la cocina navarra, con la aprobación de grandes maestros de la cocina francesa, como es el caso de Escoffier. Dice así: «En su cocina [se refiere a la navarra] es evidente la influencia de Aragón más que la vasca y la riojana; pero acontece un hecho singular: por razón de viejas historias [una de ellas y muy importante fue el Camino de Santiago] tiene Navarra más acercamiento con Francia, y así, ha servido de puente para que guisos españoles pasaran a incorporarse a la cocina francesa». Y he aquí que en toda Europa, sancionados con la autoridad de Escoffier, se conocen los siguientes guisos: Rable de lièbre a la Navarraise [lomo de liebre a la navarra] y Cottelettes d'agneau a la navarraise [chuletas de cordero a la navarra]. Esta receta, con el nombre de chuletas de cordero al estilo del país, está en la pág. 124.

LOMO DE JABALI
(Para 4 personas)

Ingredientes:

1 kg de lomo de jabalí entero
8 patatas medianas
manteca de cerdo

Adobo:
6 dientes de ajo

1 cucharada grande de
   pimentón
sal
3 cucharadas de orégano
agua

Recetas 133

Tres o cuatro días antes de asarlo se adoba el lomo. Para ello, se coloca en una fuente de barro o cristal.

En un mortero se majan los dientes de ajo con sal. Se añade agua, pimentón y orégano y se vierte sobre el lomo.

El adobo deberá cubrir la carne.

Se mantendrá la fuente en un sitio fresco durante tres o cuatro días, tapado con un paño limpio.

De vez en cuando conviene apretar el lomo con una cuchara de madera para que absorba bien el adobo.

Transcurrido el tiempo, se escurre el lomo del adobo y se coloca en la fuente en la que se vaya a asar.

Se unta la carne con manteca de cerdo y se rodea con las patatas peladas y enteras.

Se asa durante diez minutos a fuego muy fuerte y después se baja a fuego mediano hasta que esté tierno. Para evitar que se queme se regará con su propio jugo unas cuantas veces y se puede tapar con papel de aluminio.

Se sirve cortado en rodajas gruesas y con las patatas en el misma fuente de horno en que se ha asado.

Nota.—El añadir sal al adobo no siempre es deseable, pues ésta absorbe los jugos de la carne. Por ello es preferible, una vez escurrido el lomo del adobo, sazonarlo con sal y luego untarlo con la manteca.

Es una receta típica de Monreal, uno de los lugares por donde pasa el Camino de Santiago.

MANZANAS ASADAS RELLENAS AL WHISKY
(Para 6 personas)

Ingredientes:

6 manzanas para asar (la
  reineta es la más
  idónea)
mantequilla
75 gr de azúcar
whisky

Para la crema:
6 yemas de huevo
150 gr de azúcar
65 gr de harina
$1/2$ copa de whisky
$3/4$ l de leche

Se unta una fuente de horno con mantequilla y encima se colocan las manzanas, previamente lavadas, secas y sin el corazón.
(Hay un utensilio que sirve para sacar el corazón a las manzanas
con facilidad y sin estropear la pieza de fruta.)

Se espolvorean las manzanas con el azúcar y se riegan con un
chorro de whisky.

Se dejan hacer a horno moderado por espacio de 35 ó 40 minutos aproximadamente.

Mientras tanto se prepara la crema. Se baten las yemas con el
azúcar hasta que se obtenga una masa blanquecina; se añade la
harina, y cuando esté bien homogénea la masa se añade el
whisky, uniendo todo bien.

Se vierte la masa en un cazo, se añade la leche poco a poco y,
con ayuda de una cuchara de madera, y a fuego suave, se da
vueltas constantemente hasta que la mezcla presente un aspecto
de natilla espesa.

Cuando esté en su punto, se retira del fuego y se deja enfriar.

Para servir se pondrá cada manzana en un plato y se cubrirá
con la crema fría.

Receta del restaurante «Txikipolit», Auritz-Burguete.

PALOMAS «DE PASA»
(Para 4 personas)

Ingredientes:

4 palomas partidas por la mitad
4 cebollas
1 cabeza de ajos entera
1 ½ cucharadas de manteca de
   cerdo
aceite de oliva
un chorro de vinagre

perejil
una pizca de canela molida o de
   nuez moscada
una onza de chocolate sin leche
   (tipo «fondant»)
sal

En una cazuela de barro amplia y honda se ponen las cebollas
picadas, los ajos enteros, la manteca, el aceite (el suficiente para
que la cebolla quede casi cubierta), el vinagre, el perejil, la canela

o nuez moscada y las palomas partidas por la mitad y sazonadas con sal.

Se tapa con una tapadera envuelta en papel de estraza, de forma que encaje bien.

Se deja estofar a fuego mediano y, cuando hayan transcurrido unos veinte minutos, se vierte agua hasta casi cubrir las palomas.

Se vuelve a tapar la cazuela y se deja cocer el tiempo necesario para que las palomas queden tiernas.

Cuando las aves estén en su punto, se sacan de la cazuela de barro y la salsa se pasa por el pasapurés a otra cazuela agregando la onza de chocolate.

Cuando la onza se haya disuelto bien se colocan las palomas en la salsa y, a fuego muy suave, y sin dejar que hierva, se dejan unos minutos. La salsa debe quedar espesa.

Se sirven las palomas acompañadas de unos triángulos de pan frito.

Las palomas «de pasa» son las que se cazan con escopeta en la zona navarra de Estella. Esta es una forma de prepararlas tradicional y muy sabrosa. La onza de chocolate es fundamental.

PASTEL DE LIEBRE
(Para 4 personas)

Ingredientes:

1 liebre	canela en polvo (una pizca)
250 gr de lomo de cerdo fresco (sin adobar)	1 copita de vino tinto de cosecha
250 gr de carne de pierna de ternera	4 trufas cortadas en láminas finas
sal	150 gr de tocino blanco cortado
pimienta	en lonchas muy finas

Se deshuesa la liebre y su carne se pica junto con el lomo de cerdo y la carne de ternera. Si no queda muy fina conviene pasarla dos veces por la máquina.

Se sazona con sal, pimienta y canela.

Se agrega el vino, mezclando bien.

En un molde alargado se pone una tercera parte del picadillo, encima una capa de láminas de trufas y encima otra de lonchas de tocino. Esta operación se repite tres veces, por lo tanto se terminará con tocino.

Se mete en el horno a temperatura media, tapado el molde con papel de aluminio, y se mantedrá durante hora y tres cuartos, aproximadamente.

Se desmoldará cuando esté templado.

Se sirve con pan tostado y mantequilla

PASTEL DE PUERROS
(Para 6 personas)

Ingredientes:

18 puerros (sólo la parte blanca)	Salsa:
2 cebollas	$^1/_4$ l de nata líquida
$^1/_4$ l de leche	$^1/_4$ l de leche
$^1/_4$ l de nata líquida	la $^1/_4$ parte de los puerros y las cebollas
8 huevos grandes	75 gr de queso roquefort
sal	sal

Se pican muy menudo los puerros y las cebollas. Se cuecen y, cuando esté todo muy tierno, se escurre muy bien. Se reserva una cuarta parte para añadir a la salsa.

Se baten los ocho huevos junto con la nata y la leche. Se añaden las cebollas y los puerros cocidos. Se mezcla todo bien y se añade sal.

Se unta ligeramente de mantequilla un molde alargado (a poder ser antiadherente) y se vierte en él toda la mezcla.

Se pone agua en la fuente de horno, en medio se coloca el molde y se deja que el pastel se haga por espacio de una hora y media aproximadamente. La temperatura del horno deberá ser suave.

Para realizar la salsa se trituran todos sus ingredientes y este puré se pasa por el chino para evitar que la salsa tenga hebras de los puerros, y se pone a fuego suave, removiendo con una cuchara de madera hasta que alcance el espesor deseado.

Se desmolda el pastel en una fuente alargada y se cubre con la salsa caliente.

Receta del restaurante «Txikipolit», Auritz-Burguete.

PATORRILLO
(Para 4 personas)

Ingredientes:

250 gr de sangrecilla de cordero	2 dl de salsa de tomate
12 patitas de cordero	1 cebolla
200 gr de tripas de cordero	2 dientes de ajo
10 cm de chistorra	1 cucharada de pimentón
1 loncha fina de bacon	1 cucharadita de perejil picado
1 puerro	1 dl de aceite de oliva
1 zanahoria	sal y pimienta blanca

En una olla exprés se pone abundante agua con sal, el puerro, la zanahoria, las patitas y las tripas de cordero bien limpias. Se dejan hacer hasta que estén tiernas. El tiempo de cocción dependerá del tipo de olla exprés que se utilice.

Se pone una cazuela a fuego medio, con el aceite de oliva, el bacon partido en cuadraditos y la cebolla picada muy finamente. Se rehoga todo hasta que la cebolla esté dorada.

Se agrega la chistorra desmenuzada y los ajos machacados. Se mezcla todo bien y se añaden las patitas y las tripas, que ya estarán cocidas, la salsa de tomate, el pimentón, la sangrecilla cortada en dados y una taza de caldo de cocción de las patitas y tripas de cordero.

Se rectifica el punto de sal y se deja que hierva todo durante doce minutos.

Cuando falte un minuto para que esté en su punto se añade la cucharadita de perejil picado y se mueve la cazuela hasta terminar la cocción.

Nota.—A este plato también se le agregan las madejas del

cordero (es el intestino delgado), pero en las ciudades no es fácil encontrarlas. Si se consiguieran se presentan envueltas en las patitas. La sangrecilla se vende cocida en forma de bloques.

El aprovechamiento del menudo (patas, tripas, madejas y sangrecilla) del cordero. Así como en es algo muy habitual en nuestra gastronomía. En la cercana Rioja se aprovechan las tripas para elaborar «embuchados», en Navarra con las tripas de los corderos de leche junto con los entresijos se hacen «gordillas» o madejas y con las patitas de cordero envueltas en las tripas se prepara el «patorrillo».

Receta del restaurante «Tubal», Tafalla.

PATXARAN

Ingredientes:

1 l de anís	1 palito de canela
endrinas	4 granos de café

Se mezclan todos los ingredientes y se meten en una botella de cristal.

Se guarda en un sitio sombrío y se tiene en maceración como mínimo un mes. Cada dos días se agitará la botella.

Transcurrido un mes, se filtra para otra botella de cristal y se tapa.

Nota.—Otra posibilidad de realización es mezclando tres cuartos de litro de anís y un cuarto de aguardiente, agregando en este caso 50 gr de azúcar. Por lo demás, el proceso igual.

Este licor es propio de la gastronomía navarra, si bien en los últimos tiempos se ha popularizado mucho y su consumo se ha generalizado en toda España. Se toma a temperatura ambiente, con hielo o simplemente frío.

PERDICES EN CHOCOLATE
(Para 4 personas)

Ingredientes:

4 perdices
$\frac{1}{4}$ l de aceite de oliva
$\frac{1}{8}$ l de vinagre de vino
$\frac{1}{8}$ l de vino blanco seco
2 cebollas picadas
6 dientes de ajo picados
4 zanahorias raspadas y cortadas
  en rodajas
2 ramas de perejil

sal
4 granos de pimienta negra
agua
24 cebollitas francesas peladas y
  enteras
4 rebanadas de pan del día
  anterior
8 onzas de chocolate

Se limpian las perdices por dentro y por fuera, reservando los higaditos.

Se atan con un bramante y se ponen en una cazuela.

Se agrega el aceite, con el vinagre, el vino, las cebollas, los ajos, las zanahorias, el perejil, sal, los granos de pimienta enteros y el agua suficiente para cubrir las aves.

Se tapa la cazuela y se deja cocer hasta que las perdices estén tiernas.

Se sacan de la cazuela y se reservan.

Se pasa por el pasapurés toda la salsa en donde han cocido las aves. Se agregan las cebollitas francesas, los higaditos fritos y triturados y las onzas de chocolate.

Se deja cocer todo a fuego suave hasta que las cebollitas estén tiernas, vigilando que la salsa no se pegue.

Cuando falten unos minutos se ponen las perdices en la cazuela donde está la salsa y se dejan cocer a fuego muy suave para que se impregnen bien.

Se fríen las rebanadas de pan. (Deberán ser lo suficientemente grandes como para que las perdices se asienten sobre ellas.)

Para servir se ponen en el centro de la fuente los costrones de pan fritos. Encima de cada uno se coloca una perdiz, habiéndole quitado el bramante previamente. Se vierte por encima la salsa y se rodean con las cebollitas.

Según cuenta Dionisio Pérez, este manjar se solía servir en las

*comidas finas de la Ribera navarra. También se dice que el aña-
dir unas onzas de chocolate a unas perdices escabechadas o estofadas es una aportación de alguna cocinera que habiendo estado
en América del Sur o Central al volver realizó esa innovación
tan original y sabrosa.*

PIMIENTOS RELLENOS DE SALMON
(Para 6 personas)

Ingredientes:

24 pimientos rojos del	Salsa:
piquillo	2 cebollas
400 gr de salmón fresco	6 dientes de ajo
50 gr de mantequilla	250 cc de nata líquida
$^1/_2$ l de leche	1 vaso de agua
1 cucharada de harina	2 tomates rojos y maduros
$^1/_2$ vaso de vino blanco	sal
sal y pimienta blanca	las espinas y pieles del salmón
	1 vasito de aceite

Relleno:

Se limpia el salmón de pieles y espinas. Se reservan.

En una sartén se pone la matequilla y se añade el salmón desmenuzado.

Cuando esté la mantequilla derretida se añade la harina y se
mezcla bien. Inmediatamente se añade el vino blanco y se mezcla y finalmente se agrega la leche poco a poco y sin dejar de dar
vueltas con una cuchara de madera. Se añade sal y pimienta y se
sigue manteniendo al fuego suave hasta que el relleno adquiera
un punto espeso.

Se retira del fuego y se deja enfriar para rellenar los pimientos.

Salsa:

En una sartén se pone el aceite con las cebollas muy picadas y
los ajos también picados. Se rehoga durante diez minutos y se
añaden los tomates troceados, las espinas y las pieles del salmón.

Se vuelve a rehogar todo cinco minutos más y se añade sal y agua.

Se deja que cueza durante 15 minutos aproximadamente.

Se tritura primero con la batidora y después se pasa por el chino para que la salsa quede muy fina.

Se añade la nata líquida y se vierte sobre los pimientos rellenos.

Preparación de los pimientos:

Mientras se cuece la salsa, se van rellenando los pimientos. Se mete una cucharada sopera de relleno en cada pimiento y se cierra cada uno de ellos con un palillo.

Se van colocando en una cazuela amplia o incluso en una paella (es el recipiente en el que se hace la paella, y no «paellera») para evitar que los pimientos queden montados.

Se vierte la salsa por encima y se deja que cuezan a fuego suave durante diez minutos.

Antes de servir se quitan los palillos de los pimientos.

Receta del restaurante «Txikipolit», Auritz-Burguete.

PIMIENTOS VERDES RELLENOS DE PERRECHICOS (O SETAS)
(Para 4 personas)

Ingredientes:

10 pimientos verdes grandes
400 gr de perrechicos o de
   cualquier otra clase de setas
2 dientes de ajo
1 loncha delgada de bacon
200 ml de aceite de oliva

300 ml de caldo de verdura o
   agua
1 trufa
100 ml de nata líquida
1 cebolla
sal y pimienta blanca

Salsa:

En una cazuela se ponen dos cucharadas de aceite, la cebolla muy picada y dos pimientos verdes cortados en trozos (quitándoles las semillas y los tallos previamente).

Se deja sudar, es decir, se tiene que hacer a fuego muy suave y con la cazuela tapada hasta que todos los ingredientes estén blandos pero sin que se doren. Tarda unos 15 minutos.

Transcurrido este tiempo se agregan 100 gr de perrechicos limpios y cortados en trozos y se dejan hacer durante un par de minutos.

Después se añade media trufa picada, dos terceras partes del caldo de verduras (o agua), se sazona con sal y pimienta y se deja cocer todo junto por espacio de diez minutos.

Se pasa todo por la batidora eléctrica y se añade la mitad de la nata líquida.

Se reserva.

En una sartén de fondo grueso se vierte el resto del aceite y se fríen los ocho pimientos verdes restantes, limpios de tallos y semillas.

Se freirán a fuego muy suave, de forma que se hagan bien y no se quemen por fuera. Se escurren del aceite y se reservan.

Relleno:

En una cazuela se pone el aceite en que se han frito los pimientos.

Se agregan los ajos picados y el bacon troceado. Se deja que se sofría todo por espacio de unos minutos.

Se añaden el resto de los perrechicos partidos en trozos y la media trufa restante.

Se rehogan durante cinco minutos y se agrega el resto del caldo de verduras y la otra mitad de la nata. Se sazona con sal y pimienta y se deja hacer hasta que la mezcla esté en su punto (no excesivamente líquida).

Preparación de los pimientos:

Se rellenan los pimientos.

En una cazuela se pone la salsa y encima se colocan con cuidado los pimientos. Se da un hervor, pero a fuego suave, hasta que los pimientos estén calientes.

Nota.—Esta receta se puede hacer igual con pimientos rojos del piquillo, pero una vez rellenos se une la boca de cada pimiento con un palillo, se rebozan con harina y huevo y se fríen hasta que estén dorados. Para servirlos no olvidar quitar los palillos.

Receta de Atxen, dueña del restaurante «Tubal», Tafalla.

POTAJE A LA NAVARRA
(Para 4 personas)

Ingredientes:

300 gr de vainas (judías verdes)
300 gr de guisantes pelados
5 patatas medianas
300 gr de habas peladas
100 gr de tocino
100 gr de lomo fresco
3 salchichas

1 trozo pequeño de hueso de jamón
1 berza pequeña
sal
aceite de oliva
agua

En un puchero con agua fría se cuecen las habas y los guisantes.

Cuando estén a medio hacer, se añaden las vainas y las patatas partidas en trozos, la berza cortada muy fina, el lomo y el tocino enteros, las salchichas y el hueso de jamón.

Se agrega un chorro de aceite de oliva crudo y se deja cocer a fuego mediano y con la cazuela tapada, hasta que todos los ingredientes estén tiernos.

Al final se sazona con la sal necesaria.

Para servir se vierte todo en una sopera amplia, y para mayor comodidad se cortan las salchichas por la mitad y el tocino y el lomo en cuatro trozos.

RAGU DE LECHEZUELAS CON FRUTOS DE LA HUERTA NAVARRA
(Para una persona)

Ingredientes:

200 gr de lechezuelas
4 alcachofas naturales cocidas
6 puntas de espárragos blancos

6 pimientos del piquillo
2 cucharadas soperas de jugo de carne o perigordini

5 cucharadas soperas de aceite
    para freír las lechezuelas
2 cucharadas soperas de aceite
    para los pimientos

1 diente de ajo grande partido
    en rodajas finas
sal

Se sazonan con sal las lechezuelas y se fríen.

Cuando estén doradas por los dos lados, pero no del todo hechas por dentro, se añade el jugo de carne (o la perigordini) y se deja que se terminen a fuego suave.

Se añaden las alcachofas partidas por la mitad o en cuartos y las puntas de espárragos. Se reserva, manteniendo todo caliente.

En una sartén se pone aceite con el ajo partido en rodajas. Se colocan los pimientos a fuego muy suave se deja que se vayan haciendo, para que suelten bien su jugo y a la vez cojan el sabor del ajo. Al final deberán quedar en su grasa.

Para servir se colocan los pimientos alrededor del plato formando una estrella. En el centro se pondrán las lechezuelas. Entre pimiento y pimiento se colocarán los trozos de alcachofas, y las puntas de espárragos se distribuirán, en forma de cruz, alrededor del plato. La salsa que haya quedado en la sartén en que se han frito las lechezuelas, se vierte por encima de éstas. Se sirve caliente.

Receta del restaurante «Maracaibo Estella».

REVUELTO «TXIKIPOLIT»
(Para 6 personas)

Ingredientes:

200 gr de gambas peladas y
    cocidas
200 gr de jamón serrano
200 gr de guisantes naturales
    cocidos o de lata
10 pimientos rojos de lata (los
    del piquillo son más finos que
    los morrones para hacer

    revueltos)
10 espárragos blancos de lata
(o naturales y cocidos)
400 gr de setas
3 dientes de ajo
12 huevos
125 gr de margarina

Se lavan las setas, se parten en trozos con los dedos y se ponen en una cazuela con agua para que se hagan. (Se cocerán a fuego suave y el agua deberá justo cubrir las setas.)

Cuando estén casi tiernas se añaden los tres dientes de ajo pelados y machacados. Se sazonan con un poco de sal y se terminan de hacer a fuego mediano.

Se pican el jamón serrano, los pimientos rojos y los espárragos y se mezclan con las gambas y los guisantes y las setas cocinadas.

En una sartén grande (o en dos, si se calcula que no va a caber todo) se pone la margarina y cuando esté líquida se saltean todos los ingredientes un par de minutos.

Se añaden a la sartén los huevos batidos muy ligeramente. Con ayuda de una cuchara de madera se revuelve todo bien y rápido para evitar que el huevo forme tortilla.

Cuando el huevo esté semi-cuajado, se retira del fuego, se da un par de vueltas a todo el revuelto y se sirve inmediatamente.

Nota.—El huevo de los revueltos no debe quedar del todo cuajado, ya que quedaría muy seco y sería una tortilla desbaratada.

Receta del restaurante «Txikipolit», Auritz-Burguete.

TRUCHAS A LA NAVARRA
(Para 4 personas)

Ingredientes:

4 truchas (a poder ser recién
   pescadas)
$1/_2$ vasito de aceite
sal
4 huevos
4 patatas medianas
   cocidas

Adobo:
1 cebolla muy picada

vino tinto (el necesario para
   cubrir las truchas)
1 tallo de hierbabuena
8 granos de pimienta
   negra
tomillo
romero
1 hoja de laurel
$1/_2$ vasito de aceite de oliva

Se limpian las truchas y se colocan en una cazuela de barro lo suficientemente amplia para que queden alineadas, sin montarse unas encimas de otras.

Se agregan todos los ingredientes del adobo, cubriendo bien las truchas con el vino tinto. Se deja en maceración durante una hora.

Transcurrido este tiempo se coloca al fuego la cazuela y se rocía con el aceite y sal y se deja cocer todo a fuego mediano.

Cuando el caldo se haya reducido a la mitad, se sacan las truchas para una fuente, se cuela el caldo y se le agregan los huevos batidos.

El caldo y los huevos se ligarán aprovechando el calor del caldo, no acercándolo al fuego.

Se vierte esta salsa sobre las truchas y se sirven acompañadas de las patatas, previamente cocidas y peladas.

Las truchas a la Navarra es uno de los platos típicos de esta tierra. Esta es una fórmula que ya Salsete expone en su libro El Cocinero Religioso, *aunque, eso sí, con algunas modificaciones en los ingredientes del adobo.*

ASADURILLA A LA RIOJANA
(Para 4 personas)

Ingredientes:

$^1/_2$ kg de sangre de cordero (se
vende cocida y solidificada en
las carnicerías)
1 kg de asadurillas de cordero
(hígado, corazón, bazo...)
$^1/_4$ l de aceite de oliva (se
necesita un poco menos, para
que el guiso no quede
grasiento)

1 cebolla grande
2 tomates rojos y maduros
6 dientes de ajo
$^1/_2$ cucharada sopera de
pimentón dulce
2 guindillas picantes secas o
frescas (este ingrediente es la
«gracia» del plato)

Se trocea la sangre en trozos muy pequeños (de uno a dos centímetros).

Se trocean las asadurillas también en trozos muy pequeños.

Se pican muy finamente la cebolla y los tomates.

Los dientes de ajo se pelan y se pican muy menudo.

En una cazuela se pone el aceite con los ajos picados y las asadurillas de cordero.

Se rehoga durante unos minutos y se añaden la cebolla y los tomates picados. Se sazona con sal y se agregan las guindillas troceadas.

Se mantiene a fuego muy suave, añadiéndole agua, para que las asadurillas queden muy tiernas.

Cuando el guiso esté prácticamente hecho se añade la media cucharada de pimentón dulce, se une bien al guiso y se agrega la sangre troceada.

A los cinco minutos se retira del fuego, pero antes hay que comprobar que la salsa esté espesa.

Las asadurillas de cordero guisadas es un plato muy riojano con el complemento imprescindible de las guindillas.

Receta del restaurante «Río», de Nájera.

BACALAO A LA RIOJANA
(Para 4 personas)

Ingredientes:

$^3/_4$ kg de bacalao partido en trozos medianos	250 gr de pimientos morrones de lata (o frescos y asados)
300 gr de cebollas	1 taza de aceite
300 gr de tomates rojos y maduros	

Dos días antes se pone el bacalao a remojo en agua fría cambiándole ésta tres o cuatro veces.

Transcurrido este tiempo se escurre del agua y se limpian bien los trozos de espinas y se desescama la piel.

Se colocan en una cazuela con agua fría y se ponen a cocer. En cuanto rompe el hervor, se retira del fuego la cazuela y se desmiga el bacalao.

En una sartén con un poco de aceite se sofríe la cebolla a fuego muy suave hasta que presente un aspecto transparente y sin que se queme.

En otra sartén se fríen los tomates hasta que estén casi hechos puré. Si se quiere, se puede añadir una cucharadita de azúcar para que no estén acidos. Cuando estén en su punto se pasan por un pasapurés y se reservan.

En una cazuela de barro se pone una capa de salsa de tomate y encima una capa de bacalao, se cubre con un poco de salsa de tomate, un poco de cebolla y unas tiras de pimiento morrón y se vuelve a poner bacalao. Se repite la misma operación, se tapa la cazuela y se deja cocer a fuego muy suave hasta que el bacalao esté hecho.

Hay que mover la cazuela constantemente para evitar que se pegue y vigilar que no se pase el tiempo de cocción para que el bacalao quede jugoso.

Se sirve inmediatamente en la misma cazuela de barro sin dejarlo reposar, pues el barro conserva mucho el calor y el guiso se secaría.

Nota.—Conviene que el bacalao sea de lomo alto y de muy buena calidad.

BACALAO AL PEREGRINO
(Para 6 personas)

Ingredientes:

$^1/_2$ kg de bacalao (desalado de antemano durante 36 horas, cambiando el agua tres o cuatro veces)
1 cebolla
3 dientes de ajo
1 pimiento verde
1 calabacín

$^1/_2$ taza de aceite
2 huevos
sal
6 conchas de vieiras (si no hay posibilidad de tener conchas de vieiras, se puede servir en cazuelitas de barro individuales)

En una sartén se pone el aceite junto con la cebolla, los dientes de ajo, el pimiento verde y el calabacín, todo ello muy picado.

Se sofríe unos minutos y se añade el bacalao desmenuzado y limpio de pieles y espinas.

A fuego suave, se deja que se vaya haciendo todo, sin añadirle agua, ya que el calabacín suelta bastante jugo.

Cuando el guiso esté en su punto (sin nada de agua) se reparte entre las seis vieiras (o cazuelitas de barro), se cubren con huevo batido y se meten al horno a gratinar.

Cuando la superficie esté bien dorada se sacan del horno y se sirven inmediatamente.

Nota.—Añadir sal al final de la cocción, ya que el bacalao tiene mucha aunque esté desalado.

Receta del restaurante «Bodegón de Manolo - El anzuelo de oro», de Logroño.

BESUGO A LA RIOJANA
(Para 4 personas)

Ingredientes:

1 besugo de 1 ½ kg	aceite
3 pimientos choriceros (secos y rojos)	3 dientes de ajo
	2 ramas de perejil
harina	sal

Se ponen a remojo los pimientos en agua templada.

El besugo se limpia bien por dentro y por fuera y se desescama.

Se parte en rodajas gruesas, se sazonan con sal, se enharinan y se fríen por ambos lados. Se van pasando a una cazuela de barro.

Al aceite que ha quedado de freír el besugo se agregan un par de cucharadas de harina, perejil y ajos picados. Se mueve rápidamente con una cuchara de madera y se vierte sobre el pescado.

A los pimientos choriceros, se les quita el tallo y las semillas, se parten en trocitos y se añaden a la cazuela de pescado.

Se deja hacer a fuego suave y moviendo con frecuencia la cazuela hasta que la salsa quede trabada. Tarda unos veinte minutos. Comprobar el punto de sal de la salsa.

En Logroño es muy habitual preparar el besugo de esta forma el día de Nochebuena. La tradición de comer besugo no es de extrañar, aunque sean lugares de interior. Desde hace siglos los arrieros se encargaban de trasladar, desde las costas del Cantábrico, los besugos a zonas del interior. Y el que sea un plato navideño tampoco, pues la tradición dice que el besugo empieza con los fríos y, en concreto, a partir del día 25 de noviembre: «Por Santa Catalina, el besugo en la cocina».

CAPARRONES CON TROPIEZOS
(Para 4 personas)

Ingredientes:

½ kg de caparrones (alubias rojas)	1 oreja de cerdo
	1 rabo de cerdo
250 gr de tocino	250 gr de costillas de cerdo
250 gr de chorizo	sal
1 pata de cerdo	

La víspera, por la noche, se ponen los caparrones a remojo con agua fría.

Al día siguiente se retira el agua del remojo y se agrega agua fría hasta que los cubra. Se ponen a cocer y cuando rompa el hervor se añaden todos los ingredientes.

Se mantendrá el hervor a fuego mediano hasta que todos los ingredientes estén tiernos.

Hay que vigilar que el guiso no se quede sin agua, por eso se irá añadiendo agua fría tantas veces como haga falta. Además, añadiendo agua fría varias veces, «asustando» a los caparrones, se consigue que éstos no se despellejen y queden tiernos.

A última hora se añade la sal que sea necesaria.

Para servir este plato, primero se ponen los caparrones con todo el caldo y un plato con guindillas picantes preparadas como se desee (ver recetas pág. 159).

Todas las carnes y embutidos se sirven de segundo plato en una cazuela de barro cubiertas con una fritada (ver receta pág. 157).

Nota.—Se pueden preparar unas rebanadas de pan tostado y frotadas con ajo. Luego cada comensal extenderá el trozo de tocino sobre su tostada.

CARACOLES PICANTES
(Para 4 personas)

Ingredientes:

2 kg de caracoles
sal
1 guindilla seca roja
$^{1}/_{2}$ cebolla
1 trocito de hoja de laurel
una pizca de tomillo

Salsa:
8 cucharadas de aceite de oliva

2 dientes de ajo picados
$^{1}/_{4}$ de una cebolla pequeña
2 puerros (sólo la parte blanca) cortados en trozos pequeños
1 kg de tomate de lata
4 cucharadas de pan rallado
caldo de cocer los caracoles
100 gr de jamón serrano en una loncha y cortada en trozos.

La víspera de guisarlos se ponen los caracoles en agua templada.

Al día siguiente se comprueba que hayan sacado todos la carne y los que no la hayan sacado se tiran.

Se escurren en un escurreverduras grande y se les añade abundante sal, moviéndolos con la mano. De esta forma saldrán bien todas las babas.

Se van metiendo en un recipiente con agua fría y se les da varias aguas hasta que se vea que ya no babean.

Se ponen a cocer en abundante agua, primero a fuego suave, para que vayan sacando la carne, y ya con ella fuera se sube el fuego a fuerte. Se deja que den un hervor unos minutos y se escurren del agua de cocción.

Luego ya se cuecen como indica la receta.

Después de bien limpios, los caracoles se cuecen cubriéndolos con agua y agregándoles sal, la guindilla, la cebolla, el laurel y el tomillo.

Se dejarán cocer hasta que la carne, cogiéndola con un alfiler largo y grueso (con cabeza de bola), salga con facilidad. Si ofrece resistencia tienen que cocer más.

Mientras tanto se prepara la salsa.

En una sartén se pone el aceite y se sofríen los ajos picados, la cebolla, los puerros picados y el tomate.

Cuando la salsa se haya reducido a la mitad y el tomate esté hecho se añade el pan rallado y caldo de los caracoles, dejando que hierva durante diez o quince minutos.

Se pasa por un chino sobre los caracoles, que se habrán escurrido y puesto en una cazuela de barro.

En una sartén aparte se refríe la loncha de jamón partida en trocitos y se vierte sobre los caracoles.

Se comprueba el punto de sal y se deja hervir durante cinco minutos.

La salsa deberá quedar espesita. Se sirven calientes y en la misma cazuela.

CARAMELOS DE CAFE Y LECHE

Ingredientes:

250 gr de azúcar en polvo	1 copita de vino blanco
125 gr de manteca fresca	$^1/_4$ l de café muy cargado
(mantequilla fresca)	$^1/_4$ l de nata freca

En una sartén (si se dispone de un cazo de cobre, mejor) se pone la manteca batida junto con el azúcar y el vino blanco.

A fuego mediano se hace hervir la mezcla durante diez minutos, sin dejar de dar vueltas con una cuchara de madera.

Después se agrega la nata y, sin dejar de dar vueltas, se mantiene a fuego mediano hasta que la mezcla esté en su punto.

Se sabe que está ya hecha cuando echando unas gotas de la mezcla en un vaso de agua se endurecen rápidamente.

Sobre un mármol engrasado con aceite vegetal sin sabor se vierte la mezcla y cuando está templada se corta con un cuchillo formando cuadraditos regulares.

Ya fríos se envuelven los caramelos en papelitos blancos encerados.

Esta receta está sacada del libro de recetas de Manuel María Puga y Parga, «Picadillo», y al respecto dice: «Porque las veáis prodigadas con frecuencia por confiterías y carameleros ambulantes, no creáis que es tan sencilla su confección. Lo que se vende por ahí es, generalmente, una mezcla de azúcar moreno, fundida al fuego, cortada en cuadrados y envuelta en papeles; pero la verdadera receta de estas pastillas, la auténtica de Logroño, es la que os describo a continuación.»

CARDO CON ALMENDRAS
(Para 4 personas)

Ingredientes:

1 kg de pencas de cardo	1 rama de perejil
3 dientes de ajo	1 taza de aceite de oliva
1 cucharada de harina	sal
12 almendras crudas	

Para limpiar el cardo se quitan las hebras laterales y las que recubren las pencas se parten en trozos regulares (3 cm aproximadamente) y se van colocando en un recipiente de agua fría con el zumo de medio limón para evitar que se ennegrezcan. Cuando estén todas las pencas limpias, se escurren del agua con limón y se ponen a hervir con agua fría y sal.

Se colocan los trozos de pencas, cocidas y escurridas del agua de cocción, en una cazuela.

En una sartén se vierte el aceite y se rehogan los tres dientes de ajo partidos en rodajitas.

Cuando estén los ajos dorados se agrega la cucharada de harina, mezclando rápidamente con una cuchara de madera para evitar que se formen grumos.

Se vierte esta salsa sobre el cardo.

En un almirez se machacan doce almendras y se deslíen con un vaso de agua.

Se vierte sobre los cardos y se mueve la cazuela, que estará a fuego suave, para que ligue bien la salsa.

Se rectifica el punto de sal.

Se espolvorea con el perejil picado y se deja hervir todo a fuego suave durante diez minutos.

Se sirve caliente.

Esta forma de preparar el cardo es muy típica del día de Nochebuena en La Rioja.

CARRE DE TERNERA AL VINO TINTO DE RIOJA
(Para 4 personas)

Ingredientes:

1 kg de chuletas de ternera en una pieza
$1/_2$ taza de aceite
100 gr de tocino de jamón ahumado
harina
2 cebollas
2 puerros
2 zanahorias
3 copas de vino tinto

$1/_2$ copita de jerez seco
$1 \, 1/_2$ l de caldo (hecho con verduras y carne)

Guarnición:
$1/_2$ kg de setas
1 cebolla
pan rallado
sal
$1/_2$ vasito de vino blanco

Se pide al carnicero que deshuese la tira de chuletas y se ata. Se sazona con sal y enharina ligeramente.

En una cazuela se pone el aceite con el tocino de jamón, para que éste se sofría lentamente y suelte su grasa.

Transcurridos unos minutos se pone el carré y se va dorando a fuego vivo, cuidando que tomé bien color por todos los sitios.

Cuando el carré esté dorado, se añaden las cebollas cortadas en trozos grandes y las zanahorias y los puerros (sólo la parte blanca) cortados en rodajas, y se deja que se haga a fuego muy suave y con la cazuela tapada.

Cuando las verduras estén muy suaves se añade el vino tinto, el jerez, la sal y el caldo.

Se tapa la cazuela y se deja que hierva a fuego fuerte y, transcurridos un par de minutos, se baja el fuego y, siempre con la cazuela tapada, se mantiene el hervor hasta que el carré esté tierno.

Cuando el carré está en su punto se pasa la salsa por un pasa-purés y se mantiene caliente. (Si el carré estuviera tierno pero la salsa no estuviera suficientemente trabada, se dejará hervir sola hasta que se reduzca.)

Guarnición:

Se lavan bien las setas, se parten en trozos y se ponen en una sartén con la cebolla picada muy finamente, sal y un poco de agua. Se tapa la sartén y a fuego muy suave se deja que se vayan haciendo. Cuando estén casi hechas se les pone un poco de pan rallado espolvoreado y el vino blanco. Se deja que terminen de hacerse, a fuego muy suave y con la sartén tapada. Cuando la salsa esté muy reducida ya están en su punto.

Para presentar este plato en una fuente se pone el carré partido en el centro, alrededor se colocan las setas y en salsera aparte se sirve la salsa caliente.

Receta del restaurante «Echaurren», del hotel del mismo nombre, en Ezcaray.

FRITADA

Ingredientes:

$1/2$ kg de cebollas	2 dientes de ajo
$1/2$ kg de pimientos verdes	1 tacita de aceite
$3/4$ kg de tomates rojos y maduros	sal

En una cazuela se pone el aceite con los ajos y las cebollas picadas.

Se sofríe todo a fuego mediano hasta que los ingredientes estén dorados.

Se quitan los tallos y las semillas de los pimientos verdes. Se parten en trozos muy menudos y se agregan a la cazuela.

Se baja el fuego a suave y se añaden los tomates pelados y cortados en trozos pequeños.

Se sazona con sal y se deja que se haga la fritada, dando vueltas a menudo para evitar que se pegue.

Nota.—Se puede hacer en una sartén amplia y antiadherente.

Es la salsa típica de La Rioja. Se suele utilizar para tomar con carnes, legumbres, caza e incluso con pescado.

GORDILLAS
(Para 4 personas)

Son las tripas de los corderos de leche y los entresijos, que son la grasa que tienen los corderos en la cavidad abdominal.
Con un poco de entresijo se va rodeando un trozo de tripa, formando así madejas de pequeño tamaño.
Lo fundamental es la extremada limpieza de los intestinos.

Ingredientes:

1 kg de gordillas (las madejas preparadas como anteriormente se indica).

Para cocer las gordillas:
agua
1 cebolla
1 hoja de laurel

sal

Salsa:
$1/_2$ cebolla picada
1 taza de aceite
1 cucharada de harina
3 dientes de ajo
1 rama de perejil

Se ponen a cocer las gordillas (o madejas) en agua, con una cebolla cortada en cuatro trozos, una hoja de laurel y sal.
Cuando estén tiernas se sacan y se conserva el caldo de cocción.
En una cazuela de barro se pone el aceite con la cebolla picada y se deja sofreír hasta que ésta se dore.
Se agrega la cucharada de harina y se mezcla bien para evitar que se formen grumos. Se añaden las gordillas a la cazuela.
Se hace un machacado de ajos y perejil, se diluye con caldo de cocción de las gordillas y se vierte en la cazuela de barro.
Se rectifica el punto de sal y se deja cocer unos minutos.

Se sirven calientes en la misma cazuela de barro.

Nota.—Las gordillas, una vez cocidas, también se pueden hacer a la plancha y cuando estén crujientes y muy doradas servirlas.

Es una muestra más del aprovechamiento del cordero en la gastronomía riojana, como sucede en la navarra. Son platos que a veces se rechazan por desconocimiento de los mismos o por prevención a los ingredientes de los que están compuestos, pero merece la pena probarlos.

GUINDILLAS ASADAS

Se asan las guindillas sobre la chapa de la cocina o a las brasas.
Se pelan, se les quitan las semillas y los rabitos.
Se parten en tiritas y se aderezan con sal y aceite de oliva crudo.

GUINDILLAS COCIDAS

Se limpian y se cuecen con un poco de agua y sal. Se tapa la cazuela y se les da un hervor.
Se sirven con un chorro de aceite crudo.

GUINDILLAS EN ACEITE

Ingredientes:

guindillas frescas
sal
dientes de ajo

aceite de oliva
frascos de cristal esterilizados

Se limpian, se lavan y se secan las guindillas.
Se van colocando de forma vertical (con la punta hacia abajo) en los frascos de cristal de forma que queden juntas.

En cada frasco se introducen tres dientes de ajo pelados y un pellizco de sal.

Se rellenan los tarros con aceite de oliva hasta cubrir bien todas las guindillas.

Se cierran herméticamente con sus tapas y se esterilizan durante veinticinco minutos.

Antes de utilizarlas conviene que estén como mínimo un mes en conserva.

Nota.—Para esterilizarlas, poner los tarros tapados en una cazuela con agua y un paño de cocina en el fondo. El agua deberá quedar dos dedos por debajo de la tapa. El tiempo de esterilización se empezará a contar desde que rompa el hervor.

En La Rioja es muy típico acompañar los platos de legumbres con guindillas. Se suelen poner en un platito aparte para que cada comensal las tome como quiera.

GUINDILLAS EN VINAGRE

Ingredientes:

guindillas	vinagre de vino
sal	tarros de cristal esterilizados

Se limpian y se colocan las guindillas en los tarros igual que en la receta de «guindillas en aceite» (ver receta pág.158).

Se añade un pellizco de sal en cada tarro y se cubren las guindillas con vinagre de vino.

Se cierran los frascos herméticamente y se dejan durante cuarenta días, como mínimo, en un sitio cerrado pero fresco y sombrío.

LENTEJAS CON OREJA
(Para 4 personas)

Ingredientes:

$^1/_2$ kg de lentejas	100 gr de tocino
1 oreja de cerdo	sal
100 gr de chorizo	

Se limpian las lentejas y se ponen a remojo la víspera por la noche.

Al día siguiente se retira el agua del remojo y se pone agua fría nueva en una cazuela con las lentejas.

Se ponen a cocer y cuando den el primer hervor se añade la oreja bien limpia.

Transcurridos diez minutos se agrega el tocino y el chorizo y se deja hervir a fuego mediano hasta que las lentejas estén tiernas.

A última hora se añade la sal.

Nota.—Es recomendable cocer primero el tocino solo y utilizar para guisar las lentejas el agua de cocción fría, pues el tocino suele tardar bastante en quedar tierno y se corre el riesgo de que las lentejas se deshagan y aquél esté duro.

La Cofradía de Santo Domingo de la Calzada acude todos los años en romería a la ermita de la Virgen de las Abejas donde comen este guiso de «lentejas con oreja».

MENESTRA DE VERDURAS «A MI ESTILO»
(Para 4 personas)

Ingredientes:

1 kg de pencas de acelga	perejil
3 puerros (la parte blanca)	1 cebolla pequeña
3 zanahorias	1 cucharada sopera de harina
4 patatas medianas	agua de cocción de las verduras
8 alcachofas naturales	excepto la de las alcachofas
1 taza de aceite	1 limón
2 dientes de ajo	

El Camino de Santiago, de Roncesvalles a Santiago de Compostela.

Monasterio de San Juan de la Peña.

◁ Rabanal del Camino.

Leyre. **Abadía de San Salvador.**

Puente la Reina. ▷

Castrojeriz. **Colegiata de la Virgen del Manzano.**

◁ Nájera. **Monasterio de Santa María la Real.**

Frómista. **Iglesia de San Martín.**

Villafranca del Bierzo. **Iglesia del Salvador**.

Molina Seca. **Puente de Peregrinos sobre el río Meruelo.**

◁ Puerto de Foncebadón. **Cruz de Hierro.**

Portomarín. **Iglesia de San Juan.**

Mellid. **Iglesia de San Pedro.**

Santiago de Compostela.

Se ponen a cocer las pencas, los puerros, las zanahorias y las patatas, todo ello partido en trozos pequeños. (Las patatas se pondrán a cocer cuando falten unos quince o veinte minutos para que termine la cocción de las verduras, para que no se deshagan.)

Cuando esté todo cocido se pasará a un escurreverduras recogiendo el agua de la cocción.

Mientras tanto, se pelan las alcachofas, se parten por la mitad a lo largo, se frotan con limón y se van echando a una cazuela en la que habrá agua fría y un trozo de limón. Cuando estén todas peladas se pondrán a cocer hasta que estén tiernas.

En una cazuela se pondrá el aceite con los ajos partidos en trocitos (se reserva un poco) y la cebolla partida en trozos muy menudos. Se sofríe todo unos minutos y se añade un machacado de perejil y del ajo que se había reservado, disuelto con un poco de agua de cocción de las verduras y la harina.

Se vierte esta mezcla sobre el sofrito y se va removiendo con una cuchara de madera hasta que se vaya formando una salsa espesita.

Se van incorporando todas las verduras y patatas cocidas, así como las alcachofas, bien escurridas.

Se sazona con sal y se mueve un poco la cazuela, manteniendo el fuego muy suave, para que la salsa impregne bien todas las verduras.

Transcurridos diez o quince minutos la menestra estará preparada para servir.

Restaurante «Echaurren», del hotel del mismo nombre, en Ezcaray.

MENESTRA DE VERDURAS «TERETE»
(Para 4 personas)

Ingredientes:

8 alcachofas naturales cocidas
1 kg de acelgas (o ¹/₂ kg de cardo limpio y cocido)
350 gr de vainas (judías verdes) cocidas y partidas en trozos

250 gr de guisantes limpios de sus vainas y cocidos
250 gr de champiñones o setas, limpias y cocidas
8 cucharadas de aceite de oliva

1 cebolla pequeña
1 cucharada de perejil picado
1 vasito de vino blanco
sal

2 huevos
harina
aceite para freír

Preparación de las verduras:

Las alcachofas, partidas por la mitad y despojadas de sus hojas más duras, se frotan con limón y se cuecen en agua. Cuando estén tiernas se ponen a escurrir.

Para cocer las acelgas se pica la parte verde en trozos grandes y las pencas se limpian bien de hebras y se cortan en trozos de cinco centímetros de largo. Se les da un primer hervor con abundante agua, y cuando ésta presente un color verdoso, se quita este agua para evitar que amarguen. Se vuelven a poner a cocer en agua hasta que estén tiernas las pencas. Se escurren bien apretando con una espumadera, ya que la hoja retiene mucha agua. Conservar un poco de este agua de cocción.

Las judías verdes se limpiarán de las hebras laterales y se partirán en trozos regulares cociéndolas en agua. Cuando estén tiernas se escurren.

Los guisantes desgranados se cocerán en agua con un poco de azúcar. Cuando estén tiernos se escurren bien.

Los champiñones o setas se cortarán en trozos regulares y se cocerán en muy poquita agua y un poco de aceite con la cazuela tapada y a fuego muy suave. Reservar el jugo que suelten.

Rebozado de las verduras:

Se rebozarán las alcachofas con harina y huevo y se freirán en abundante aceite hasta que estén doradas.

Las acelgas también se rebozarán, por un lado las pencas, una a una, y por otro, se irán cogiendo manojitos de la parte verde y con ayuda de un tenedor se pasarán por harina y luego por huevo; habrá que hacerlo con cuidado para que no se desbaraten.

Preparación de la menestra:

En una cazuela se pondrá el aceite y se rehogará, a fuego muy suave, la cebolla muy picada junto con la cucharada de perejil picado. Sazonar con sal.

Cuando la cebolla esté blandita se agrega el vino blanco, un poco de caldo de cocción de las acelgas y el jugo del champiñón.

Se van colocando las verduras por capas y por el siguiente orden: judías verdes, champiñón o setas, pencas, alcachofas, manojitos de acelgas y finalmente los guisantes.

Se moverá enérgicamente la cazuela para que el caldo empape bien todas las verduras, y manteniendo el fuego suave se dejará cocer durante unos minutos, de forma que el caldo se haya trabado un poco.

Comprobar el punto de sal.

Servir muy caliente.

Comprobaremos que la menestra riojana, en cualquier localidad, tiene el sello inconfundible de utilizar verduras frescas y de temporada además de rebozarlas. Aunque resulta un poco más laborioso, merece la pena el resultado.

Receta del asador «Terete y allá cuidaos», de Haro.

PATATAS CON CHORIZO
(Para 4 personas)

Ingredientes:

1 kg de patatas
200 gr de chorizo
3 dientes de ajo
1 ramito de perejil

1 tacita de aceite
1 hoja de laurel (optativo)
sal

Se pelan las patatas, se lavan al chorro del agua fría y se trocean en pedazos medianos, empezando a cortar el trozo y luego cascándolo. Cascando las patatas al cortarlas, se consigue que queden tiernas sin deshacerse.

En una cazuela se pone el aceite con los dientes de ajo picados y el chorizo partido en trozos.

Se rehoga todo bien a fuego suave y se añaden los trozos de patata y se cubren de agua con dos dedos por encima de más.

Se sazona con sal y si se quiere se añade la hoja de laurel (es optativo, pues el sabor a laurel no siempre gusta; sin ella está mejor, conservando todo el sabor del chorizo).

Se cuecen a fuego mediano y a mitad de la cocción (a los diez minutos aproximadamente) se agrega un majado de perejil y un diente de ajo.

Cuando estén tiernas las patatas se retiran del fuego y se dejan reposar cinco o diez minutos antes de servirse. (El reposo es fundamental.)

Un plato tan sencillo como éste es uno de los hitos de la gastronomía riojana. Los riojanos dicen que el éxito de este guiso es utilizar chorizo riojano, pero también la calidad de las patatas, pues de ella dependerá el que el caldo quede bien trabado.

PATITAS DE CORDERO
(Para 4 personas)

Ingredientes:

1 kg de patitas	aceite
1 cebolla grande	1 taza de salsa de tomate
150 gr de tocino de jamón	sal
1 cucharada de harina	1 guindilla seca roja
3 dientes de ajo	caldo de cocción de las patitas
1 rama de perejil	

Se limpian las patitas bien, escaldándolas en agua hirviendo.

Se trocean y se ponen a cocer en abundante agua con media cebolla y, si gusta su sabor, se puede agregar una hoja de laurel.

En una cazuela de barro se pone aceite (como una taza), el resto de la cebolla picada y el tocino de jamón partido en dados muy pequeños.

Se sofríe todo y cuando el tocino esté dorado se añade una cucharada de harina. Se da vueltas rápidamente con una cuchara de madera para que no se formen grumos.

Se agregan las patitas cocidas y escurridas.

Finalmente se vierten sobre el guiso un machacado de ajos y perejil, la salsa de tomate y un poco de agua de cocción de las patitas.

Se rectifica el punto de sal y se deja hervir a fuego suave y con la cazuela tapada durante media hora. Se añade la guindilla picada.

La salsa deberá quedar trabada y habrá que vigilar el guiso muy a menudo para evitar que se pegue.

Nota.—Este plato tan apreciado en La Rioja se compone no sólo de las patitas de cordero o cabrito sino también de las manos de estos mismos animales.

PIERNA DE CORDERO EN CAZUELA A LA ANTIGUA
(Para 4 personas)

Ingredientes:

1,600 kg de cordero lechal (2 piernas)	4 cebollas
16 dientes de ajo sin quitar la camisa	2 vasitos de vino de Jerez
100 gr de tocino de jamón	$1/2$ vasito de coñac
1 tomate	harina
	aceite de oliva

En una cazuela grande se pone aceite que cubra el fondo de la misma y el tocino de jamón para que se vaya friendo y suelte su jugo.

Se limpia bien el cordero quitándole el exceso de grasa que pueda tener. Se pasa por harina y se ponen a dorar las dos piernas en la cazuela.

Cuando esté el cordero bien dorado por todos los sitios se añaden las cebollas partidas en trozos grandes, los ajos enteros (si se les quita la camisa se queman y amargan el guiso) y el tomate partido por la mitad.

Cuando esté la cebolla bien dorada se añaden el jerez y el vino. Se puede agregar un poco de caldo de carne o agua, si se ve que no va a tener suficiente líquido.

Se tapa la cazuela con papel de estraza, encima se coloca la tapadera y sobre ésta se pondrá un peso. Se dejará hacer a fuego suave.

Cuando esté el cordero tierno, se pasa la salsa por un pasapurés.

Se sirven las piernas enteras, partiéndose lonchas en la mesa y se acompañará de puré de patata enriquecido con dos yemas de huevo y pimienta blanca, presentando la salsa caliente en salsera aparte.

Receta del restaurante «Echaurren», del hotel del mismo nombre, en Ezcaray.

POCHAS CON CODORNIZ
(Para 4 personas)

Se preparan igual que las «pochas sencillas» (ver receta en pág. 167), pero añadiéndoles una codorniz por persona.

POCHAS CON CORDERO
(Para 4 personas)

Se preparan igual que las «pochas sencillas» (ver receta en pág. 167), pues es recomendable guisar el cordero primero antes de añadirlo a las pochas, ya que éstas tardan muy poco tiempo en hacerse y el cordero, aunque sea lechal, tarda más.

Guiso de cordero para añadir a las pochas
(Para 4 personas)

Ingredientes:

$^3/_4$ kg de pierna de cordero
  cortada en trozos
$^1/_2$ taza de aceite
100 gr de tocino cortado en
  trozos menudos

sal
2 dientes de ajo
$^1/_2$ cucharadita de pimentón
  dulce

Se sazona con sal el cordero y se sofríe en el aceite junto con los trozos de tocino.

Cuando esté dorado se agrega un machacado de ajo y se espolvorea con el pimentón, añadiéndole agua hasta cubrirlo.

Se deja cocer a fuego muy suave hasta que esté tierno, dejándolo en su propia grasa sin apenas caldo.

Se añadirá todo el guiso a las pochas cuando a éstas les falten
unos quince minutos para estar hechas.

POCHAS SENCILLAS
(Para 4 personas)

Ingredientes:

1 kg de pochas ya desgranadas (quitadas de su vaina)	$^1/_2$ tacita de aceite de oliva
1 chorrito de aceite de oliva	1 cebolla pequeña muy picadita
1 pimiento rojo fresco	2 tomates rojos, muy maduros, pelados y cortados en trozos
1 ajo picadito	muy menudos

Se ponen a cocer las pochas con agua que les cubra.

Se mantendrá el fuego suave hasta que estén tiernas.

A media cocción se agrega un chorrito de aceite, sal, el ajo picadito y el pimiento cortado en trozos.

En una sartén se pone media tacita de aceite y se sofríe la cebolla picadita y los tomates hasta que éstos estén hechos.

Se pasa esta salsa de tomate por el chino sobre las pochas y se
deja cocer a fuego suave todo junto unos minutos.

El caldo deberá quedar espesito y las pochas tiernas pero sin
despellejarse.

Si las pochas estuvieran en su punto pero el caldo no estuviera lo suficientemente espeso, se pasan por el pasapurés unas
cuantas pochas y se deja trabar todo cinco minutos más.

Se acompañan con guindillas verdes asadas y alinadas con
aceite y sal o guindillas verdes frescas. Se pone un platito con
sal, y se unta la guindilla en ella y se va comiendo a la vez que
las pochas.

Las pochas son las alubias blancas tiernas que no necesitan re-
mojo previo. Si las pochas son de color rojo se llaman «pochos».
Son muy típicas en la gastronomía riojana, navarra y vasca.

POLLO EN FRITADA
(Para 4 personas)

Ingredientes:

1 pollo	2 dientes de ajo prensados
harina	150 gr de pimientos rojos
aceite para freír	morrones de lata (o frescos,
1 cebolla muy picada	asados y pelados) cortados en
$^1/_2$ kg de tomates pelados y	tiras
partidos en trozos	perejil picado
$^1/_2$ vasito de vino blanco	sal

Se limpia el pollo y se parte en ocho trozos.

Se sazonan los trozos con sal, se pasan por harina y se fríen.

Cuando estén los trozos dorados se sacan para una cazuela de barro.

En la sartén en que se ha frito el pollo, y comprobando que el aceite sobrante no sea más que media taza, aproximadamente (si es más se retira), se agrega la cebolla picada y el tomate.

Cuando está el tomate bien hecho se pasa por el chino a la cazuela del pollo, apretando bien con el mazo de madera.

Se agrega el vino blanco.

En una sartén aparte y con muy poco aceite se sofríen unos minutos los ajos y los pimientos y se vierten sobre el pollo.

Se pone la cazuela a fuego suave y se deja que se haga hasta que el pollo esté tierno. Conviene mover los trozos y la cazuela para evitar que se pegue. el guiso.

Antes de servir se comprueba el punto de sal de la salsa y se espolvorea de perejil picado.

La fritada es la salsa riojana por excelencia. Este guiso se puede hacer con cordero.

POTAJE DE GARBANZOS
(Para 4 personas)

Ingredientes:

400 gr de garbanzos	100 gr de tocino
$1/2$ kg de carnero	1 cebolla mediana
$1/4$ kg de pencas de acelgas	sal

La víspera se ponen a remojo los garbanzos con abundante agua fría.

Al día siguiente se ponen a cocer los garbanzos, la carne de carnero troceada, el tocino en un trozo y la cebolla partida en trocitos.

Se sazona con sal.

Mientras tanto se limpian bien las pencas de las acelgas, quitándoles las hebras, y a mitad de cocción del guiso se agregan troceadas.

Cuando los garbanzos estén tiernos se sirven.

Este potaje se sirve el día 12 de mayo por la Cofradía de Santo Domingo de la Calzada a todos los calceatenses y visitantes. Es un homenaje al santo que tanto apoyo ofreció al Camino de Santiago y a los peregrinos.

SALMON A LA SALSA DE CEBOLLA
(Para 6 personas)

Ingredientes:

12 lomos de salmón fresco, limpio de piel y espina central (en total deben pesar kilo y medio, calculando 250 gr por persona)	6 cebollas medianas
	2 manzanas reinetas
	200 gr de mantequilla
	1 vasito de vino blanco
8 zanahorias	1 vasito de jerez
8 patatas medianas	$1/2$ vasito de leche
24 patatas pequeñitas cocidas al vapor	sal
	pimienta

Se raspan las zanahorias y se cuecen enteras en agua con sal. Cuando estén cocidas se parten en dados pequeños y se ponen en una cazuela con un poco del agua de la cocción. El resto del agua se conserva.

En una cazuela se ponen la mantequilla, las cebollas cortadas en trozos grandes, las manzanas peladas y cortadas en trozos y las ocho patatas peladas y cortadas en trozos.

Se rehoga todo un par de minutos y se deja cocer a fuego lento y con la cazuela tapada. Hay que vigilar que la cebolla no se queme.

Transcurridos veinte minutos se añaden el caldo de cocer las zanahorias que se había reservado, el vino blanco, el jerez y la leche. Se sazona con sal y se deja que cueza hasta que todo esté tierno y el líquido se haya reducido.

Se pasa la salsa por la batidora y después por el chino, para que quede muy fina. Se mantiene caliente.

Se da un hervor a los trozos de zanahorias cocidas.

En una sartén se pone un poco de aceite y cuando esté caliente se van haciendo los lomos de salmón a la plancha, sazonándolos con sal y pimienta.

Para servir se colocan los lomos de salmón en el centro de la fuente, se vierte por encima la salsa y alrededor se colocan las patatitas cocidas al vapor (calientes) y los dados de zanahoria bien escurridos del agua.

Receta del restaurante «Echaurren», del hotel del mismo nombre, en Ezcaray.

SOPA RIOJANA
(Para 4 personas)

Ingredientes:

1 $^1/_2$ l de agua
4 pimientos rojos secos
1 tomate pelado y partido en
  trozos pequeños

2 dientes de ajo picados
1 tacita de aceite de oliva
$^1/_2$ barra de pan del día anterior
sal

Se pone a cocer el agua con los pimientos secos, limpios de semillas y partidos en trozos, el tomate y los ajos.

Transcurrida media hora de cocción se añade la sal y la tacita de aceite y se agrega el pan cortado en rebanadas muy finas.

Se deja cocer todo junto a fuego suave durante diez minutos y se sirve.

Es una sopa de ajo clásica pero con los añadidos típicamente riojanos, como son el tomate y los pimientos secos.

CASTILLA-LEÓN

Burgos

ALBÓNDIGAS DE BACALAO
(Para 4 personas)

Ingredientes:

$^1/_2$ kg de bacalao
la miga de $^1/_2$ barrita de pan
leche
2 huevos

sal
2 dientes de ajo
2 ramas de perejil
una pizca de laurel

El bacalao se pondrá en remojo durante 36 horas en abundante agua fría, cambiándole el agua cada doce horas.

Transcurrido este tiempo, el bacalao se desmiga y se limpia bien de espinas y pieles.

La miga de pan se pone a remojo con leche y una vez que esté blanda se escurre bien y se mezcla con el bacalao.

A esta mezcla de bacalao y pan se agregan dos huevos batidos. Deberá quedar espesa.

Con dos cucharas de madera se van haciendo una especie de albóndigas (quedarán un poco más alargadas) y se van friendo en una sartén con abundante aceite caliente, hasta que estén bien doradas.

Se sacan para una cazuela de barro y se añade un poco del aceite en que se han frito, perejil y ajo picados.

Se cubren las albóndigas con agua y se agrega un poquito de laurel.

Se deja hervir a fuego suave y antes de terminar la cocción se comprueba el punto de sal.

La salsa deberá quedar clarita pero trabada.

Antes de servir se dejan reposar cinco minutos, tapándolas para que no se enfríen.

Nota.—Estas mismas albóndigas se pueden tomar añadiendo a la salsa tomate frito y acompañadas con unas patatas fritas.

Es una de las muchas fórmulas conventuales para hacer bacalao, ya que éste formaba parte de su dieta de manera habitual, no sólo en época de Cuaresma.

Receta enviada por la abadesa del monasterio de las clarisas de Castrojeriz.

CANGREJOS DE RIO AL ESTILO DE BURGOS
(Para 4 personas)

Ingredientes:

1 kg de cangrejos	1 cebolla grande
1 taza de aceite	$1/_2$ guindilla
2 tazas de salsa de tomate	clavo
1 taza de coñac	8 bolitas de pimienta negra

En un cazo se rehoga la cebolla picada muy fina con el aceite.

Se agregan los cangrejos, a los que previamente se les habrá dado un golpe en la cabeza para reventarlos, y se prenden con el coñac.

Se agrega la salsa de tomate, la guindilla picada, el clavo y la pimienta machacada.

Se sazona con sal y se hierve todo durante diez minutos.
Se sirven muy calientes.

Nota.—Esta receta es del libro de Cándido. Sugeriría que en vez de matar a los cangrejos con un golpe en la cabeza y así reventarlos, se haga de una forma menos cruenta, aunque el fin sea el mismo. Poner en una sartén honda o cazuela el coñac y calentarlo, echar los cangrejos, poner el fuego muy vivo y tapar la cazuela unos segundos. De esta forma los cangrejos se mueren rápidamente, cogen el sabor a coñac de igual manera y se evita la desagradable tarea indicada por Cándido.

Por otro lado, sólo queda decir que en cualquier bar de tapas aledaño a la catedral los cangrejos se toman simplemente con una salsa picante de tomate frito.

Según indica un folleto editado por una prestigiosa casa-restaurante burgalesa: «El comensal ha de tener en cuenta dos cosas: que el cangrejo se come con los dedos y que, antes de quebrar su caparazón, es aconsejable chupar al animalito de pies a cabeza; o, si se prefiere, de bigotes a cola».

CARACOLES EN SALSA
(Para 4 personas)

Ingredientes:

	3 dientes de ajo
2 kg de caracoles	1 rama de perejil
200 gr de jamón serrano	1 guindilla
pan rallado	1 vaso de vino blanco
1 dl de aceite	1 rama de perifollo
150 gr de chorizo	

Los caracoles limpios se cuecen durante dos horas en abundante agua. Se comprobará que están en su punto sacando uno de la concha y observando que no ofrece resistencia.

Una vez tiernos se mantienen cerca del calor pero sin que el agua hierva.

En una sartén se fríen los ajos picados, el chorizo cortado en rodajitas finas, el jamón cortado en trocitos y el pan rallado.

Se vierte todo el sofrito sobre los caracoles, añadiéndoles el perejil y el perifollo picado, el vino blanco, un vaso de agua y la guindilla partida en aros finos.

Se sazona con sal.

Se dejan cocer por espacio de una hora más, pero a fuego muy suave, de forma que la salsa quede trabada.

Se sirven calientes y en la misma cazuela.

CORDERO AL VINO TINTO
(Para 4 personas)

Ingredientes:

1 kg de cordero partido en trozos	250 gr de champiñones cortados en láminas
50 gr de manteca de cerdo	2 vasos de vino tinto
150 gr de tocino partido en trocitos	1 cucharada de harina
	sal
250 gr de cebollitas francesas peladas y enteras.	pimienta
	1 cucharada de pimentón dulce
	1 cucharada de tomillo

En una cazuela de barro se calienta la manteca de cerdo y cuando esté derretida se agregan los trozos de tocino.

Cuando el tocino ha soltado bien toda su grasa se retiran los trocitos con ayuda de una espumadera.

Se rehogan las cebollitas en la grasa y cuando estén doradas se agregan los trozos de cordero.

Cuando los trozos de cordero estén dorados se añade la harina disuelta en el vino, la sal, la pimienta, el pimentón y el tomillo.

Se tapa la cazuela de barro y se deja cocer a fuego mediano-suave todo el guiso hasta que el cordero esté tierno.

Diez minutos antes de servir el cordero se añaden los champiñones.

Se sirve en la misma cazuela.

Nota.—Se ha de utilizar un vino tinto bueno, pues es un error cocinar con vinos malos. La calidad de la salsa vendrá determinada por el vino que se utilice.

La tradición burgalesa del cordero asado permanece, pero esta receta, que por cierto he encontrado reseñada en dos libros distintos dedicados a la cocina de las tierras del Cid, es una agradable innovación, pues es muy difícil encontrar guisos con vino tinto por tierras castellanas. El vino blanco sí se utiliza para los estofados de caza y carne.

CORDERO ASADO
(Para 6 personas)

Ingredientes:

$^1/_2$ cordero lechal de 2 kg de peso
150 gr de manteca de cerdo.
sal
1 hoja de laurel

3 granos de pimienta negra
1 vaso de vino blanco
1 diente de ajo
1 vasito de vinagre
perejil

Se sazona con sal el cordero entero o partido por la mitad, y se coloca en una fuente de barro.

Se añade la manteca untando bien todo el cordero, el laurel y la pimienta.

Se mete la fuente en el horno a temperatura alta. Se va añadiendo el vinagre poco a poco y se riega con su propio jugo.

Cuando esté prácticamente hecho, se machaca el ajo y el perejil y se diluye con el vino blanco, regando el cordero con este majado.

Deberá quedar dorado, y se sirve partido en trozos acompañado de una ensalada de lechuga.

Esta es una de las muchas fórmulas que hay para asar el cordero en tierras burgalesas. El éxito radica en la calidad del cordero y sobre todo en el horno, que suele ser de barro o de panadería.

FILETES DE TERNERA REBOZADOS CON PATATAS BURGALESAS
(Para 4 personas)

Ingredientes:

750 gr de filetes cortados
   delgados
harina
2 huevos
aceite para freír
1 dl de jugo de carne
25 gr de mantequilla
$1/2$ limón (su zumo)
sal

Para las patatas burgalesas:

$1/2$ kg de patatas
sal
pimienta
nuez moscada
1 dl de nata
50 gr de mantequilla

Es mejor hacer primero las patatas y luego los filetes, para servirlo todo caliente.

Se pelan las patatas y partidas en trozos se ponen a cocer en agua con sal.

Cuando están muy blandas se escurren con ayuda de una espumadera.

Se hacen puré con ayuda de un tenedor, de forma que quede ligeramente granulado, y se sazona con sal, pimienta y nuez moscada. Se agrega la nata, mezclando bien.

En una sartén no excesivamente grande se ponen 25 gr de mantequilla y cuando esté derretida se añaden las patatas dándoles forma de tortilla.

Cuando los bordes estén dorados se vuelca a un plato la tortilla, se añaden otros 25 gr de mantequilla a la sartén y se desliza la tortilla para que se termine de hacer por el lado que faltaba.

Cuando esté cuajada se saca y se deja reposar dos o tres minutos antes de cortarla en trozos. (El secreto de esta tortilla es que debe de quedar dorada pero no excesivamente cuajada, pues resultaría seca.)

Mientras se cuecen las patatas se limpian bien los filetes, quitándoles los bordes de grasa y haciendo unos pequeños cortes, también en los bordes, para evitar que éstos se enrosquen al freírlos.

Si fueran un poco gruesos se macetean ligeramente y se sazonan con sal.

Cuando la tortilla ya está hecha, se pasan los filetes por harina y huevo batido y se fríen en abundante aceite caliente.

Se colocan en el centro de una fuente redonda.

En la sartén en que se han frito los filetes, una vez escurrido el aceite, se vierte el caldo de carne limpiando el fondo con una cuchara de madera, se añade la mantequilla y fuera del fuego se vierte el zumo de limón.

Se mezcla bien y se bañan los filetes con este fondo.

Alrededor de los filetes se colocan los trozos de la tortilla.

Se sirve inmediatamente.

FRISUELOS

Ingredientes:

2 tazones de harina
2 tazones de leche
2 tazones de agua tibia
1 huevo grande

1 pizca de sal
$1/2$ cucharadita de bicarbonato
aceite para freír
azúcar

En el agua tibia se diluye la harina dando vueltas constantemente con una cuchara de madera, evitando que se formen grumos.

Se agrega la leche, el bicarbonato, la sal y el huevo batido, sin dejar de mover la mezcla con una cuchara de madera.

En una sartén se pone abundante aceite y cuando esté muy caliente se van friendo cucharadas de pasta.

Los frisuelos quedarán con forma de flores irregulares.

Cuando estén dorados se sacan para una fuente y se espolvorean de azúcar.

Es uno de los muchos dulces, a base de masas fritas, que tienen su origen en ambientes rurales.

LENTEJAS A LA BURGALESA
(Para 4 personas)

Ingredientes:

¹/₂ kg de lentejas	¹/₂ hojita de laurel (optativo)
¹/₄ kg de cebollas	1 diente de ajo
4 cucharadas de aceite de oliva	sal
1 trozo de tocino	pimienta
1 tomate rojo y maduro	1 pizca de nuez moscada
2 cucharadas de harina	

Se escogen las lentejas, se lavan y la víspera de guisarlas, por la noche, se ponen en remojo con abundante agua fría.

Al día siguiente se escurren del agua de remojo y se ponen a cocer cubiertas de agua fría con un diente de ajo, el laurel y el tocino.

Se cocerán a fuego suave, para evitar que se despellejen, y a medida que haga falta añadirles líquido, se hará con agua fría y en pequeñas cantidades.

En una sartén se hace un sofrito con la cebolla muy picada y el tomate pelado y cortado en trocitos.

Cuando esté hecho se agrega la harina, se rehoga bien, y se vierte sobre las lentejas, una vez que éstas estén tiernas.

Finalmente se sazonan con sal, pimienta y nuez moscada.

Se deja cocer a fuego muy suave y dando vueltas a menudo, pues las lentejas se pegan con mucha facilidad, hasta que el caldo esté bien trabado.

Nota. Las lentejas burgalesas se pueden convertir en un auténtico cocido de lentejas si se agrega chorizo y tocino en abundancia. También se puede agregar al sofrito un poco de pimentón dulce.

La calidad de las legumbres castellanas es proverbial, y a lo largo del Camino y en cualquiera de los pueblos de esta tierra se pueden degustar excelentes guisos de lentejas, alubias o garbanzos.

MANTECADITOS DE ACEITE

Ingredientes:

100 ml de aceite frito y frío
2 cucharadas de azúcar
$^1/_2$ vaso de vino blanco
4 cucharadas de zumo de
  naranja

1 cucharadita de canela en polvo
$^1/_2$ cucharadita de levadura en
  polvo
harina (la que admita)

Se unen todos los ingredientes y se va añadiendo harina hasta que resulte una masa que se pueda trabajar con el rodillo.

Se forma una lámina de masa, se hacen las pastas con un cortapastas en forma de flor y se hornean a horno medio-alto.

Cuando estén doradas se sacan del horno y se espolvorean de azúcar molido (glass).

Estas pastas se llaman «cuaresmeras», por ser típicas durante esa época del año.

Las fiestas religiosas y populares conllevan la realización de determinados platos, sobre todo de dulces.

OLLA PODRIDA BURGALESA
(Para 4 personas)

Ingredientes:

$^1/_2$ kg de alubias rojas de Ibeas
2 chorizos
2 morcillas de Burgos
2 orejas de cerdo
2 patas de cerdo

8 costillas de cerdo adobadas
300 gr de tocino con veta de
  jamón (panceta)
sal

La víspera por la noche se ponen en remojo con agua fría las alubias.

Al día siguiente se ponen a cocer las orejas, las patas, las costillas y el tocino.

Cuando estén todos los ingredientes tiernos se sacan del caldo y se reservan.

En el caldo de la cocción de las viandas se cuecen las alubias a fuego mediano.

A media cocción se añadirán los chorizos, y ya casi al final se agregarán todos los ingredientes cocidos y las morcillas, de forma que éstos no se deshagan.

Se rectifica el punto de sal.

El caldo deberá quedar trabado, y si quedase muy claro se desharán unas cuantas alubias en el mortero de madera y el puré resultante se agrega a la olla, dejando cocer suavemente durante unos minutos.

Para mayor comodidad se sirven todas las carnes partidas en una fuente y las alubias rojas con todo el caldo en una sopera.

La auténtica olla podrida tiene como base los garbanzos, pero Burgos aprovecha las excelentes alubias rojas de Ibeas, localidad cercana a la capital y que forma parte del Camino, para hacer «su» olla podrida. El hacer la olla podrida con alubias es algo muy habitual en Castilla-León.

Angel Muro, en su Practicón, *da la receta de la olla podrida: «Puestos los garbanzos y la carne como se ha dicho (el agua caliente antes de agregar los ingredientes citados), se espuma, y después se añade una gallina, tocino, jamón, pies, oreja de cerdo, rellenos, despojos de ave y todo cuanto Natura crió para ser comido, cocido».*

PATITAS Y OREJAS DE CERDO REBOZADAS
(Para 4 personas)

Ingredientes:

12 patitas de cerdo	sal
8 orejas	8 dientes de ajo
agua	3 ramas de perejil
2 cebollas	6 huevos
6 granos de pimienta negra	pan rallado
1 hoja de laurel	aceite para freír
1 vaso de vino blanco	

Se limpian bien las patitas y las orejas. Las patitas se partirán por la mitad para poderlas limpiar bien. Se unen otra vez y se atan conservando su forma original.

En una cazuela grande se pondrán a cocer con agua y el vino blanco las cebollas cortadas en trozos grandes, la pimienta negra, el laurel y sal.

Cuando estén tiernas se sacan y se escurren. Se quitan los hilos a las patitas.

Se baten los huevos y se agregan los dientes de ajo muy picaditos y el perejil picado.

En una sartén se pone abundante aceite a calentar.

Se pasan las orejas y las patitas por el batido de huevos, luego por pan rallado, otra vez por el batido y de nuevo por pan rallado. Se fríen hasta que estén doradas.

Se sirven calientes y recién hechas.

Nota.—Si se quiere se pueden acompañar con salsa de tomate frito.

El aprovechamiento del cerdo en su totalidad es una constante en los pueblos de España. Las orejas se utilizan también mucho en guisos de legumbres.

PERDICES ESCABECHADAS
(Para 4 personas)

Ingredientes:

4 perdices limpias y bridadas (atadas)
400 ml de aceite de oliva
400 ml de vinagre de vino

10 dientes de ajo pelados y enteros
1 taza de agua
sal
1 hoja de laurel (optativo)

Se ponen todos los ingredientes y las perdices en una cazuela de fondo grueso y con una tapa que ajuste muy bien.

Se cocerá todo a fuego mediano-suave, de forma que se hagan sin necesidad de añadirles más agua y queden tiernas.

Cuando estén hechas, se pasan a una cazuela de barro, se tapan y se dejan en reposo un par de días antes de tomarlas.

Se sirven frías y la salsa en salsera aparte, batiéndola enérgicamente antes de tomarla.

Nota.—Las perdices así preparadas se pueden guardar en la parte baja de la nevera hasta una semana. Cuanto más tiempo estén en maceración, sabrán mucho mejor.

El escabechar la caza es una forma de conservarla sin que se estropee cuando hay abundancia de ella.

PERDICES ESTOFADAS
(Para 6 personas)

Ingredientes:

6 perdices	1 hoja de laurel
3 cebollas grandes	perejil
3 zanahorias grandes	2 cucharadas soperas de tomillo
3 tomates medianos, maduros y rojos	6 granos de pimienta negra
1 vaso de vinagre	$1/_2$ litro de aceite.
	sal

En una cazuela grande se ponen todos los ingredientes (las verduras partidas en rodajas y las perdices enteras).

Se deja cocer todo, y cuando las perdices estén tiernas se sacan para otra cazuela y encima se vierte la salsa pasada por el pasapurés.

Se da un ligero hervor y se prueba el punto de sal.

Se sirven calientes.

La fórmula del estofado es prácticamente igual en todos los sitios. En Castilla, la caza de pluma, que es muy abundante, se guisa mucho de esta manera.

QUESO DE BURGOS CON MIEL Y NUECES
(Para 4 personas)

Ingredientes:

400 gr de queso de Burgos   1 jarrita de miel (a poder ser, de
4 cucharadas de nueces peladas   Silos o de Carracedo)

En platos individuales se pondrá una loncha de queso de
Burgos de 100 gr y por encima una cucharada de nueces peladas.

En una jarrita aparte se presentará la miel, para que cada comensal se sirva lo que desee.

*A los postres de una comida o cena en tierras burgalesas es im-
prescindible terminar con un trozo de los quesos que más se conocen y que más nombre ha dado a su lugar de origen. Su aspecto níveo, brillante, temblón y acuoso, invita a ello.*

ROLLITOS DE SALMON FRESCO RELLENOS DE GAMBAS Y ESPINACAS
(Para 4 personas)

Ingredientes:

20 filetes finos de salmón (el   1 cebolla grande picada muy
  plato resulta mejor si los filetes   finamente
  no son muy grandes, por eso   40 gr de mantequilla
  se calculan 5 por persona)   harina
400 gr de espinacas cocidas y   1 copa de coñac
  escurridas $1/3$ de cucharadita de mostaza
24 gambas peladas y partidas en   1 cucharadita de concentrado de
  trozos   carne
1 taza de desayuno de nata líquida

Preparación del relleno y de los rollitos:

En una sartén se vierte la nata líquida y se añaden las espinacas (muy picadas) y las gambas. Se deja hervir todo junto a
fuego suave hasta que quede espeso.

Se deja enfriar el relleno.

Se extienden los filetes de salmón y en mitad de cada uno se pone una cucharada grande de relleno.

Se enrollan los filetes, se enharinan y se van colocando en una fuente de horno.

Se rocían con el coñac y se meten al horno durante diez minutos a temperatura alta.

Preparación de la salsa:

En una sartén se derrite la mantequilla y se rehoga la cebolla hasta que se dore.

Se añade un chorrito de nata líquida, la mostaza y el concentrado de carne.

Se deja reducir unos minutos y se vierte sobre los rollitos.

Se sirve caliente.

Receta del restaurante «Gaona», Burgos.

SESOS DE CORDERO A LA BURGALESA
(Para 2 personas)

Ingredientes:

2 sesos de cordero	pimienta
1 cebolla	perejil
1 zanahoria	1 cucharada de harina
3 huevos	vinagre
sal	aceite

Se limpian los sesos de la manera habitual, quitándoles bien la telilla que los recubre.

Se parten a lo largo en tiras de unos 6 cm y un poco gorditas.

Se ponen a macerar durante diez minutos con vinagre, unos cascos de cebolla, la zanahoria cortada en rodajas y pimienta blanca.

Transcurrido este tiempo, se colocan los trozos en papel absorbente de cocina y se dejan escurrir. Se reserva el caldo de la maceración.

Se sazonan con sal y se rebozan en harina y huevo, friéndolos en abundante aceite caliente hasta que estén dorados.

A un poco del aceite en el que se han frito los sesos, y en la misma sartén, se agrega una cucharada de perejil picado y media taza del caldo de maceración de los sesos donde se ha desleído una cucharada de harina.

Se deja cocer todo un rato, dando vueltas con una cuchara de madera para evitar que se formen grumos, y se vierte esta salsa sobre los sesos rebozados. Se sirven calientes.

SOPA BURGALESA
(Para 4 personas)

Ingredientes:

400 gr de cordero limpio	perifollo
24 colas de cangrejo	1 cucharada sopera de harina
1 cebolla	1 $\frac{1}{2}$ l de caldo de carne
75 gr de manteca de cerdo	sal
perejil	

Se parte el cordero en trocitos del tamaño de piñones.

En una cazuela se pone la manteca de cerdo y se saltean los pedacitos de cordero, la cebolla picada muy finamente, el perejil y el perifollo, también picados muy finos.

Transcurridos unos minutos se agrega la cucharada de harina y se tuesta.

Se agrega el caldo y se deja cocer con la cazuela tapada hasta que el líquido se quede reducido a la mitad.

Se sazona con sal y unos minutos antes de servir se agregan las colas de cangrejo peladas.

Se sirve caliente.

Esta receta es de Angel Muro, y está publicada en su libro de cocina El Practicón, en 1893. El autor recomienda: «Con esta sopa, que es muy suculenta y de mucho alimento, conviene beber vino blanco de Rueda».

SOPA CASTELLANA
(Para 4 personas)

Ingredientes:

100 gr de pan del día anterior	1 l de caldo de carne
100 gr de jamón	1 cucharada de pimentón dulce
1/2 cebolla	sal
1 tomate rojo y maduro	2 dientes de ajo
5 cucharadas de aceite de oliva	4 huevos

En una cazuela de barro se pondrá caldo de carne a hervir (se puede hacer con un cubito).

En una sartén se pone el aceite y se rehogan la cebolla y los dientes de ajo muy picados.

Se agrega el tomate pelado y picado en trozos muy menudos, el jamón cortado en dados pequeños y el pimentón.

Se vierte todo sobre el caldo hirviendo en la cazuela de barro y se agregan rebanadas de pan duro, cortadas muy finas.

Se sazona con sal.

Se deja cocer todo lentamente de veinte a treinta minutos.

Se retira la cazuela del fuego y se agregan los huevos batidos, que se cuajarán con el calor que retiene la cazuela.

Se sirve inmediatamente en la misma cazuela y se toma en cuencos de barro hondos y a poder ser con cuchara de madera.

Las sopas de ajo, más o menos enriquecidas con jamón o chorizo o algún sofrito, es otro de los platos que se pueden degustar no sólo en Burgos, sino en todos los pueblos a lo largo del Camino. Los huevos se pueden agregar enteros y se escalfarán en el propio caldo.

TARTA DE LECHE CONDENSADA

Ingredientes:

250 gr de leche condensada	2 huevos
90 gr de coco rallado	2 cucharadas de azúcar
1/4 l de leche	

Se baten los huevos y se agrega la leche condensada, la leche normal, el azúcar y el coco rallado.

Se caramelizan moldes individuales de flanes, se vierte la mezcla en ellos y se cuecen al baño maría.

Se desmoldan cuando estén fríos.

Nota.—Realmente esta receta es para flanes, aunque las monjas lo llamen tarta.

Receta del convento de Santa María la Real de Las Huelgas en Burgos.

TORRIJAS DE VINO Y LECHE
(Para 24 torrijas)

Ingredientes:

2 barras de pan del día anterior	200 gr de azúcar
1 litro de vino tinto	3 cucharadas soperas de canela
1 litro de leche	en polvo
1 palito de canela	aceite para freír

Se cuece la leche con el palito de canela y 50 gr de azúcar.

Se mezcla el vino con 75 gr de azúcar.

Se cortan las barras de pan en rebanadas no muy finas. (Saldrán unas doce por cada barra.)

En dos fuentes se colocan doce rebanadas de pan en cada una.

En una se vierte la leche, que se habrá dejado templar, comprobando que todas las rebanadas quedan bien empapadas.

En la otra fuente se vierte el vino endulzado.

Se baten los seis huevos en un cuenco hondo.

Se mezclan la canela en polvo y el azúcar restante, para espolvorear las torrijas.

Se pone abundante aceite en una sartén amplia a fuego mediano.

Se van pasando las torrijas (primero las de leche y luego las de vino) por el huevo batido, y se van friendo en el aceite hasta que estén doradas.

Se sacan, se escurren bien y se colocan en una fuente, previamente espolvoreada en su base con azúcar y canela. Asimismo se espolvorean las torrijas por encima con esta mezcla.

Se sirven frías.

Nota.—Si se quiere se pueden rociar con miel de Silos o de Cardeña, previamente clarificada.

Este postre es muy típico de Carnaval y Cuaresma, y aunque ahora se hacen con pan especial para torrijas, con el pan de barra normal quedan muy bien.

TRUCHAS CON ALMENDRAS
(Para 4 personas)

Ingredientes:

4 truchas	sal
50 gr de mantequilla blanda	2 limones
16 almendras trituradas	

Se limpian las truchas, se sazonan con sal y se ponen en una fuente de horno.

Se untan por encima con mantequilla y se espolvorean con almendras picadas.

Se meten al horno, a temperatura media, cuidando que no se pasen mucho.

Se sirven inmediatamente con cuartos de limón.

Las truchas forman parte de la gastronomía burgalesa desde tiempos inmemoriales. También hay costumbre de prepararlas escabechadas o con jamón.

YEMAS

Ingredientes:

12 huevos   100 gr de azúcar glass
$^1/_2$ kg de azúcar

Se baten los huevos con varillas. Deben quedar espumosos.

Se agregan 225 gr de azúcar y se sigue batiendo muy enérgicamente hasta conseguir una mezcla muy homogénea. (Es recomendable moler antes un poco el azúcar, sin llegar a convertirlo en polvo.)

Se pone la masa en un recipiente de fondo grueso a fuego suave y se da vueltas con una cuchara de madera hasta que la mezcla se desprenda del cazo. Se deja enfriar.

Una vez fría se extiende la pasta sobre una superficie lisa (a poder ser de mármol) y se van cogiendo pequeñas porciones dándoles forma redonda y a la vez se espolvorean de azúcar, pues esto ayudará a que queden mejor formadas las yemas.

Una vez terminadas, se pasan por azúcar glass y se envuelven en papelitos blancos encerados como si fueran caramelos o se ponen en cazuelitas pequeñas de papel.

Nota.—Deberán consumirse enseguida y conservarlas en un sitio fresco, e incluso, si se prevé que se va a tardar en tomarlas, se guardan en la parte menos fría de la nevera, sacándolas un rato antes de comerlas para que pierdan el exceso de frío.

Estas son las yemas típicas de Burgos, aunque pueden existir algunas variaciones. En la mayoría de las pastelerías burgalesas se pueden comprar.

ALMENDRADOS

Ingredientes:

250 gr de almendras crudas
   molidas
350 gr de azúcar
3 huevos

la ralladura de una corteza de limón
almendras crudas enteras
moldes pequeños de aluminio o
   de papel

Se mezclan las almendras molidas y el azúcar.

Se agregan los huevos batidos y la ralladura de limón.

Se rellenan los moldes con la mezcla colocando una almendra en el centro de cada uno.

Se espolvorean de azúcar y se cuecen en el horno a temperatura media hasta que estén dorados.

ASADO DE CORDERO
(Para 6 personas)

Ingredientes:

1 cordero lechal partido en cuartos	2 hojas de laurel pequeñas
250 gr de manteca de cerdo	1 rama de perejil
sal	3 cucharadas de aceite
1 cebolla grande	3 cucharadas de vinagre
10 dientes de ajo pelados	1 vaso grande de agua

En una cazuela de barro grande se pone el cordero partido en cuartos.

Se unta el cordero con la manteca de cerdo y se sazona con sal.

La cebolla se pela y se corta en seis trozos, que se colocan de forma uniforme encima del cordero.

Finalmente se colocan las hojas de laurel y cuatro dientes de ajo enteros.

En un mortero se machacan los dientes de ajo restantes y el perejil (sólo las hojas). Se añade el aceite, el vinagre y el agua. Se mezcla todo bien y se vierte sobre el cordero.

Se mete al horno con leña de roble. (Se puede hacer en horno eléctrico, aunque el resultado final no será el mismo.)

Receta de Asunción y Esperanza Gonzalo, de Lédigos.

CARACOLES A LA PALENTINA
(Para 6 personas)

Ingredientes:

1 ½ kg de caracoles	1 vaso de vino blanco
100 gr de jamón	1 cucharada de piñones
100 gr de lomo de cerdo	2 huevos cocidos
1 guindilla	perejil
1 cebolla	pimienta
3 dientes de ajo	aceite
2 tomates	sal
100 gr de chorizo	

Se limpian los caracoles y se ponen a cocer en agua fría. Estarán tiernos cuando al sacar la carne no oponga resistencia.

Se pelan los tomates y se trituran.

Se pican muy finamente la cebolla y los dientes de ajo.

Se parten en trocitos el jamón, el lomo de cerdo, el chorizo y la guindilla.

En una cazuela amplia se hace un sofrito con el aceite, la cebolla, los ajos, el jamón, el lomo, el chorizo y la guindilla.

Se sazona con sal y pimienta.

Cuando el sofrito esté en su punto se agregan los caracoles bien escurridos del agua de cocción y se cubren con agua fría nueva.

Se añade el vino y se deja cocer a fuego lento durante veinticinco minutos.

Ya al final, se agregan los piñones picados, las yemas de huevo trituradas y las claras y el perejil muy picaditos.

Se mezcla todo muy bien moviendo con energía la cazuela, se da un hervor de unos tres minutos y se comprueba el punto de sal.

Se sirven calientes.

El consumo de caracoles es muy tradicional en toda Castilla-León, aunque hoy en día no es tan fácil encontrarlos.

CHORIZO DE VACA O DE NOVILLO
(Para 5 kg de chorizo)

Ingredientes:

3 kg de carne	1 cucharadita de orégano
1 kg de tocino	4 dientes de ajo pelados y
60 gr de sal	prensados
112 gr de pimentón (dulce o	tripas
picante)	

Se pican la carne y el tocino (todo junto) y se vierte en un barreño de barro grande.

Se añaden la sal, el pimentón, el orégano y los dientes de ajo prensados.

Se remueve todo bien con las manos hasta que todos los ingredientes estén bien unidos.

Se mantiene dos días en reposo, con el barreño tapado y en un sitio fresco.

Las tripas se limpian y se conservan dos días en agua fría.

Transcurridos dos días la mezcla de carne y tocino recibe el nombre de *jijas*, y para saber si están en su punto se cogen unos trocitos, se pasan un poco por la sartén puesta al fuego y se prueban, y si están en su punto (han debido de coger bien el sabor de los condimentos) ya se empiezan a rellenar las tripas con un embudo.

Se van formando los chorizos de la largura que se quiera atando con un hilo fuerte.

Se cuelgan al aire y al sol en un palo o varal, y pasados unos días ya se pueden consumir.

Receta de Asunción y Esperanza Gonzalo, de Lédigos.

GARBANZOS GUISADOS
(Para 6 personas)

Ingredientes:

$^1/_2$ kg de garbanzos	1 rama de perejil
$^1/_4$ l de aceite	1 casco de cebolla
1 cucharada de pimentón	1 hoja de laurel
1 cucharada de harina	sal
1 diente de ajo grande	

La víspera se ponen a remojo los garbanzos con agua templada y un poco de sal.

Al día siguiente se retira el agua de remojo y se ponen a cocer los garbanzos con agua limpia, junto con la hoja de laurel y el casco de cebolla.

Cuando estén cocidos los garbanzos se retira el laurel y la cebolla.

Se prepara un sofrito, poniendo a calentar el aceite en una sartén y añadiendo el pimentón y la harina, y se vierte sobre los garbanzos.

Se hace un machacado con el perejil, el ajo y sal y se agrega al guiso.

Se deja cocer todo junto, a fuego suave, hasta que el caldo esté trabado.

Receta de Dominga Ortega, esposa de Pablo Payo, del «Mesón Villasirga, en Villalcázar de Sirga.

GUISADO CASTELLANO SIN AGUA
(Para 6 personas)

Ingredientes:

1,800 kg de carne de cordero o de ternera en trozos	1 kg de pimientos
1 dl de aceite	1 kg de patatas
350 gr de cebollas	sal
750 gr de tomates	1 cabeza de ajo
	12 granos de pimienta negra

En una cazuela grande se ponen el aceite, la cebolla picada muy menuda, los tomates pelados y partidos en dados, los pimientos limpios de semillas y partidos en tiras, una cabeza de ajo entera, los granos de pimienta y la carne, previamente sazonada con sal.

Se tapa la cazuela, asegurándose que queda herméticamente cerrada. Se pone a fuego muy suave, lo más bajo posible, ya que este guiso no lleva agua. Se moverá la cazuela a menudo para evitar que se pegue y ayudar a que salgan los jugos de la carne.

Cuando consideremos que esté blanda la carne, se agregarán las patatas peladas y cortadas en dados pequeños.

Estará en su punto cuando las patatas y la carne estén tiernas.

Se sirve caliente, evitando tener que recalentarlo.

Nota.—Para que este guiso salga bien, hay que hacerlo en una cazuela de fondo muy grueso y antiadherente, y la carne deberá ser muy tierna y estar cortada en trozos no muy grandes.

Este plato tiene el encanto de realizarse a fuego muy suave, ya que en su origen se cocinaba en un borde de la lumbre de las cocinas de los pueblos o en un lateral de las cocinas de carbón.

HUEVOS DE «MI ABUELA»
(Para 6 personas)

Ingredientes:

12 huevos cocidos	Salsa:
1 pimiento morrón de lata	$1/2$ taza de aceite de
12 aceitunas verdes sin hueso	oliva
1 trocito de chorizo	1 cebolla
1 latita de atún en aceite	3 cucharadas de salsa de tomate
harina	24 almendras crudas sin tostar
huevos para rebozar	agua

Se cuecen los huevos, se pelan, se parten por la mitad a lo largo y se les quitan las yemas.

Se hace el relleno mezclando bien las yemas cocidas de cinco huevos (diez mitades), el pimiento rojo, las aceitunas, el chorizo y el atún, todo ello muy picado. Para que se una todo bien se le puede añadir un poco de aceite del atún.

Se rellenan los huevos y se rebozan en harina y huevo.

Se fríen en abundante aceite hasta que estén dorados y se van sacando para una cazuela de barro.

Salsa:

En una sartén se pone el aceite y la cebolla picada muy menudo. Se sofríe a fuego muy suave hasta que la cebolla esté transparente y blanda. (Conviene tapar el recipiente para que la cebolla sude y no se fría.)

Se agregan la salsa de tomate, las almendras machacadas en el mortero y agua. (La cantidad de agua será como de una taza y media.)

Se deja que dé un hervor y se le agregan otras diez mitades de yemas de huevo cocidas trituradas o deshechas con un tenedor.

Se mezclan bien con la salsa y se vierte todo sobre los huevos.

Se pone la cazuela de huevos al fuego para que dé un hervor de cinco o seis minutos y se sirven calientes.

Receta de Maribel Miguel, «Casa de Palencia», en Madrid.

HUEVOS ESCALFADOS A LA PALENTINA
(Para 4 personas)

Ingredientes:

8 huevos
2 cucharadas soperas de cebolla
   muy picada
$^1/_2$ kg de tomates frescos,
   pelados y cortados en trozos
50 gr de manteca de cerdo
1 cucharada de azúcar
150 gr de setas
$^1/_2$ l de vinagre

2 l de agua
sal
8 rebanadas de pan de molde
   cortadas en redondo con el
   borde de un vaso
2 cucharadas soperas de
   mantequilla
nuez moscada
una pizca de perifollo

Se hace una salsa sofriendo los tomates y la cebolla en la manteca de cerdo, se añade sal, perifollo, azúcar, nuez moscada y las setas limpias y cortadas en trozos.

Se deja hacer a fuego suave hasta que esté en su punto. Se reserva caliente.

En una fuente amplia o en platos individuales se colocan los discos de pan untados de mantequilla.

Se pone en una cazuela amplia dos litros de agua y el vinagre. Cuando rompa el hervor se van rompiendo encima los huevos y se deja que se cuajen, sacándolos con una espumadera y colocándolos encima de un paño para que escurran bien. Conviene hacer solamente dos cada vez, pues si se hacen más se estorbarán en la cazuela y no quedarán bien.

Una vez que hayan escurrido bien se va colocando cada huevo encima de una rebanada de pan y cuando estén todos colocados se vierte la salsa caliente por encima y se sirve.

LECHAZO ASADO
(Para 6 personas)

Ingredientes:

$^1/_2$ lechazo de 2,5 kg, a poder ser
   de raza «churra»

1 hoja de laurel
1 cuarto de cebolla

1 vaso de agua	1 vaso de vino blanco
2 tazas de aceite	1 vaso de agua
4 dientes grandes de ajo	75 gr de manteca de cerdo
2 ramas de perejil	

La víspera se pone el lechazo, partido en dos partes, sazonado con sal, en una fuente de barro, a poder ser de cerámica de Pereruela (Zamora).

Al día siguiente se mete al horno, con un vaso de agua, una hoja de laurel y un cuarto de cebolla, poniendo la piel hacia abajo.

Mientras tanto se hace un machacado con el ajo y el perejil, añadiéndole el aceite, la manteca, el agua y el vino.

Transcurrida una hora aproximadamente, se da la vuelta al lechazo, colocando la piel hacia arriba, y se unta bien con el majado que se habrá preparado, y se tiene otra hora o un poco más hasta que el lechazo esté tierno y la piel dorada y churruscante.

Se sirve en la misma fuente, acompañado de ensalada de lechuga.

Es la especialidad del «Mesón Villasirga», y el éxito radica en utilizar lechazos «churros», horno de leña y la cerámica de Pereruela para asarlo, aparte del buen hacer de la familia Payo.

Receta de Dominga Ortega, esposa de Pablo Payo, del «Mesón Villasirga», Villalcázar de Sirga.

LICOR DEL PEREGRINO

Ingredientes:

1 $^1/_2$ l de orujo	cortada en dados
200 gr de azúcar	pequeños
$^1/_2$ manzana pelada y	2 tazas de café muy fuerte

En un recipiente de cerámica de Pereruela (Zamora), se pone a calentar el orujo con los trocitos de manzana.

Cuando el orujo esté bien caliente se agrega el azúcar y se da vueltas hasta que esté bien disuelto.

Se vierten las dos tazas de café recién hecho y se sirve caliente en tacitas pequeñas, a poder ser de barro.

Este «carajillo» es una especialidad del «Mesón Villasirga» que ofrecen como broche de la comida o cena.

Receta de Javier Payo, del «Mesón Villasirga, en Villalcázar de Sirga.

MIGAS CON TOCINO Y CHORIZO
(Para 6 personas)

Ingredientes:

1 pan palentino de un día o dos   3 chorizos
4 dientes de ajo   aceite
100 gr de tocino fresco
    entreverado

En un lebrillo de barro se pone el pan cortado en rebanadas muy finas troceadas. Se salpica con agua, se tapa con un paño blanco y se deja reposar una noche entera.

En una sartén grande de hierro (si se tiene, si no en una cazuela de barro) se vierte una taza de aceite, aproximadamente, y se doran en él los dientes de ajo pelados.

Cuando estén dorados se retiran y en ese aceite se refríe el tocino cortado en cuadraditos. Cuando estén en su punto también se sacan y se reservan.

En el aceite sobrante se pone todo el pan cortado y con ayuda de una espátula de madera se da vueltas hasta que se vaya friendo de manera uniforme.

Se agregan los trozos de chorizo desmenuzados, salteándolos también con el aceite de las migas.

Se comprueba la sal y cuando esté todo en su punto se sirven calientes y se comen con cuchara de madera.

Las migas pastoriles, en cualquiera de sus modalidades, se toman a lo largo de todo el Camino, como prueba de la austeridad y aprovechamiento de los recursos propios: pan y productos de la matanza.

OREJUELAS

Ingredientes:

4 huevos	en polvo
4 cucharadas de azúcar	harina (la necesaria)
2 cucharadas de aguardiente	miel o azúcar para adornar las
1 cucharada de agua	orejuelas
4 cucharadas de aceite	aceite para freír
$^1/_2$ cucharadita de canela en polvo	1 cucharadita rasa de
1 cucharadita rasa de levadura	bicarbonato

En un perol grande se echan los huevos enteros y se baten con una cuchara de madera.

Cuando los huevos estén espumosos se va añadiendo, y sin dejar de batir, el azúcar, el aguardiente, el agua, el aceite, la canela y el bicarbonato.

Se mezcla $^1/_4$ kg de harina con la levadura y se va añadiendo a la mezcla de huevos. Se unirá con ayuda de la cuchara de madera, batiendo de forma enérgica para que no se formen grumos. Después se sigue añadiendo harina sola hasta formar una masa que se pueda trabajar con las manos sin que se peguen los dedos.

Una vez conseguida una masa bien homogénea y suave, se extiende sobre la mesa espolvoreada de harina con ayuda de un rodillo hasta que quede una lámina finísima.

Se pone abundante aceite en una sartén, a fuego medio-alto.

Se corta la lámina de masa en trozos rectangulares de aproximadamente 3 x 8 cm, que se van friendo en el aceite hasta que se doren.

Se sacan, se escurren bien del aceite, y se van poniendo en una fuente alargada.

Se espolvorean de azúcar o se bañan con miel clarificada.

Estos dulces son típicos de Carnaval en Lédigos.

Receta de Asunción y Esperanza Gonzalo, de Lédigos.

SOPA ALBADA
(Para 6 personas)

Ingredientes:

1 pan del día anterior	6 granos de pimienta negra
2 l de agua	150 gr de jamón serrano en una
$1/_4$ l de aceite	loncha
1 cucharadita de pimentón	sal
2 dientes de ajo	

En una cazuela grande se pone a cocer el agua y mientras tanto se parte el pan en láminas finas y cortas.

Cuando el agua está hirviendo se añade el pan, poco a poco y dando vueltas para que no se apelmace. Se deja cocer a fuego muy suave por espacio de una hora.

Transcurrido este tiempo se pone el aceite en una sartén y cuando esté caliente se retira del fuego dejándolo templar.

Se agrega el pimentón y se vierte en la sopa.

Se majan en el mortero los dos dientes de ajo y la pimienta negra y también se añade a la sopa, dejando cocer todo por espacio de quince o veinte minutos.

Se pasa por el pasapurés.

Se parte el jamón en dados y se colocan éstos en cuencos de barro de forma equitativa, virtiendo la sopa encima, y se sirve inmediatamente. A poder ser hay que comerlas con cuchara de madera.

La sopa albada es una variante de la sopa de ajo. Parece ser que se denomina «albada» porque se empezaba a hacer muy pronto por la mañana y se tomaba antes de salir a las labores del campo.

Receta de Dominga Ortega, esposa de Pablo Payo, del «Mesón Villasirga» , en Villalcázar de Sirga.

202 La cocina del Camino de Santiago

SOPA DE AJO DE LEDIGOS
(Para 4 personas)

Ingredientes:

1 l de agua
2 dientes de ajo pelados
2 cucharadas soperas de aceite
$^1/_2$ cucharadita de pimentón

6 granos de pimienta negra
125 gr de pan del día anterior
sal

Se pone a hervir el agua y se añaden los dientes de ajo machacados en el mortero junto con el aceite, el pimentón y los granos de pimienta.

Cuando rompe el hervor se añade la sal y el pan cortado en lonchas finas y cortas.

Se deja hervir a fuego suave hasta que el pan esté bien esponjado.

Se sirve caliente.

Receta de Asunción y Esperanza Gonzalo, de Lédigos.

SOPAS DE SARTEN
(Para 4-6 personas)

Ingredientes:

1 hogaza de pan de dos días
   antes de utilizarla
100 gr de manteca de cerdo
1 cucharada sopera de pimentón
   dulce

1 $^1/_2$ l de agua
250 gr de torreznos fritos
   (trocitos de tocino fritos)
1 longaniza de 300 gr
sal

En una sartén de hierro honda se deshace la manteca y a continuación se agregan el pan cortado en rebanaditas finas y cortas, el pimentón, el agua, los torreznos y la longaniza entera o partida. Se sazona con sal.

Se deja cocer a fuego muy suave por espacio de dos horas.

El fondo y los laterales quedarán tostados, «aturronados», y ese requemado es lo que le da el sabor delicioso a esta sopa.

Esta sopa se hacía al amor de la lumbre hecha con paja, en-cina... Ahora esos fuegos bajos no se tienen en las casas, pero sí se consigue con bastante similitud en una placa eléctrica muy, muy suave. Lo que sí es fundamental es hacerla en sartén honda de hierro.

Receta de Concha Sánchez, palentina de Villarramiel.

TARTA DE HOJALDRE
(Para 6 personas)

Ingredientes:

500 gr de hojaldre muy fino (si no se sabe hacer, hay que comprarlo congelado)	**Crema pastelera:**
	2 yemas de huevo
	2 cucharadas soperas de azúcar
500 gr de nata montada	
250 gr de almendras fileteadas	2 cucharadas rasas de harina
4 yemas	1/4 l de leche
100 gr de azúcar molido	

Para preparar la crema pastelera se baten las yemas con el azúcar hasta que estén blanquecinas. Se añade la harina y se mezcla bien. Se agrega un cuarto litro de leche, se une todo y se pone a cocer a fuego lento, dándole vueltas constantemente con una cuchara de madera hasta que espese. Se deja enfríar antes de utilizarla.

El hojaldre se estira con el rodillo y se parte en tres láminas rectangulares del mismo tamaño.

El horno estará caliente (200°). Se colocan las láminas de hojaldre encima de la fuente del horno y se hacen durante veinte minutos. (No abrir el horno mientras esté el hojaldre dentro.)

Cuando esté el hojaldre dorado se saca del horno, se despegan las láminas de la bandeja y se dejan enfriar.

Se prepara la cobertura de yema, para lo cual se baten las cuatro yemas con el azúcar hasta conseguir una pasta suave y con aspecto de pomada. Se coloca en una cazuelita de fondo grueso o antiadherente y se pone a cocer a fuego suave, sin dejar de dar vueltas, hasta que la crema se despegue de los bordes. Se deja enfríar.

Una vez frío, se coloca una lámina de hojaldre en una fuente alargada, encima la crema pastelera bien extendida, sobre ésta otra capa de hojaldre, encima un cuarto de kilo de nata montada y encima otra lámina de hojaldre.

La lámina de arriba se cubre con la cobertura de yema.

Se cubre toda la tarta alrededor con el resto de la nata y se pegan las almendras fileteadas.

TOCINILLOS DE CIELO

Ingredientes:

10 yemas de huevo   250 gr de azúcar

Se prepara un almíbar con el azúcar y cuatro cucharadas de agua (la suficiente para que el azúcar se deshaga) a punto de hebra fina. (Al coger un poco de almíbar entre dos dedos éstos se pegan y al separarlos se forman una hebra que se rompe enseguida.)

Se retira del fuego y se bañan unos moldecitos (dependerá del tamaño de éstos la cantidad de unidades de tocinillos que salgan).

El resto se añade a las diez yemas, que estarán en un recipiente de cristal y que se habrán deshecho previamente.

El almíbar se añadirá muy poco a poco mezclando con una espátula de madera. No hay que batir, sino hacer movimientos en redondo y siempre hacia el mismo lado, hasta que la mezcla quede homogénea.

Se llenan los moldes y se hacen al baño maría en el horno, a temperatura media. Se deberán tapar los moldes de forma que no les entre agua del vapor.

También se pueden cocer al baño maría en cazuela a fuego mediano, y entonces la tapadera de la cazuela se envolverá en un paño de cocina para que absorba el vapor.

Tardarán en hacerse quince o veinte minutos. Comprobar el punto antes de retirarlos del horno o del fuego.

Dejar enfriar antes de desmoldar.

TORTILLAS PALENTINAS
(Para 4 personas)

Ingredientes:

8 huevos	$^1/_4$ kg de tomates
$^1/_2$ kg de patatas	$^1/_2$ cebolla
100 gr de chorizo	1 cucharada de azúcar
50 gr de queso blanco	1 taza de aceite
12 corazones de alcachofas	sal

Se pelan las patatas y se parten en rodajas finas.

Se sazonan con sal y se ponen a freír en una sartén con el aceite, a fuego suave, de forma que queden blandas pero sin dorarse. (Se puede tapar la sartén.)

Cuando estén prácticamente hechas se añade el chorizo y el queso partido en trozos.

Se escurre bien todo el contenido de la sartén.

Se baten cuatro huevos y con el contenido de la sartén se cuaja una tortilla de la forma habitual, y se coloca en una fuente redonda.

Las alcachofas, previamente cocidas y rehogadas en un poco aceite, se parten por la mitad.

Se baten los otros cuatro huevos, se mezclan con las alcachofas y se cuaja otra tortilla, colocándola encima de la de patatas y chorizo.

Se bañan con una salsa hecha con el tomate, la cebolla, un chorro de aceite y el azúcar.

Se sirven calientes, por lo que interesa tener la salsa de tomate hecha.

LEON

BACALAO AL ESTILO DE MANSILLA DE LAS MULAS
(Para 6 personas)

Ingredientes:

1, 250 kg de bacalao partido en
   trozos medianos.
1 $\frac{1}{2}$ tazas de aceite de oliva
1 vasito de vinagre de vino
   blanco

6 dientes de ajo
1 hojita de laurel
1 cucharada de pimentón dulce
3 huevos cocidos
6 rebanadas de pan frito

El bacalao se desala en agua fría durante 24 horas, cambiándole el agua tres veces.

Una vez desalado se le quita la piel y a los trozos limpios se
les da un hervor de cinco minutos.

Se sacan los trozos, se escurren, se pasan por harina y se fríen
muy ligeramente. Se colocan, ya fritos, en una cazuela de barro.

En el mismo aceite se fríen los ajos pelados y enteros y la hojita de laurel. Se machacan en el mortero y se agrega el aceite, el
vinagre y el pimentón.

Se vierte este machacado sobre el bacalao y se echa agua, utilizando el mortero como medida. Será suficiente una medida y media.

Se deja hervir diez minutos y se sirve caliente, acompañándolo con una rebanada de pan frito y medio huevo cocido por persona.

Coincidiendo con el día 11 de noviembre, se celebran en Mansilla las Fiestas de San Martín, siendo uno de los festejos más típicos el consumo público y masivo de este bacalao.

BESUGO NAVIDEÑO
(Para 4 personas)

Ingredientes:

1 besugo de 1,5 kg de peso	1 $^1/_2$ taza de aceite
sal	1 cucharada de pimentón dulce
1 limón	$^1/_2$ vasito de vinagre
1 guindilla cortada en aros	1 vasito de orujo
3 dientes de ajo partidos en lochas	

Se enciende el horno a temperatura alta.

El besugo se abre como si fuera un libro, manteniendo la espina central.

Se sazona con sal, se riega con zumo del limón y se pasa ligeramente por harina.

Se coloca en una fuente de horno.

Se prepara un sofrito con el aceite, los ajos, el pimentón y la guindilla, y se vierte sobre el besugo, metiéndolo al horno durante quince minutos a temperatura alta.

Transcurrido este tiempo, se saca el besugo y se rocía con el vinagre, el orujo y el perejil picado.

Se sirve inmediatamente.

La tradición de comer besugo en Navidad es proverbial en todo León. Esta fórmula es típica de Astorga y recuerda al besugo a la espalda que se hace en San Sebastián. Esto no es de ex-

*trañar, pues lo mismo que los arrieros llevaban los besugos del
Cantábrico, también transmitían sus recetas.*

BOTILLO DEL BIERZO

Este embutido se realiza con huesos de las costillas, de la cabeza y de otras partes del cerdo, conteniendo bastante magro
adherido, previamente adobados con sal, pimentón, vino
blanco, ajo y orégano.

Se embuten en la tripa del cerdo conocida como *llosco, ciego*
o *pregueiro*, y si es más grande se mete en el estómago o *botelo*.

Se cierra la bolsa con un palo (*espito o palo de uz*) y se pone a
ahumar y a secar en las cocinas, donde con el humo de la leña se
curan durante dos o tres meses.

Se acompaña de cachelos secos o, lo que es lo mismo, patatas
cocidas pero no mucho, chorizo y en algunos casos berza cocida
muy tierna, que en el Bierzo se llama *cimas o de asa de cántaro*.

*No es una receta práctica para hacer en casa, pero el botillo va
unido a la historia del Bierzo no sólo gastronómica, sino histó-
rico-monástica. En el monasterio de Poiobueno, los frailes cria-
ban los cerdos, no pensando en los jamones, sino en la posterior
realización de los botillos, que en su refectorio era alimento de
fiesta para acoger a monarcas y obispos y justificante de gran al-
garabía por su consumo lento, saboreando con las manos todos y
cada uno de los huesos que contenía el botillo, sin que faltara el
vino del Bierzo y el pan de centeno.*

CACHELADA BERCIANA
(Para 6 personas)

Ingredientes:

2 kg de patatas grandes
6 chorizos del Bierzo
6 zanahorias raspadas y enteras
3 nabos raspados y cortados en
   cuatro trozos.

3 puerros cortados en
   trozos
6 rebanadas de pan
   tostado
sal

Se pelan las patatas y se cortan en dos o tres trozos.

Las verduras preparadas se limpian bien y se reservan.

En una olla se ponen los chorizos con agua, y cuando ésta esté hirviendo se agregan las patatas y un poco de sal. Se deja cocer hasta que las patatas estén tiernas.

A media cocción se retiran de la olla cuatro o cinco cucharones de caldo.

Este caldo se pone en una cazuela y se agregan todas las verduras para que vayan cociendo a fuego mediano.

Cuando las patatas están tiernas se sacan con una espumadera y los chorizos también, colocándolos aparte de las patatas.

El caldo de cocción de los chorizos y patatas se vierte en la cazuela donde están haciéndose las verduras.

Se tuestan las rebanadas de pan y se coloca una en cada plato o cuenco. Encima se vierte el caldo de verduras y encima se disponen éstas repartidas equitativamente en cada plato.

Aparte se sirven las patatas con el chorizo cortado en trozos.

Este plato, con reminiscencias gallegas, tiene su secreto en el uso de chorizos bercianos, pues su grasa empapa las patatas, que también deberán de ser de muy buena calidad.

CASTAÑAS GLASEADAS (*MARRONS GLACES*)

Ingredientes:

$^3/_4$ kg de castañas de muy buena
   calidad

$^3/_4$ kg de azúcar
$^1/_2$ litro de agua

Se pelan las castañas, quitándoles bien la película que recubre el fruto.

Se ponen a cocer con agua hasta que estén tiernas.

Mientras tanto se vierte en otra cazuela el agua y el azúcar, y se pone al fuego hasta que se haga un almíbar, manteniendo el hervor hasta el momento de añadirle las castañas cocidas y escurridas de su agua de cocción.

Una vez agregadas las castañas, se dejan cocer con el almíbar por espacio de dos minutos. Se apaga el fuego y se dejan en reposo dentro del agua durante 24 horas.

Transcurrido este tiempo se vuelve a dar otro hervor de dos minutos y se retira del fuego la cazuela. Esta operación se repite durante dos días más. En total son cuatro hervores de dos minutos.

Se escurren las castañas glaseadas y se dejan enfriar encima de una rejilla.

Se envuelven en cuadraditos de papel de aluminio y se conservan muy bien en tarros de cristal herméticamente cerrados.

Los marrons glacés son unas delicias de castañas que probablemente sean de origen francés, pero la materia prima berciana invita a relizar estos dulces.

COCIDO MARAGATO
(Para 6 personas)

Ingredientes:

600 gr de garbanzos	3 patatas
1 kg de morcillo	aceite
2 orejas de cerdo	ajos
600 gr de tocino	6 rellenos
3 chorizos	
2 morcillas	**Ingredientes de los rellenos:**
400 gr de falda de ternera	miga de pan de hogaza
600 gr de costillas de cerdo	1 diente de ajo picado
adobadas	sal
$\frac{1}{2}$ gallina	3 huevos
300 gr de jamón	aceite para freirlos
600 gr de cordero	se puede añadir perejil picado,
2 pies de cerdo	trocitos de jamón chorizo y
1 kg de repollo	carne (optativo)

El día anterior por la noche se ponen a remojo los garbanzos con agua y un poco de sal.

Al día siguiente se ponen a cocer en abundante agua y en una cazuela grande todos los ingredientes, excepto el repollo, las patatas, las morcillas y los garbanzos.

Se deja cocer a fuego mediano durante tres horas con la cazuela tapada.

Transcurrido este tiempo se agregan los garbanzos (es conveniente meterlos en una redecilla para evitar que luego al sacarlos de la cazuela se desperdiguen) y se sigue cociendo todo hasta que los garbanzos estén tiernos.

El repollo cortado, las patatas peladas y enteras y las morcillas se cuecen aparte. Cuando estén el repollo y las patatas tiernas, se escurren y se rehogan con un poco de aceite y unos dientes de ajo. (Como la morcilla tarda menos, se añade un poco más tarde, para evitar que se deshaga.)

Cuando los garbanzos estén tiernos se pasa casi todo el caldo de cocción para una cazuela y se hace la sopa de fideos o de rebanaditas de pan.

Cinco minutos antes de que la sopa esté en su punto se añadirán los rellenos para que den un hervor.

Elaboración de los rellenos:

Se mezclan todos los ingredientes con los huevos batidos. La cantidad de miga de pan será la necesaria para que quede una masa compacta que se pueda modelar.

Se hacen seis croquetas grandes con ayuda de una cuchara grande y se fríen en aceite bien caliente hasta que estén doradas.

Llegado el momento se cocerán cinco minutos en la sopa del cocido.

Presentación del cocido:

Primero, se presentan todas las carnes, en segundo lugar, el repollo, las patatas, las morcillas, los garbanzos y los rellenos, y por último, la sopa.

Nota.—La preparación de este cocido tiene variantes, en cuanto a la diversidad y cantidad de carnes. A la sopa, además del fideo o el pan, se le puede agregar chorizo, jamón, huevo cocido... Los expertos dicen que «la sopa se tiene cortar con un cuchillo», para dar idea de lo espesa que debe quedar.

El cocido maragato es el plato que más cartel tiene de la gastronomía leonesa. Esto es fundamentalmente por la cantidad de ingredientes que lleva y también por el orden en que se comen. El postre suele ser natillas y rosco maragato.

COLIFLOR AL AJOARRIERO
(Para 4 personas)

Ingredientes:

1 coliflor de 1 kg aproximadamente	1 cucharada de vinagre
$^1/_2$ cucharada de pimentón dulce	1 $^1/_2$ tazas de aceite de oliva
4 dientes de ajo	sal
	1 cucharada de perejil picado

Se quitan todas las hojas verdes de la coliflor y se separa ésta en ramilletes.

Se ponen a cocer en agua hirviendo con sal. Cuando esté la coliflor en su punto se escurre y se conserva media taza de caldo de cocción. Se conservará caliente.

Se pelan los dientes de ajo. Uno de ellos se machaca en el mortero, se agrega el perejil picado y se diluye todo con la media taza del caldo.

Se diluye el pimentón en media taza de aceite, y se reserva.

En una sartén se pone una taza de aceite con los tres dientes de ajo restantes partidos en lonchas. Cuando estén dorados, se retira la sartén del fuego y se vierte el pimentón diluido en el aceite y el vinagre.

Se agrega al sofrito el majado del mortero, se mezcla bien y se vierte sobre la coliflor.

Se sirve caliente.

El ajoarriero es un aderezo muy conocido, pero su origen parece ser que esté en el Bierzo y que los arrieros maragatos se encargaron de extender a muchos puntos de nuestro territorio la fórmula, aunque cada región la ha adaptado a sus costumbres y ha agregado productos autóctonos.

CONGRIO AL AJOARRIERO
(Para 4 personas)

Ingredientes:

1 kg de congrio (de la parte
   abierta) partido en 4 rodajas
2 hojitas de laurel
sal
2 tazas de aceite de oliva

8 dientes de ajo pelados y
   partidos en rodajas
1 cucharada sopera de pimentón
unas gotitas de vinagre

Se cuecen las rodajas de congrio en agua con sal y las hojas de laurel.

Cuando estén bien cocidas se escurren y se coloca cada una de ellas en un plato individual.

Cuando falte un minuto o poco más para que el congrio esté en su punto, se pone el aceite en una sartén, se añaden los ajos partidos en rodajas y se deja que se doren.

Cuando los ajos estén dorados, se añade el pimentón, se revuelve unos segundos y se retira la sartén del fuego para evitar que éste se queme.

Inmediatamente se añade el vinagre (como media cucharada sopera), se mueve la sartén para que se una todo bien, se deja reposar medio minuto y se vierte sobre las cuatro rodajas de congrio de forma equitativa.

Se sirve inmediatamente acompañado de cachelos, poniendo cuatro trozos de patata en cada plato.

Nota.—El congrio siempre deberá de ser abierto, ya que la parte cerrada tiene muchas espinas y no vale para este plato.

En este plato se nota ya la influencia gallega hasta el punto de que el pescado hervido y aliñado con el refrito de ajos y pimentón con el acompañamiento de cachelos es una fórmula típicamente gallega. Lo original es el aditamento del vinagre, que le da una gracia especial.

Receta del restaurante «La peseta», de Astorga.

CORDERO ASADO AL MODO DE SAHAGUN
(Para 6-7 personas)

Ingredientes:

3 kg de cordero
100 gr de manteca
50 gr de tocino salado
$^1/_2$ hojita de laurel
1 cebolla pequeña
2 tomates rojos y
   maduros

Adobo:
3 dientes de ajo
1 rama de perejil
6 nueces
un pellizco de cominos
2 cucharadas de aceite de oliva
1 vasito de vino blanco
sal

Se parte el cordero en trozos grandes y se untan con la mezcla resultante de todos los ingredientes especificados en el apartado de «adobo»

Se unta con la manteca de cerdo una fuente de barro grande y se colocan en ella los trozos de cordero, agregando el tocino salado, previamente cortado en trocitos y frito, el laurel, la cebolla cortada en cuartos y los tomates cortados en tres trozos cada uno.

Se asa a temperatura alta hasta que esté tierno y dorado.

Se puede acompañar de patatas fritas y pimientos verdes fritos.

Este cordero adobado es originario del legendario pueblo de Sahagún, puntal del Camino de Santiago.

CHANFAINA MARAGATA
(Para 4 personas)

Ingredientes:

150 gr de manteca de cerdo
200 gr de cebolla picada
1 kg de hígado de cerdo
1 cucharada de pimentón
$^1/_2$ kg de patatas

350 gr de sangre de cerdo
   cocida
$^1/_2$ berza
2 ramas de perejil
2 dientes de ajo

En una cazuela se saltea el hígado partido en trozos con la cebolla picada y la manteca de cerdo y sazonado todo con sal. Se añaden las patatas partidas en trozos y la sangre de cerdo cortada en trocitos. Se agrega agua y una cucharada de pimentón y se pone a cocer.

Se prepara un majado de ajos y perejil y se añade al guiso.

Se cuece la berza aparte y se sirve con la chanfaina.

El guiso deberá quedar con la salsa trabada.

La chanfaina es un guiso muy común en Castilla-León y se prepara el mismo día de la matanza o al siguiente. Con pequeñas variantes se realiza casi igual en todos los sitios.

DORADA AL ESTILO «REDES»
(Para 6 personas)

Ingredientes:

1 dorada grande (2 kg como mínimo, ya que la cabeza es grande y pesa mucho)	1 vaso grande de vino blanco
1 cebolla grande y picada menudo	1 cucharada grande de coñac
175 gr de mantequilla	sal
$^1/_2$ limón grande (su zumo)	pimienta
6 tomates rojos y maduros de tamaño medio	perejil picado
	1 cucharada sopera de mantequilla muy blanda

Se limpia bien la dorada, quitándole las escamas, vaciándola por dentro y aclarándola al chorro de agua fría de forma rápida. Se deja escurrir.

En una sartén se sofríe la mantequilla y la cebolla picada durante unos minutos hasta que la cebolla presente un aspecto transparente.

En una fuente de horno se vierte el sofrito de cebolla y encima se coloca la dorada, que se habrá sazonado con sal y pimienta.

Se vierte sobre el pescado el zumo de limón y se espolvorea con perejil picado.

Se lavan los tomates, se le quitan los tallos y se colocan alrededor de la dorada. (Si los tomates fueran grandes se utilizan tres y se parten por la mitad.)

Se riega todo con el vino blanco.

Se mete la fuente a horno muy fuerte y unos minutos antes de retirarla se vierte por encima de la dorada el coñac.

Antes de servir se unta la parte superior del pescado con un poco de mantequilla blanda. (Se puede utilizar un pincel o un cuchillo de hoja ancha.)

Se sirve caliente y en la misma fuente.

Nota.—Los pescados al horno siempre conviene hacerlos a fuego fuerte ya que de esa forma la piel quedará dorada y la carne jugosa y sin perder su firmeza. Un pescado al horno hecho a fuego suave quedará reblandecido.

Receta del restaurante «Las Redes», en La Virgen del Camino.

EMPANADA BERCIANA
(Para 6 personas)

Ingredientes:

1 kg de masa de pan lista para hornear

250 gr de manteca de cerdo
1 taza de aceite de oliva
3 cebollas grandes
4 pimientos rojos
4 tomates rojos maduros
3/4 kg de lomo de cerdo partido en lonchas (se puede utilizar pollo, conejo o pichones, y en estos casos deberán estar guisados previamente)
1 huevo batido

A la masa de pan se agrega la manteca de cerdo y se trabaja con el rodillo ligeramente enharinado varias veces hasta que la manteca quede perfectamente absorbida por la masa. La adición de la manteca hará que la masa quede hojaldrada y suave.

De antemano se prepara un sofrito con el aceite, la cebolla cortada en trozos muy pequeños, el pimiento en tiras y el tomate pelado y cortado en dados. Se sazona con sal y se hace a fuego muy suave y con la sartén tapada.

El lomo se cortará en lonchas finas. Se puede poner adobado o sin adobar.

Se divide la masa en dos partes. Una se estira con el rodillo y se forra con ella una lata especial para empanadas rectángular dejando que sobresalgan los bordes.

Se pone encima una capa con el sofrito dejando un poco. Encima se colocan las lonchas de lomo y finalmente se extiende bien por encima el sofrito reservado.

Se estira la otra mitad de la masa y se cubre todo el relleno de la empanada sin que sobre nada por los bordes.

Los bordes de masa que se habían dejado sobresalir se remeten todo alrededor del molde, presionando con los dedos y haciendo una especie de cordón que servirá para unir la capa de masa de arriba con la de abajo.

Si sobra algo de masa se pueden hacer unos cordones decorativos para la superficie.

Finalmente se pintan los bordes y la superficie con huevo batido.

Se mete a horno moderado hasta que la empanada esté dorada y bien hecha.

La empanada berciana es una de las muchas influencias gallegas que existen en la gastronomía leonesa. La masa en cualquier caso es mucho más suave que la gallega, pues ésta es de pan, mientras que la leonesa queda mucho más hojaldrada.

GUISO DE GALLINA CON CHORIZOS DEL BIERZO
(Para 6 personas)

Ingredientes:

1 gallina	sal
2 kg de patatas	1 rama de perejil
3 chorizos del Bierzo	1 cebolla grande
1 tomate grande rojo y maduro	1 copa de orujo
1 pimiento rojo del Bierzo	1 cucharada de pimentón dulce
aceite	2 dientes de ajo

Se limpia la gallina, se parte en trozos y se sazona con sal.

Se pasan los trozos por harina y se fríen ligeramente, sacándolos a la cazuela donde se guisará.

En el aceite en que se ha frito la gallina (si es mucho se quita un poco) se hace un refrito de cebolla, ajo, pimiento, perejil, sal y tomate, todo ello muy picado.

Cuando esté la cebolla ligeramente dorada se agrega al orujo y el pimentón y se vierte esto sobre la gallina, añadiendo agua suficiente para cubrirla.

Se pone a cocer a fuego mediano y con la cazuela tapada. Cuando lleve hirviendo unos treinta y cinco minutos se añaden las patatas peladas y partidas en trozos y se deja que siga cociendo hasta que éstas estén tiernas. La salsa deberá quedar trabada.

En cazuela aparte se cuecen los chorizos y se sirven como guarnición con el guiso de gallina.

Nota.—También se puede hacer con pollo, pero en este caso hay que tener en cuenta que el tiempo de cocción será menor, por lo que las patatas se añadirán a los veinte minutos de haber empezado la cocción.

Este guiso es típico del pueblo La Virgen del Camino.

JUDIAS BLANCAS GUISADAS
(Para 6 personas)

Ingredientes:

800 gr de judías blancas	500 gr de morcillo de vaca
3 morcillas	ahumado y cocido
600 gr de lacón	sal
1 oreja de cerdo	2 patatas

Se ponen a remojo las judías la víspera por la noche.

Al día siguiente se ponen a cocer en agua fría, y cuando rompa el primer hervor se retira ese agua. Se cubren con agua fría nueva y se deja que cuezan. Se sazonan con sal y un cho-

rrito de aceite. Durante la cocción se puede añadir el agua fría
que haga falta. Es preferible hacerlo varias veces en pequeñas
cantidades.

En cazuela aparte se cuece el lacón.

En otra cazuela se cuecen la oreja, el morcillo y las dos patatas enteras, sazonando todo con sal.

Se sirven las judías en sopera y las carnes cortadas en una
fuente, pero todo a la vez.

Nota.—Si se quiere se pueden cocer las carnes la víspera y al
día siguiente cocer las judías con el caldo frío de cocción de
aquéllas.

LUBINA A LA LEONESA
(Para 4 personas)

Ingredientes:

8 rodajas de lubina de la parte
  central
1/2 cucharada sopera de
  pimentón dulce
4 rebanadas de pan
1/2 litro de vino blanco seco

4 cucharadas de harina
3 cebollas medianas
pimienta blanca molida
perejil
aceite de oliva
sal

Poner las almejas en agua fría con un poco de sal o un chorro
de vinagre.

Se lavan muy ligeramente las rodajas de lubina. Se secan con
papel absorbente y se sazonan con sal y pimienta.

En una fuente de horno se colocan las rodajas de lubina, se
espolvorean con un poco de harina y se rocían con aceite de
oliva crudo y el vino blanco. Se salpica todo el pescado con pimentón.

Se mete la fuente al horno a temperatura media durante diez
minutos.

Se aclaran bien las almejas y se abren al vapor

Se pican o trituran las cebollas.

Se saca la fuente del horno y se ponen por encima las cebollas y las almejas, y se vuelve a mantener dentro del horno durante quince minutos más.

Se fríen las rodajitas de pan.

Cuando esté en su punto el pescado se adorna con perejil picado y alrededor se colocan las rebanadas de pan.

Se sirve inmediatamente.

Aunque León no es puerto de mar, su cercanía al Cantábrico y al Atlántico hace que desde siempre sea muy habitual allí el consumo de pescado y marisco de excelente calidad.

MANITAS Y OREJAS DE CERDO A LA LEONESA
(Para 6 personas)

Ingredientes:

4 orejas de cerdo cocidas	1 limón
4 manos de cerdo cocidas	2 cucharadas de harina
4 rebanadas de pan del día anterior	1 tazón de caldo de cocido
4 tomates maduros	1 copita de brandy
1 hoja de laurel	1 cebolla
8 cucharadas de manteca de cerdo	tomillo
	aceite
	sal

Se cortan las orejas en tiras y las manos se deshuesan. Se coloca todo en una cazuela de barro, se pone encima la hoja de laurel y se espolvorea un poquito de tomillo.

En una sartén se pone el aceite (una taza) y se fríen las rebanadas de pan cortadas en dados. Se reservan los panes fritos.

En el mismo aceite en que se ha frito el pan se agrega la manteca de cerdo y se sofríe la cebolla muy picada y los tomates pelados y cortados en dados. Se sazona con sal.

Cuando la cebolla esté tierna se agrega la harina y el tazón de caldo.

Se mezcla todo bien y se vierte sobre las orejas y las manitas.

Se deja cocer a fuego mediano hasta que la salsa este trabada.

Se saca la carne para una fuente y a la salsa se agrega el

brandy y el zumo de limón. Una vez que haya hervido cinco minutos se vierte la salsa sobre la carne.

Se sirve caliente acompañado de los panes fritos.

El aprovechamiento del cerdo en su totalidad es algo proverbial. La matanza en tierras leonesas está representada en la catedral de San Isidoro en León.

MANTECADAS DE ASTORGA

Ingredientes:

¹/₂ kg de harina	12 huevos
¹/₂ kg de azúcar	¹/₂ cucharada de canela en polvo
¹/₂ kg de manteca de cerdo	

En un recipiente hondo y cerca del calor se bate la manteca junto con el azúcar hasta que se haya formado una mezcla blanquecina.

Se agregan los huevos enteros sin dejar de batir. Conviene agregar uno a uno y no echar otro hasta que el anterior se haya absorbido bien.

Se añade la canela en polvo y la harina, mezclando todo muy bien para que no se formen grumos.

Se deja reposar unos minutos.

Mientras tanto se colocan unos moldes cuadrados o rectangulares de papel engrasado sobre una fuente de horno.

Se llenan dos tercios con la masa se meten en el horno a temperatura media y se dejan cocer durante diez minutos.

Se sacan y se dejan enfriar antes de tomarlas o guardarlas en cajas de latón.

Si se desea se pueden espolvorear con un poco de canela.

Las mantecadas de Astorga es la carta de presentación de la repostería leonesa; parece ser que fueron creadas por una monja, que decidió dejar los hábitos, casarse y montar una fábrica de mantecadas.

MERLUZA DE PINCHO CON CAVIAR DE ORICIOS
(Para 4 personas)

Ingredientes:

800 gr de merluza, partida en
   lomos limpia de espinas y
   pieles (cada lomo limpio
   deberá pesar 200 gr)
4 puerros tiernos

2 patatas nuevas
2 latas de caviar de oricios
2 dl de vino blanco
sal
mantequilla

Se unta una fuente de horno con mantequilla y se colocan encima los lomos de merluza sazonados con sal. Se riegan con el vino blanco y se meten a horno moderado (precalentado) durante diez o doce minutos.

Antes de meter la merluza en el horno conviene tener preparado el lecho sobre el que se presentará a la mesa.

Se pica la parte blanca de los puerros, en rodajas finísimas, así como también las patatas, que se pelarán y se cortarán en rodajas finas. Se ponen a cocer en agua con sal, cuidando que las patatas no se deshagan.

Con el caviar se hace una especie de masa, añadiéndole el jugo que haya soltado la merluza al hacerse en el horno.

Para servir se pondrá en cada plato un fondo de patata y puerro cocido (bien escurridos del agua de cocción), encima se coloca el lomo de la merluza y se baña con la salsa de caviar.

Receta de Quim Hernández, jefe de cocina del restaurante «Formela», del hotel «Quindós» León.

OREJAS

Ingredientes:

1 taza de aceite
1 taza de leche
$^1/_2$ taza de aguardiente
2 huevos grandes

harina (la necesaria para que la
   masa se pueda trabajar)
aceite o manteca de cerdo para
   freír

Se mezclan el aceite, la leche, el aguardiente y los huevos.

Se agrega la harina suficiente hasta que la masa se pueda trabajar.

Se estira la masa con un rodillo de madera ligeramente enharinado hasta conseguir una lámina fina.

Se cortan rectángulos o triángulos y se fríen en abundante aceite (o manteca) hasta que estén dorados.

Se escurren bien y se espolvorean de azúcar.

En un dulce típico de la Semana Santa leonesa.

PASTEL DE CASTAÑAS

Ingredientes:

$^1/_2$ kg de castañas	60 gr de mantequilla derretida
1 vaso de leche	80 gr de azúcar en polvo
1 pizca de sal	4 yemas de huevo
1 trocito de vainilla	3 claras de huevo

Se pelan las castañas y se cuecen con la leche, la sal y la vainilla.

Cuando estén tiernas se pasan por un pasapurés y al puré resultante se agrega la mantequilla y el azúcar en polvo batiendo bien.

Se añaden las yemas, una a una, y por último las claras batidas a punto de nieve fuerte.

Se unta de mantequilla un molde redondo y se vierte en él la mezcla, espolvoreándola con un poco de azúcar

Se cuece a baño maría en el horno a temperatura media hasta que esté hecho.

A base de castañas en el Bierzo se realizan infinidad de postres y dulces. Este pastel resulta exquisito si se acompaña además de nata montada.

PATATAS CON CONGRIO Y ALMEJAS
(Para 6 personas)

Ingredientes:

1 ¹/₂ kg de patatas
700 gr de congrio abierto (limpio
   de la espina central y sin piel)
   partido en trozos pequeños.
400 gr de almejas
1 cebolla
1 pimiento verde
1 guindilla (seca y roja)
3 dientes de ajo
1 hoja de laurel
1 cucharadita de pimentón

6 cucharadas de aceite de oliva
sal

Para el caldo:
1 cebolla
espinas y cabezas del pescado
1 puerro
1 zanahoria
sal
2 l de agua

Se hace un caldo, cociendo en una cazuela las espinas y cabezas de pescado, las verduras troceadas, sal y los dos litros de agua.

Se dejará que hierva a fuego mediano hasta que las verduras estén tiernas.

Cuando esté en su punto se cuela y se reserva.

En una cazuela de barro grande se pone el aceite y se añaden la cebolla, el pimiento verde y la guindilla, todo ello muy picado.

Se rehoga todo a fuego muy lento, teniendo cuidado de que no se doren. Se da vuelta de vez en cuando con una cuchara de madera.

Se ponen las almejas en un recipiente con agua fría y un chorrito de vinagre, para que se limpien bien. En el momento de utilizarlas se tira el agua de remojo y se aclaran al chorro de agua fría.

Cuando el sofrito esté en su punto (la cebolla y el pimiento tendrán un aspecto blando y suave) se añaden las patatas en trozos, se rehogan un par de minutos y se agregan el pimentón y los ajos machacados con el perejil.

Se revuelve todo bien y se añade el caldo (que cubra las patatas y un poco más) y la hoja de laurel.

Se añade sal y se deja cocer hasta que las patatas estén casi hechas. En ese momento se añade el congrio, partido en trozos, y a los diez minutos se agregan las almejas.

Se deja cocer todo por espacio de cinco minutos más, se rectifica de sal y se sirve en la misma cazuela de barro en que se ha guisado. (Si antes de consumirlo se deja reposar tapada la cazuela con un paño, el guiso «reposado» sabrá mucho mejor, sobre todo la salsa.)

Receta del restaurante «Mesón Leonés del Racimo de Oro», León.

PATATAS SECAS
(Para 4 personas)

Ingredientes:

1 kg de patatas	1 cucharadita de pimentón
1 taza de aceite de oliva	sal
3 dientes de ajo	

Se pelan las patatas, se parten en trozos medianos y se cuecen en agua con sal, procurando que no se deshagan mucho.

Se escurren bien y se ponen en una sartén con aceite y a fuego suave hasta que se doren.

Se sacan de la sartén y se ponen en una fuente.

Se hace un refrito, en el aceite que ha sobrado de freír las patatas, con los dientes de ajo muy picados y la cucharada de pimentón, volcándolo rápidamente (para que el pimentón no se queme) sobre las patatas.

Estas patatas leonesas se comen acompañadas de tocino, chorizo, jamón o carne cocida.

PERDICES MONTAÑESAS
(Para 6 personas)

Ingredientes:

6 perdices
100 gr de manteca de cerdo
2 zanahorias
2 dientes de ajo
1 rama de tomillo fresco (o una
  cucharada de tomillo seco)

1 hojita de laurel
1 cebolla
2 tomates
1 vaso de vino blanco
1 copa de orujo
100 gr de mantequilla

Una vez limpias las perdices se desangran bien, metiéndolas en agua durante una hora.

Se bridan para que no pierdan la forma.

Se colocan las perdices en una fuente amplia de barro, sazonándolas con sal y untándolas con manteca.

Se agregan a la fuente las zanahorias cortadas en ruedas, los dientes de ajo machacados, el tomillo, el laurel, la cebolla picada, los tomates pelados y picados, el vaso de vino blanco y la copa de orujo.

Se asan al horno a temperatura media-alta hasta que estén doradas y tiernas.

Se sacan las perdices para una fuente, y se les quita el bramante.

Se añade un vasito de agua a la fuente, rascando bien el fondo, y se pasa la salsa por un chino, añadiéndole la mantequilla.

Como acompañamiento, un puré de patata espeso.

PIMIENTOS RELLENOS
(Para 8 personas)

Ingredientes:

16 pimientos (rojos) del Bierzo,
  asados y sin piel

Relleno:

1 taza de aceite
50 gr de mantequilla
2 cebollas grandes
4 dientes de ajo

¹/₄ kg de menudillos de ave muy picados.
¹/₄ kg de magro de cerdo triturado
400 gr de ternera picada
100 gr de jamón cocido
20 gr de foie-gras
60 gr de miga de pan, remojada en leche, escurrida y desmenuzada.
3 yemas de huevo
1 cucharada de perejil picado
2 dl de salsa de tomate
harina
aceite para freír

Salsa:
1 taza de aceite
3 cebollas
2 zanahorias
1 cucharada de salsa de tomate
1 pimiento choricero
1 cucharada de harina tostada
¹/₂ l de caldo o agua
perejil picado
2 dientes de ajo
sal
pimienta blanca
1 dl de vino blanco

Preparación del relleno:

En una sartén se hace un sofrito con el aceite, la mantequilla, la cebolla y los ajos, todo ello muy picado.

Cuando la cebolla esté transparente se añade el picadillo de los menudillos, el magro de cerdo y la carne de ternera. Se cocinará a fuego suave hasta que las carnes estén hechas, pero sin que lleguen a dorarse.

Se retira la sartén del fuego y se agregan las yemas de huevo, el foi-gras, el pan desmenuzado, el perejil, la salsa de tomate y el jamón cocido picado. Se sazona con sal.

Se rellenan los pimientos con esta farsa y se cierran con un palillo.

Se rebozan con harina y se doran en aceite bien caliente. Se pasan a una cazuela.

Salsa:

Se pone a remojo en agua templada el pimiento choricero, quitándole el tallo y las semillas.

En una sartén se hace un sofrito, a fuego lento, con el aceite, las cebollas muy picadas, los dientes de ajo triturados y las zanahorias raspadas y cortadas en rodajas muy finas y se sazona con sal y pimienta blanca.

Se deja hacer hasta que la cebolla esté transparente, y se añade la harina, tostada previamente, el pimiento choricero, la salsa de tomate, el perejil, el vino blanco y el caldo o agua.

Se cuece todo a fuego mediano y con la sartén tapada hasta que esté en su punto.

Se pasa la salsa por el pasapurés sobre los pimientos y se deja cocer todo a fuego muy suave durante quince o veinte minutos, cuidando de que los pimientos no se peguen, por lo que habrá que mover la cazuela a menudo. La salsa deberá quedar trabada.

Se sirven calientes.

Nota.—Los pimientos no deberán quedar montados unos encima de otros, por lo que si la cazuela no es amplia, se pondrá en dos y la salsa se dividirá entre las dos.

Los pimientos es otro de los productos típicamente bercianos que se prestan a realizar numerosos platos y cuyo éxito radicará, en un principio, en la calidad de la materia prima.

PIMIENTOS ROJOS ASADOS

Ingredientes:

pimientos rojos gordos para asar	aceite de oliva ajos

Se limpian los pimientos con un paño. Hay que asegurarse de que no tienen mataduras, su piel es firme y brillante y no tienen ninguna fisura.

Se ponen en la placa del horno y se asan a temperatura media-alta.

Se irá dándoles la vuelta para que la piel se tueste uniformemente.

Cuando estén en su punto, se saca la bandeja del horno y se tapan los pimientos con dos paños de cocina limpios para que suden.

Cuando estén fríos se pelan, quitándoles el tallo y las semillas, y se van colocando en un recipiente de cristal limpio.

El caldo que han soltado al asarlos se cuela y se vierte sobre los pimientos cubriéndolos. Asimismo se añade aceite de oliva y dientes de ajo, pelados pero enteros.

Se tapa el recipiente y se guarda en la nevera. Se conservan bien hasta siete días.

Nota.—Cuando se quiera hacer una ensalada de pimientos simplemente habrá que cortarlos en tiras, añadir jugo de la maceración, machacar un diente de ajo y sazonarlos con sal. Es conveniente añadir un poco más de aceite y a quien le guste unas gotitas de vinagre.

SALSA AJOACEITE

Ingredientes:

1 huevo cocido	$^1/_4$ l de aceite de oliva
5 dientes de ajo pelados	sal

Se trituran los dientes de ajo con sal en un mortero hasta convertirlos en una pasta fina.

Se agrega la yema del huevo cocido y se tritura también.

Se vierte poco a poco el aceite y se va uniendo todo bien, con ayuda del mazo del mortero, sin dejar de mover. No añadir más aceite hasta que no se haya absorbido el anterior.

Se rectifica el punto de sal.

Nota.—Si se quiere se puede agregar la clara cocida cortada en trozos muy menudos. Sirve para acompañar patatas cocidas o verdura simplemente cocida y templada. También con bacalao desmenuzado y unas aceitunas del Bierzo resulta muy bien.

SOPA DE TRUCHAS DE HOSPITAL DE ORBIGO
(Para 4 personas)

Ingredientes:

500 gr de truchas limpias de
    espinas y cortadas en trozos
300 gr de pan del día anterior
    cortado en rebanadas finas y
    cortas
1 $1/_2$ l de agua
1 hojita de laurel

1 cucharada de pimentón dulce
1 diente de ajo picado
1 trozo de cebolla
1 tacita de aceite de oliva
1 ramita de perejil
sal

Se pone a cocer litro y medio de agua y se agrega un majado de cebolla picada, laurel, ajo, sal, perejil, pimentón y el aceite.

Se deja que hierva el caldo durante veinte minutos.

Se cuecen aparte los trozos de trucha durante cinco minutos.

En unos cuencos de barro o platos hondos se reparten las rebanadas de pan y los trozos de trucha cocida, y se vierte el caldo a partes iguales.

Se tapan los cuencos y se deja reposar la sopa durante seis o siete minutos antes de servirla.

La sopa de truchas es un plato de mucho renombre en Orbigo, aunque Ruperto de Nola en su libro de cocina ya escribió una receta de sopa de truchas. El río Orbigo era un buen proveedor de truchas, por lo que las preparaban de todas las maneras posibles.

TRONCO ECLESIASTICO
(Para 6 personas)

Ingredientes:

300 gr de azúcar
4 huevos
300 gr de harina

$1/_2$ l de leche
1 corteza de limón
canela

Relleno de crema:
250 gr de azúcar
150 gr de harina
3 huevos

Cobertura:
1 tableta de chocolate fondant
50 gr de mantequilla

Se baten las yemas con el azúcar hasta que queden cremosas.
Se añade la harina poco a poco y previamente cernida.
Finalmente se añaden las claras batidas a punto de nieve uniéndolas con movimientos envolventes y suaves.
Se forra una lata, tipo las de empanada, con papel blanco engrasado con mantequilla.
Se vierte la masa, bien extendida, y se cuece a horno moderado por espacio de 15 ó 20 minutos.
Se saca inmediatamente del horno. Se despega del papel con cuidado y con el mismo papel se enrolla para darle forma antes de que se enfríe.

Relleno:

Se baten los huevos con el azúcar hasta que queden espumosos.
Se agrega la harina mezclando bien y la leche previamente calentada.
Se pone a cocer todo a fuego suave, con la corteza de limón, y sin dejar de dar vueltas con una cuchara de madera hasta que espese mucho.
Se deja templar un poco y se rellena el bizcocho. Para ello se desenrolla el bizcocho del papel y con cuidado se va poniendo la crema pastelera y a la vez se espolvorea la superficie con canela en polvo.
Cuando está relleno se coloca en una fuente alargada y se cubre con cobertura de chocolate fondant.

Cobertura de chocolate fondant:

Se deshace al baño maría una tableta de chocolate fondant y al final se añade un trozo de mantequilla, para que le proporcione brillo y suavidad.
Sin dejar que se enfríe se cubre todo el tronco y si se quiere se pueden hacer unas incisiones con las púas de un tenedor, imitando la corteza de un árbol.

Parece ser que un monje del monasterio de Poiobueno fue a Egipto para aprender la técnica del tronco, también conocido como brazo de gitano. No sé si ésta será la fórmula egipcia, pero alguna relación con la Iglesia católica debe tener, cuando el autor de esta receta, José Gutiérrez Tascón, la titula «tronco del Vaticano».

TRUCHAS BERCIANAS
(Para 4 personas)

Ingredientes:

8 truchas	sal
manteca de cerdo	

Se limpian las truchas, se sazonan con sal y se rellenan con un poquito de manteca.

Se hacen a la plancha y se sirven inmediatamente, calculando dos por persona.

Nota.—Lo ideal sería hacerlas en una rejilla con leña de roble debajo y después dejarlas reposar tapadas durante seis minutos, antes de servirlas.

GALICIA

Lugo y la Coruña

ALMIBAR DE HIGOS

Ingredientes:

higos un poco verdes   agua
azúcar

Los higos se atraviesan con una aguja de punto y se van colocando en un recipiente amplio que contenga agua fría.

Deberán estar a remojo durante cuatro días, cambiándoles el agua cada 12 horas.

Pasados los cuatro días se escurren del último agua de remojo y se ponen a cocer en agua limpia hasta que estén tiernos.

Se escurren del agua de cocción y se pesan.

En una cazuela se pone el mismo peso en azúcar que el de los higos cocidos y la mitad escasa de agua.

Cuando rompa el hervor se espuma, y se agregan los higos, dejándolos hasta que el almíbar tome punto de hebra fuerte.

Se sirven templados o fríos, solos o acompañados, por ejemplo, de nata montada.

BESUGO DE NOCHEBUENA
(Para 4 personas)

Ingredientes:

1 besugo de 1 $\frac{1}{2}$ kg de peso
1 tacita de aceite de oliva
1 cebolla pequeña muy picada
1 rama de perejil picado
2 pimientos rojos morrones
   picados
2 tomates rojos medianos,
   pelados y muy picados
1 diente de ajo
4 anchoas en aceite de lata
sal
pimienta
1 cucharada de mostaza
aceite para freír

pan rallado

Guarnición:
lechuga
aceitunas verdes y negras
   deshuesadas
2 huevos duros partidos en
   cuartos
4 rebanadas de pan frito
2 zanahorias cocidas y cortadas
   en rodajas finas
2 remolachas cocidas y cortadas
   en ruedas
2 limones partidos en cuartos

El besugo se limpia bien de escamas y se le quita la espina central.

Se sazona por dentro y por fuera.

Se hace un sofrito con el aceite, la cebolla, el perejil picado, los pimientos rojos y los tomates.

Se hace un machacado con el ajo y las anchoas y se agrega al sofrito.

Se sazona con sal, pimienta y mostaza.

Con esta farsa se rellena el besugo y se cose la abertura con cuidado de no rasgar la carne.

Se unta de aceite crudo, se envuelve en pan rallado y se fríe hasta que esté dorado, asegurándose que queda bien hecho por dentro.

Se coloca en una fuente ovalada grande y se rodea con todos los ingredientes de la guarnición, poniéndolos de una forma decorativa.

CALDEIRADA
(Para 4 personas)

Ingredientes:

4 patatas peladas y partidas por la mitad

2 kg de pescado variado (rodaballo, merluza, rape, raya, mero...) limpio y partido en trozos.

2 tazas de aceite de oliva

8 dientes de ajo pelados y enteros

2 cucharadas de vinagre

6 cucharadas de caldo de cocción del pescado y patatas

sal

Se ponen a cocer las patatas con agua y sal (preferentemente este plato se hace con agua de mar). A este agua se le puede añadir una cebolla partida en cuartos y, a quien le guste el sabor, una hoja de laurel.

Cuando están tiernas se agregan todos los pescados y cuando éstos estén cocidos se escurre el agua reservando un poco.

Se prepara la ajada, friendo los dientes de ajo en el aceite. Cuando estén dorados se retiran del aceite y se deja templar éste un poco.

Se agrega el pimentón, el vinagre y el caldo de cocción. Se mueve bien y se vierte sobre los pescados y las patatas cocidas.

Se sirve inmediatamente.

Es una preparación típica de pescadores, pero en Santiago se puede degustar en algunos sitios con acompañamiento de mariscos.

CALDO GALLEGO
(Para 4 personas)

Ingredientes:

2 litros de agua

250 gr de judías blancas

4 patatas grandes (a poder ser gallegas)

1 trocito de unto (tocino un poco rancio)

1/2 kg de grelos (puede hacerse con nabos, nabizas, col o una berza muy típica de Galicia que se llama «verdura gallega»)

sal

La víspera se ponen a remojo las judías.

Al día siguiente se coloca al fuego una cazuela grande con el agua y las judías. Cuando rompa el hervor se añade el trozo de unto.

Tienen que cocer a fuego mediano, espumándolas cada vez que haga falta.

Cuando estén medio cocidas se agregan las patatas, peladas y cortadas en trocitos pequeños, y una vez que estén tiernas se añade la verdura finamente cortada. Se sazona con sal y se deja cocer hasta que ésta esté bien hecha.

Para que el caldo quede trabado se pueden deshacer con el tenedor unas patatas y un par de cucharadas de judías.

Se sirve caliente.

Nota.—Hay quien añade chorizo, lacón, hueso de espinazo..., pero el auténtico es así de sencillo. El unto es fundamental, pero tampoco hay que añadirle mucho, pues el sabor puede resultar demasiado fuerte.

El caldo gallego típico, en enxebre, como dice Picadillo, es así de sencillo, aunque, como pasa con la mayoría de los platos «bandera», con el paso del tiempo y la mejora de las posibilidades, se sofistican, aunque esto no quiere decir que pierdan en calidad y sabor.

«Se debe comer en "cunca" de barro con cuchara de "pau-pau", de las de a seis perros chicos docena, o cuando más, con cuchara de boj finamente labrada y que alcanza en el mercado el considerable precio de un perro grande» (Picadillo).

CAPON ASADO
(Para 6-8 personas)

Ingredientes:

1 capón	12 castañas peladas
100 gr de manteca de cerdo	1 vasito de coñac
4 dientes de ajo	$1/2$ kg de puré de castañas
2 limones (su zumo)	$1/4$ l de nata líquida
2 manzanas peladas	sal
12 ciruelas pasas	

Se limpia el capón por dentro y por fuera, conservando la grasa que se quita.

Se hace un machacado con los ajos, sal y el zumo de un limón. Se adoba el capón con ello, untándolo bien.

Se rellena el capón con las manzanas, las ciruelas pasas y las castañas. Se brida.

Se unta de manteca de cerdo el capón, se coloca en una fuente de horno y se ponen por encima trocitos de su propia grasa que se ha reservado al principio.

Se mete en el horno a temperatura fuerte, dándole vuelta cuando haga falta y regándolo con su propio jugo.

Cuando esté casi hecho se rocía con el coñac y el zumo del otro limón.

Minutos antes de servirlo se deshace el puré de castañas al baño maría y batiendo con las varillas se le va incorporando la nata, hasta que quede todo bien unido.

Se sirve el capón adornado con este puré.

Lo ideal es conseguir un capón de Villalba (Lugo), de fama nacional.

CASTAÑAS CON LECHE
(Para 6 personas)

Ingredientes:

1 kg de castañas	azúcar
1 l de leche	canela en polvo
agua	sal
1 manojo de hinojos	

Se pelan las castañas y se ponen a cocer unos minutos. Se retiran del fuego y se les quita la segunda piel.

Se vuelven a poner al fuego con agua, sal y el manojo de hinojos.

Cuando estén medio cocidas, se escurren bien, se ponen en una cazuela con la leche caliente y se cuecen ya definitivamente hasta que estén tiernas, pero con cuidado de que no se deshagan.

Se sirven en una fuente honda con la leche y se espolvorean de azúcar y canela en polvo.

EMPANADA DE LAMPREA

Ingredientes:

$^3/_4$ de kg de masa de empanada
1 lamprea de 1 $^1/_2$ kg
2 cebollas grandes partidas en juliana
1 tacita de aceite
1 cucharadita de pimentón

1 cucharadita de vinagre
$^1/_2$ vasito de vino blanco (o un poco más)
sal
1 huevo batido

Se limpia la lamprea, se corta en trozos pequeños y se reserva la sangre.

Se sofríe la cebolla con el aceite a fuego muy suave y se añade la lamprea cortada en trocitos pequeños, el pimentón, el vinagre, el vino, la sal y la sangre, y se deja hacer hasta que la lamprea esté tierna.

Se extiende una capa de masa en la lata de cocer la empanada y se cubre con el relleno, dejando un poco de salsa.

Se cubre con otra capa de masa y se deja en el centro un agujero.

Se mete al horno y a media cocción se vierte por el agujero de la empanada el resto de la salsa, moviendo la bandeja para que ésta se extienda bien por todo el relleno. Se pinta la superficie con el huevo batido y se vuelve a meter al horno hasta que esté dorada.

Receta del restaurante «Verruga», de Lugo.

EMPANADA DE SARDINAS
(Para 6-8 personas)

Ingredientes:

1 kg de masa para empanada (ver receta pág.   )
1 kg de sardinas limpias de escamas, abiertas y sin

espina central y sin cabeza
6 cebollas grandes picadas muy menudo

4 pimientos rojos morrones grandes, asados y sin piel	sal
6 tomates rojos, grandes, maduros y cortados muy menudo	pimienta
	azafrán
	$1/4$ l de aceite de oliva
	1 yema de huevo

Se hace un sofrito con el aceite y la cebolla y cuando ésta esté dorada se agregan los pimientos cortados en trocitos, los tomates picados, sal, azafrán y una pizca de pimienta.

Se deja hacer todo bien y cuando esté en su punto (el tomate estará deshecho y la salsa habrá quedado en su grasa) se cuela, reservando el aceite para hacer la masa de la empanada.

Se hace la masa para la empanada.

Se divide la masa en dos partes. Se estira una de ellas con el rodillo y se cubre una placa para empanada espolvoreada previamente con un poco de harina.

Sobre la masa se coloca el sofrito bien extendido, encima se colocan las sardinas ya limpias de manera uniforme, se tapa todo con la otra mitad de la masa estirada y se hace un reborde uniendo los bordes de la empanada.

Se hace un orificio en el centro y se pincha toda la superficie con un tenedor.

Con ayuda de un pincel se unta la superficie con una yema de huevo batida con un poco de agua.

Se mete al horno y se deja hacer hasta que esté dorada.

ESCABECHE DE PERDIZ
(Para 6 personas)

Ingredientes:

6 perdices	250 gr de alcaparras
1 botella de vino blanco	2 cabezas de ajo
1 botella de vinagre	4 hojas de laurel
$1/2$ l de aceite	2 huesos de caña de ternera
4 pimientos en vinagre	sal

Las perdices, ya limpias y habiendo estado en reposo tres o cuatro días, se colocan en una cazuela con todos los ingredientes.

A fuego muy suave se dejan cocer durante dos horas.

Se dejan enfriar y se pueden servir o bien se pueden guardar en frascos de cristal, previamente esterilizados, donde se pueden conservar algún tiempo.

Nota.—Para comerlas es preferible dejarlas en una fuente de barro con todo el escabeche durante un día o dos. Los escabeches ganan con el tiempo.

FILLOAS DE CALDO

Ingredientes:

$^1/_2$ l. de caldo que se hace con:
harina suficiente para hacer la masa
tocino o manteca para untar la sartén

$^1/_4$ kg de carne de vaca
1 pie de cerdo
1 trozo de lacón
1 trozo de tocino
4 huevos

Caldo:

Con todos sus ingredientes se prepara el caldo, que inicialmente empezará a cocer con litro y medio de agua, de forma que al final quede medio litro de caldo muy concentrado.

Se mezcla el caldo, una vez colado y frío, con los cuatro huevos batidos.

Se agrega la harina suficiente para hacer una masa tipo natilla.

Se cuela, por si hubiera algún grumo, y se deja reposar media hora.

Se pone al fuego una sartén de tamaño mediano o pequeño y se unta muy ligeramente de tocino o manteca.

Cuando esté caliente se vierte la cantidad suficiente para cubrir el fondo, para que resulte como una tortilla muy fina. Se baja el fuego y cuando se despegue de los bordes y en el interior forme burbujas se le da la vuelta con ayuda de una espátula. Este movimiento de darle la vuelta deberá ser rápido y a la vez suave.

Se sirven calientes, solas o rellenas.

Nota.—Estas filloas de caldo se pueden rellenar de un picadillo de carne y jamón, que se unirá con una salsa bechamel.

FILLOAS DE LECHE

Ingredientes:

$^1/_4$ l de leche   harina suficiente para hacer una
$^1/_4$ l de agua   pasta cremosa
4 huevos   tocino

Se baten los huevos con las varillas y sin dejar de batir se agrega una pizca de sal, el agua y la leche.

Se añade la harina poco a poco, y siempre sin dejar de batir, hasta conseguir una pasta tipo natillas.

Se cuela y se deja reposar por espacio de media hora.

Se hacen las filloas como en la receta de «filloas de caldo» pág.) y se sirven calientes espolvoreadas de azúcar.

Las filloas de leche se pueden rellenar de crema pastelera, de mermelada, de compota de frutas, espolvorearlas de azúcar y flambearlas con algún licor caliente. También se pueden rellenar de mariscos o de pescado.

LACON CON GRELOS
(Para 6 personas)

Ingredientes:

1 lacón   6 patatas grandes
6 chorizos   2 manojos de grelos

El lacón se pone a remojo en agua fría, para desalarlo, dos días antes de cocerlo.

En una olla grande se coloca el lacón desalado y se cubre con abundante agua fría. Se deja cocer a fuego suave hasta que esté tierno. Tardará como mínimo hora y media.

Se agregan los grelos limpios y picados, las patatas peladas y enteras y los chorizos enteros.

Cuando esté todo cocido se rectifica el punto de sal. Se separa el caldo de cocción y con él se hace una sopa con pasta al gusto.

Se sirve la sopa bien caliente y en una fuente aparte el lacón, las patatas y los chorizos.

Es uno de los platos más típicos de Galicia y con pequeñas variaciones se hace en todos los sitios igual.

LAMPREA A LA BORDALESA
(Para 4 personas)

Ingredientes:

1 lamprea de 1 ó 1 $\frac{1}{2}$ kg de peso
2 cebollas muy picadas
4 dientes de ajo
3 granos de pimienta negra (recién molida)
romero
tomillo en rama

50 gr de mantequilla
sal
$\frac{1}{4}$ l de vino tinto que no sea ácido
1 taza de fumet de pescado (caldo de pescado)
2 hojas de laurel pequeñas
1 tacita de agua

Se limpia la lamprea y se parte en lomos, reservando la sangre.

En una cazuela de fondo grueso se ponen la mantequilla, la cebolla y los ajos machacados. Se deja sofreír a fuego muy suave, de forma que la cebolla no se dore.

Se agrega la lamprea, el vino tinto y la sangre, previamente colada.

Se calienta todo, sin que llegue a hervir, y se retira del fuego durante cinco minutos.

Transcurrido este tiempo se añaden las especias, la sal y el caldo de pescado, y se pone a cocer hasta que la lamprea esté tierna.

Una vez que esté hecho, se deja reposar el guiso un par de horas antes de servirlo.

Se sirve caliente, acompañado de unos moldes de arroz blanco y unas rebanadas de pan frito o tostado.

Receta del restaurante «Verruga», de Lugo.

LAMPREA AL ALBARIÑO
(Para 4 personas)

Ingredientes:

1 lamprea de 1 ó 1 $\frac{1}{2}$ kg de
  peso (puede ser macho o
  hembra sin huevas)
2 cebollas picadas muy menudo
$\frac{1}{4}$ l de albariño
2 hojas de laurel pequeñas

5 dientes de ajo
12 nueces sin cáscara
1 trozo de pan duro y frito
1 rama de perejil
sal
1 tacita de aceite

Se limpia la lamprea, se corta en trozos y se reserva la sangre recogiéndola en una taza.

En una sartén se pone el aceite y se sofríe la cebolla a fuego mediano para que quede dorada.

Mientras tanto se hace un machacado en el mortero con los ajos, el perejil, las nueces y el pan, que previamente se habrá frito en rodajas. Se añade a la cebolla.

La lamprea se pone en una cazuela y se vierte por encima el sofrito de cebolla, sal y la sangre.

Se pone a cocer y cuando rompe el hervor se vierte el albariño por encima. Si se ve que queda la salsa muy espesa se puede añadir un poco más.

Tendrá que cocer hasta que la lamprea esté tierna.

Receta del restaurante «Verruga» de Lugo.

LANGOSTA A LA MARINERA
(Para 2 personas)

Ingredientes:

1 langosta viva
1 cabeza de ajos
6 granos de pimienta negra
$\frac{1}{4}$ kg de cebollas

1 cucharada de pimentón
1 dl de aceite
sal

La langosta viva se corta en trozos que se colocan en una cazuela con un poco de agua, acercándose ésta al fuego vivo.

Cuando rompe el hervor se baja el fuego y se deja cocer.

Se agrega la cabeza de ajos entera y los granos de pimienta.

En una sartén se hace un sofrito, a fuego muy suave, con el aceite y la cebolla muy picada, de forma que ésta quede transparente y tierna, pero sin quemarse.

Una vez que la cebolla esté tierna se agrega el pimentón, se mezcla rápidamente y se vierte sobre la langosta.

Se rectifica el punto de sal y se deja cocer, siempre a fuego muy suave, diez minutos más.

Se sirve caliente.

Nota.—Hay que vigilar que la langosta no quede demasiado hecha.

Esta forma de preparar la langosta es típica de La Coruña.

LOMBIÑOS
(Para 4 personas)

Ingredientes:

4 filetes de solomillo de 200-250 gr cada uno	pimienta
4 lonchas de bacon finitas	1 copa grande de vino de Oporto
harina	1 taza de aceite de oliva
sal	4 patatas picadas en forma de paja y fritas.
4 cucharadas de mantequilla	

Se corta cada solomillo por la mitad (como se abre un panecillo para hacer bocadillo) y se macetea un poco.

Entre las dos partes se pone una loncha de bacon, sin que sobresalgan los bordes, se reboza en harina y se sazona con sal y pimienta.

En una sartén se ponen el aceite y la mantequilla y cuando esté caliente toda la grasa se van friendo los solomillos (los cuatro a la vez). Cuando estén medio hechos se añade el vino de Oporto.

Se moverá la sartén ligera pero constantemente para ayudar a que la salsa se trabe.

Se sirven los solomillos calientes, regados con la salsa, y alrededor las patatas fritas «paja» calientes.

Receta del restaurante «Alameda», de Santiago de Compostela (La Coruña).

MASA DE PAN PARA EMPANADAS

Ingredientes:

$\frac{1}{2}$ kg de harina   sal
$\frac{1}{4}$ l de agua templada   30 gr de levadura prensada

Se diluye la levadura en el agua y la sal.

La harina se coloca encima de la mesa formando un volcán, y por el orificio se va agregando el líquido y se va uniendo con la harina hasta formar una bola.

Se trabaja la masa un rato, espolvoreando con harina la masa y las manos para evitar que se pegue.

Una vez que la masa esté bien trabajada, se coloca en un recipiente tapada con un paño y se deja reposar dos horas a temperatura ambiente (más bien templada) para que levante.

Nota.—Con esta masa se puede hacer cualquier tipo de empanada.

MASA PARA EMPANADA CON VINO BLANCO

Ingredientes:

$\frac{1}{2}$ kg de harina   1 dl de aceite
4 cucharadas de azúcar $1\frac{1}{2}$ l de leche
$\frac{1}{2}$ dl de vino blanco   sal

Se pasa la harina por un cedazo junto con la sal.

En un cazo se ponen la leche, el aceite, el azúcar y el vino blanco. Se templa este líquido y se va añadiendo a la harina haciendo una masa suave.

Se trabaja un poco con las manos (no mucho para que no quede correosa).

Esta masa resulta muy agradable y más suave que la típica masa de pan. El azúcar y el vino le dan un sabor muy especial y se puede utilizar tanto para rellenos de carne como de pescado.

MASA PARA EMPANADA HOJALDREADA

Ingredientes:

1 kg de masa de pan	sal
2 huevos	harina
$^1/_4$ l de aceite de oliva	100 gr de manteca de cerdo.
1 taza de agua templada	

En un recipiente se pone la masa de pan y se añaden los huevos, el agua templada y el aceite.

Se deslíe todo bien y se añade un poco de harina para hacer una masa fina y blanda que no se pegue a los dedos.

Se estira con el rodillo formando un rectángulo, y en el centro se coloca la manteca de cerdo también dándole forma rectángular.

Se dobla la masa, envolviendo la manteca, como si fuera un sobre, y se pasa el rodillo, con cuidado de que la manteca no se salga y manteniendo la forma rectangular.

Se dobla en tres partes como si fuera un libro. Se deja reposar diez minutos, se vuelve a estirar y se vuelve a doblar en tres partes. Esta operación se repetirá cuatro veces más.

Se deja reposar una hora antes de utilizarla como la masa normal para empanadas.

Nota.—Esta masa resulta mucho más suave y fina que la de pan, al ir enriquecida con manteca y haber sido trabajada como si fuera un auténtico hojaldre.

PULPO A FEIRA
(Para 4 personas)

Ingredientes:

1 pulpo de 1 kg   pimentón picante
aceite de oliva   sal gorda
pimentón dulce

Se ponen a hervir tres litros de agua en un puchero hondo.

Se lava el pulpo y de manera especial las ventosas, que suelen contener algo de arenilla.

Con un mazo de madera se le da una «paliza» al pulpo o, lo que es lo mismo, se macetea para que se ablande.

Una vez que el agua está hirviendo a borbotones se coge el pulpo por la caperuza de la cabeza y se mete y se saca tres o cuatro veces sucesivas, para que se ricen los tentáculos, y finalmente se echa en el agua para que se cueza.

Cuando esté tierno se retira la cazuela del fuego y se deja reposar el pulpo unos minutos en el agua de cocción.

Se prepara un plato grande de madera (si no se tiene se pone un plato normal) y se colocan los trozos de pulpo, que no serán excesivamente gruesos.

Se espolvorea de sal gorda, a continuación se vierte aceite de oliva y finalmente se espolvorea con el pimentón dulce y picante mezclado. La proporción de las dos clases de pimentón dependerá de lo picante que se quiera.

Se acompaña de vino tinto, y, si se desea, se pueden cocer unos cachelos y se toman con el pulpo. Esta forma de preparar el pulpo es la clásica de las ferias (feiras) gallegas. Es la más sencilla y la que se ha popularizado más.

PULPO A LA SOCHANTRE
(Para 4-6 personas)

Ingredientes:

1 pulpo grande	$\frac{1}{4}$ kg de tomates rojos y
2 cucharadas de	maduros
aceite	sal
1 cebolla	perejil
1 pimiento	pirnienta blanca

El pulpo se lava y se golpea bien con un mazo de madera.

Se corta en trozos y se ponen a cocer en abundante agua y a fuego muy vivo hasta que estén tiernos.

Mientras tanto se pone aceite en una sartén y se fríe la cebolla muy picada y el pimiento cortado en trocitos.

Cuando la cebolla esté tierna se agrega el tomate pelado y cortado en trozos muy pequeños y se deja hacer.

Una vez que el pulpo esté cocido se le retira casi todo el agua y se vierte encima el sofrito, sazonándolo con sal, pimienta y perejil picadito.

Se deja cocer todo junto diez o doce minutos y se sirve caliente.

Según Picadillo esta receta de pulpo se debe al señor sochantre de la real e insigne colegiata de La Coruña, y desde luego ha pasado a formar parte del recetario tradicional gallego. Era sacerdote y Picadillo, tras el excelente resultado de este guiso dice: «Yo, entusiasmado, le confiero el título de pinche honorario de mis cocinas y le autorizo para usar en tarjetas y membretes de cartas este nuevo título, unido a los muchos y muy merecidos que posee, añadiendo entre paréntesis, si fuese gustante, esta frase: "Especialista en pulpos". A cada uno lo suyo y a Dios lo de todos.»

QUEIMADA «FRAGA IRIBARNE»*
(Para 12 personas)

Ingredientes:

1 litro de aguardiente de orujo   la cáscara de un limón
250 gr de azúcar $^1/_4$ de litro de vino tinto
la cáscara de una naranja

Se vierte el aguardiente en un recipiente adecuado que resista al calor, preferentemente de barro artesano.

Se enciende el aguardiente, con un cucharón metálico que contenga un poco de azúcar y aguardiente templado (y al que lógicamente se ha prendido fuego con una cerilla).

Una vez que arda el conjunto, se añaden las cáscaras de los cítricos.

A continuación hay que agregar el azúcar caramelizado, y para ello se irán poniendo en el cazo pequeñas cantidades, que se caramelizan con el propio fuego del aguardiente, y se van añadiendo.

Cuando ya está todo el azúcar incorporado, se revuelve constantemente, para que el calor se reparta en todo el líquido. El contenido deberá quedar reducido a una tercera parte.

Al final se añade el vino para completar la coloración.

Se revuelve otro poco, se recita un *conxuro* poético y humorístico.

Apagar con una bandeja y servir en tazas de barro.

La queimada tiene un origen medieval, y hasta hace pocos años era conocida sólo en el mundo rural y on festejos populares gallegos.

El origen de quemar aguardiente (orujo) fue el de librarse del influjo de las brujas, maleficios y meigas. En el momento en que las llamas se alzan azules, las brujas, trasnos y meigas se queiman en ese fuego purificador, así como se elimina el mal de ollo, para lo que se recitan conxuros.

Hoy en día se conoce en toda España, siendo don Manuel

---

* Remedio superior de catarros y aburrimientos.

Fraga el principal propagador, reuniendo en torno a ella a amigos y periodistas. Es una forma de hacer «patria» y de rendir homenaje, de forma constante, a sus raíces. En la actualidad, como presidente de la Xunta de Galicia, la sigue haciendo, y ha tenido la amabilidad de enviarme la receta.

El peregrino cansado del camino agradecerá una tacita de «queimada».

RODABALLO «ALAMEDA»
(Para 4 personas)

Ingredientes:

1 kg de rodaballo partido en trozos limpios de piel y espinas	3 tomates
	1 zanahoria
	$^1/_2$ taza de aceite
8 vieiras	75 gr de mantequilla
20 gambas	1 copa de coñac
250 gr de almejas	1 tacita de nata líquida
2 cebollas	sal

En una sartén grande se ponen la mantequilla, el aceite, las cebollas picadas, los tomates y la zanahoria también picados. Se rehoga todo unos minutos, se tapa la sartén y se deja cocer a fuego suave hasta que la salsa esté hecha.

Se pasa la salsa por el pasapurés y se pone en una cazuela.

En la cazuela donde está la salsa se colocan los trozos de rodaballo, las almejas, las gambas y la carne de las vieiras, y se deja que rompa el hervor.

Transcurridos diez minutos, se añaden la sal, el coñac y la nata.

Se mueve la cazuela para que la salsa ligue bien y, transcurridos unos 6 ó 7 minutos, se prueba el punto de sal y, si está bien, se retira, si no, se le añade la sal que sea necesaria y se mantiene un minuto más al fuego.

Se sirve inmediatamente, acompañado de patatas pequeñas al vapor.

Receta del restaurante «Alameda», de Santiago de Compostela (La Coruña).

ROSQUILLAS DE YEMA DE PUENTEDEUME

Ingredientes:

12 yemas de huevo	**Baño para las rosquillas:**
1 copa de anís	8 cucharadas de azúcar molido
1 cucharada de azúcar	2 claras de huevo
3 cucharadas de manteca de vaca o de mantequilla	3 cucharadas de agua
1 cucharadita de canela	1 cucharada de zumo de limón
harina, la que sea necesaria	almíbar a punto fuerte

Se hace una masa bien trabajada con todos los ingredientes. Antes de nada conviene batir mucho las yemas con una cuchara de madera hasta que queden muy esponjosas, ya que éste será el secreto para que las rosquillas queden bien.

Se forman unas rosquillas bastante grandes y se meten al horno, sobre placa engrasada, a temperatura media-alta.

Cuando están doradas se les da un baño, que se habrá preparado mezclando las claras batidas a punto de nieve con el azúcar, el zumo de limón y el agua.

Después se bañan en el almíbar hecho a punto de hebra muy fuerte, se colocan en una fuente y se espera a que cuajen los dos baños.

SALSA AJADA O «ALLADA»

El preparar el pescado, previamente hervido, con o sin patatas cocidas, en salsa ajada, es algo sencillo de realizar pero muy sabroso, sobre todo cuando el pescado es fresco.

Ingredientes para una ración de pescado cocido blanco:

$1/2$ tacita de aceite de oliva	unas gotas de vinagre
2 dientes de ajo	1 cucharada de caldo de cocción del pescado
$1/2$ cucharadita de pimentón dulce	

Se fríen en el aceite los dientes de ajo enteros. Cuando estén dorados se retiran.

Se deja templar el aceite un poco y se agregan el pimentón, el vinagre y el caldo de pescado.

Se mezcla bien y se vierte la ajada sobre el pescado hervido, sirviéndose inmediatamente.

SARDINAS CON CACHELOS
(Para 4 personas)

Ingredientes:

1 kg de sardinas	sal
1 kg de patatas	

Las patatas deberán ser gallegas y grandes. Se parten por la mitad, sin pelar, y se cuecen en agua con sal. Cuando estén casi hechas, se escurren del agua, se envuelven en un paño y se ponen junto al fuego (no encima), tapándolas con el puchero boca abajo para que se acaben de hacer.

Mientras se estén cociendo los cachelos, se habrá empezado a asar las sardinas en las brasas de un buen fuego de tojo. Se sazonan con sal a medida que se vayan asando.

Cuando las sardinas están asadas se sirven con los cachelos. Han de comerse con pan negro.

Nota.—Esta receta es muy tradicional, pero no siempre se tiene fuego de plancha para dejar que los cachelos se «sequen» cerca del fuego sin que se queme el paño, así que se pueden hacer del todo en el agua con sal y, en la propia cazuela en que se han cocido, y escurrida el agua, se vuelven a poner envueltas en un paño y que «suden» sin más.

Por otro lado, las sardinas se pueden limpiar por dentro o no. En cambio sí es recomendable lavarlas por fuera y quitarles las escamas, pues resulta mucho más agradable a la hora de comerlas.

TARTA DE ALMENDRAS

Ingredientes:

½ kg de almendras molidas
½ kg de azúcar
7 huevos
100 gr de mantequilla

150 gr de harina
1 cucharadita de canela
1 copa de jerez dulce
50 gr de azúcar molido

Se pasa por un cedazo la harina y se forma un volcán, poniendo en el centro la mantequilla blanda partida en trocitos, un huevo y una pizca de sal. Se amasa todo suavemente con los dedos, añadiendo un poco de agua si hiciera falta.

Se estira con el rodillo y se forra un molde redondo.

En un cuenco grande se mezclan las almendras molidas, el azúcar, seis huevos, la canela y el jerez.

Se unirá bien todo hasta que quede una mezcla homogénea y se vierte en el molde, encima de la masa, igualando el borde de éste para que no sobresalgan picos.

Se mete a horno mediano hasta que la superficie esté dorada. Tardará en hacerse una hora aproximadamente o un poco más.

Se desmolda una vez que esté fría y se espolvorea con azúcar molido.

En Santiago se suele poner antes de espolvorear el azúcar sobre ella en el centro una plantilla de cartón con el perfil de la cruz de Santiago o una vieira, de manera que todo alrededor queda en blanco y el dibujo resaltado en oscuro.

Aunque esta tarta se denomina «de Santiago», se hace en muchos sitios de Galicia. A veces se riega la tarta con algún licor, una vez servida en el plato.

TRUCHAS FRITAS
(Para 4 personas)

Ingredientes:

8 truchas limpias y abiertas
harina de maíz

unto (el necesario para freír las
truchas)

Se enharinan las truchas.

En una sartén se pone abundante unto y cuando esté diluido se fríen las truchas en él hasta que estén doradas.

Se sirven calientes, acompañadas de cuartos de limón.

Es imprescindible para este plato utilizar unos ingredientes tan gallegos como son la harina de maíz y el unto; es la gracia de estas truchas.

VIEIRAS
(Preparación)

La limpieza y apertura de las vieiras se puede hacer de la siguiente manera:

Se meten en un recipiente con agua templada, casi fría, unas horas antes de utilizarlas.

Se coge la vieira, se apoya en un paño por la parte plana, y con ayuda de un cuchillo se despegan las valvas, dejando la carne pegada en la parte más honda.

Se despega el medallón blanco y la vesícula color anaranjado o coral, que se utiliza también. El resto de adherencias se quitan y se lava bien la concha.

Las conchas más hondas conviene guardarlas, no sólo para preparar las vieiras, sino para elaborar otros platos que tienen como soporte esta decorativa concha.

VIEIRAS GRATINADAS
(Para 6 personas)

Ingredientes:

6 vieiras
1 tacita rasa de aceite
2 cucharadas soperas de harina
$1/4$ l de leche
1 chorrito de albariño o de vino
   blanco

100 gr de gambas peladas
6 mejillones
4 champiñones
mantequilla
sal
pimienta blanca

Se abren las vieiras, se despega la carne y el coral y se reservan.

Se conservan las conchas más hondas y se lavan bien.

Se abren los mejillones al vapor.

Se limpian los champiñones y se cortan en láminas muy finas.

Se hace una bechamel con el aceite, la harina y la leche. Se sazona con sal y un poco de pimienta.

A media cocción, se añaden los mejillones cortados en trocitos, los champiñones, la carne de las vieiras partidas por la mitad, el coral partido en trocitos y el albariño o vino blanco.

Se mantendrá la cocción por espacio de quince o veinte minutos a fuego suave y sin dejar de dar vueltas con la cuchara de madera.

Se llenan las vieiras con esta farsa y se pone un poquito de mantequilla encima. Hay que cuidar de que en cada una de ellas vayan dos trozos del medallón de carne.

Se precalienta el horno a temperatura alta y diez minutos antes de servirlas se meten en él las vieiras para que se gratinen.

Se sirven calientes.

ALOJAMIENTOS PARA PEREGRINOS, HOTELES Y RESTAURANTES

ALOJAMIENTOS PARA PEREGRINOS

ARAGON

Hay refugios muy modestos en Verdún, Sigues y Esco.

JACA
— En el Seminario de Jaca también acogen a los peregrinos.
Paseo del General Franco, 12-14.
Tfno.: (974) 36 05 42.

NAVARRA

RONCESVALLES
— Albergue en la Colegiata. Camas y duchas con agua caliente.

ZUBIRI
— Parroquia (padre José Beloqui).
El local tiene capacidad para acoger a 16 personas. Hay una sala con 16 literas, sillas y una mesa grande. Cuartos de baño y ducha. No se sirven comidas, pero sí se puede comer en el local lo que los peregrinos compren o traigan en sus mochilas.

LARRASOAÑA
— Santiago Zubiri.
Tfno.: (948) 30 42 42.
Local con capacidad para 14 personas. Literas, cocina, servicios y duchas con agua caliente. Agua corriente y luz.

ARRE
— Albergue de la Trinidad.
Literas, aseo, duchas con
agua caliente y cocina.

PAMPLONA
— Parroquia de San Satur-
nino (un local contiguo).
c/ Ansoleaga, 21.

CIZUR MENOR
— Isabel Roncal.
Tfno.: (948) 26 09 71.
Albergue dirigido por Isabel
Roncal, con capacidad para 14
personas. Literas, aseo y una
ducha con agua caliente. Cocina completa. Cuesta 500 ptas
por persona.

PUENTE LA REINA
— Padres Reparadores.
c/ Crucifijo, 1.
Tfno.: (948) 34 00 50 - 34 00 51.
Dispone de una sala con 33
literas, aseos, lavabos y duchas.
Sala de estar. Tienen un terreno
al lado para hacer camping. Hay
que comunicar la llegada y
acreditarse como peregrino en
la portería del Seminario de los
Padres Reparadores.

SANGÜESA
— Ayuntamiento de San-
güesa.

Tfno.: (948) 87 00 42.
— Albergue para peregrinos.
c/ Enrique de Labrit, 38.
Local con 12 camas, du-
chas con agua caliente y cocina.

ESTELLA
— Ayuntamiento de Estella.
Tfno.: (948) 55 08 15.
— Asociación de Amigos
del Camino.
Francisco Beruete.
Tfno.: (948) 55 14 29.
— Albergue en el Colegio
Comarcal.
Literas, aseo y lavabo con
agua caliente.

LOS ARCOS
— Parroquia de Los Arcos.
Tfno.: (948) 64 00 79.
Una habitación en la que ca-
ben 20 personas con sacos de
dormir.
Aseo y lavabo con agua fría.

VIANA
— Parroquia de Viana.
Tfno.: (948) 64 50 73.
En la Casa de Catequesis,
tres camas, aseo y lavabo con
agua caliente.

LA RIOJA

LOGROÑO
— Refugio de la JOC.
Hospital Viejo, 9.

Tfno.: (941) 24 09 22. Este
número pertenece a la parroquia de San Millán.

Consta de 20 literas en una misma sala. Hay lavabo, servicio y ducha con agua caliente. Mesa de comedor y se puede cocinar en un camping-gas. Hay unos horarios de acogida (de 13,00 a 14,00 y 20,00 a 21,00 horas), que son orientativos. Si se llega a otras horas, en el Ayuntamiento o en Cáritas informan y ayudan a los peregrinos.

— Parroquia de San Millán. Capacidad para 60 personas, y estas instalaciones están gestionadas por las mismas personas que el refugio.

— En una casona del siglo XVIII restaurada, sita en la Rúa Vieja, hay otro alojamiento para peregrinos.

Se sella la credencial de peregrino y en verano se hace un recorrido cultural por el casco antiguo de Logroño. También se proyecta un vídeo del Camino de Santiago y se informa de cualquier duda respecto a los alojamientos existentes en el Camino.

Nota.—En la Comunidad Autónoma de La Rioja (c/ General Vara del Rey, 3 tfno.: (941) 29 11 00) informarán al peregrino acreditado como tal, donde podrá recoger la moneda que sirve de testimonio de su paso por la ciudad de Logroño.

NAJERA

— Monasterio Santa María la Real.

Padres Franciscanos.

Tfno.: (941) 36 01 06.

AZOFRA

— Parroquia Ntra. Sra. de los Angeles.

Tfno.: (941) 37 90 63.

SANTO DOMINGO DE LA CALZADA

— Casa de la Cofradía del Santo.

Tfnos.: (941) 34 02 83 - 34 00 07 (Ayuntamiento).

El alojamiento dispone de una capacidad de 70 personas. Dos amplios dormitorios, comedor, cocina (se ofrece gratuitamente aceite y patatas), servicios y duchas con agua caliente. Hay una oficina de información al peregrino en la que se edita la revista *Peregrino*, una biblioteca donde se pueden consultar libros y una librería para comprar libros todos ellos referidos al Camino de Santiago.

GRAÑON

— Parroquia.

Local modesto para dormir sin agua.

BURGOS

REDECILLA DEL CAMINO
— El antiguo hospital de peregrinos ha sido habilitado como alojamiento para peregrinos.

BELORADO
— Parroquia de Sta. María y San Pedro.

Tfno.: (947) 58 00 85 (padre Angel M. García).

El local tiene 22 literas, salón, cocina, una ducha y aseos. Se entrega la llave solicitándola en el despacho parroquial. En el verano suele haber una persona encargada de recibir a los peregrinos.

VILLAFRANCA DE MONTES DE OCA
— Parroquia.

Tfno.: (947) 58 20 01.

Refugio en los edificios de las Escuelas (Calle Mayor).

Literas, aseo, lavabo, ducha con agua fría.

SAN JUAN DE ORTEGA
— Monasterio.

Preguntar en la Casa Rectoral por D. José María Alonso.

Tfno.: (947) 43 80 16.

El local tiene camas y duchas. Magnífica acogida por parte de D. José María.

BURGOS
— Seminario Mayor.

c/ Fernán González.

Tfno.: (947) 20 52 47.

Local habilitado con colchones, aseos y lavabo. Posibilidad de ducharse con agua caliente en las dependencias particulares del seminario.

VILLALBILLA DE BURGOS
— Antigua casa del maestro.

C/ Sagrado Corazón, 2.

Colchonetas, cocina, aseo, lavabo y ducha con agua fría.

TARDAJOS
Tfno.: (947) 45 11 89 (Ayuntamiento).

Local en las Escuelas Públicas.

HORNILLOS DEL CAMINO
— Ayuntamiento.

Tfno.: (947) 41 10 50.

Local de muy mala calidad, sin agua y bastante sucio. Hay que dormir en sacos.

HONTANAS
— Hospital de San Juan, con literas, cocina, comedor y duchas y bañeras con agua caliente.

— Local con literas, aseos y lavabos.

— Otro local para dormir con sacos de dormir y aseos.

CASTROJERIZ
— Ayuntamiento (c/ Cordón, s/n).

Local con literas (otro pabellón para dormir en sacos), aseo, lavabo, ducha con agua caliente, cocina, frega-

dero y patio para colgar la ropa.

PALENCIA

ITERO DE LA VEGA
— Ayuntamiento.
Tfno.: (988) 15 18 26.
Dispone de 12 camas, ducha y servicios. Se encuentra situado en el edificio de la Casa Consistorial (plaza de la Virgen del Pilar).

BOADILLA DEL CAMINO
— Local en las antiguas escuelas. Servicios y colchonetas.

FROMISTA
— Local de dos pisos situado al lado del Ayuntamiento. Instalaciones amplias y cómodas; literas y duchas con agua caliente.

POBLACION DE CAMPOS
— Edificio nuevo situado en las antiguas escuelas. Literas, cocina, ducha con agua caliente.

VILLALCAZAR DE SIRGA
— Ayuntamiento (Pza. del Palacio).
Local con camas, ducha con

agua caliente, aseo, lavabo y cocina.
— También en el mesón de Pablo Payo informan al peregrino.

CARRION DE LOS CONDES
— Albergue de Sta. María del Camino.
Tfno.: (988) 88 00 72 (parroquia, preguntar por el padre José Mariscal).
Local con capacidad para 30 personas. Literas y colchonetas. Ducha con agua caliente, servicios, lavadero, patio para colgar ropa y espacio para aparcar las bicicletas de los peregrinos.

CALZADILLA DE LA CUEZA
— Local con camas, servicios y ducha.

SAN NICOLAS DEL REAL CAMINO
Tfno.: (988) 84 43 31.
— Refugio en las escuelas. Local muy limpio, pero carece de los servicios más indispensables.

LEON

SAHAGUN
— Colegio Público Fray Bernardino. Acoge a peregrinos en verano.
Tfno.: (987) 78 00 01.

— Hermanas de la Caridad, en el Hogar de San José, acogen a peregrinos.
— Alojamiento nuevo con todos los servicios.

BERCIANOS DEL REAL CAMINO
— Parroquia. Local modesto.

EL BURGO RANERO
Tfno.: (987) 33 00 23 (Ayuntamiento).
Dos albergues:
— Albergue (Camino Real Francés) El Burgo Ranero
Tiene cuatro habitaciones con literas para 30 personas, cocina y cuatro duchas con agua caliente, dos servicios, un salón comedor con chimenea. Amplio espacio exterior para acampada y aparcamiento de bicicletas.
— Albergue (Calzada Romana) Calzadilla de los Hermanillos.
Hay cuatro habitaciones con 16 literas, cocina, dos duchas, dos servicios, un salón comedor y espacio exterior amplio para acampadas y aparcamiento de bicicletas.

MANSILLA DE LAS MULAS
— Casa del Peregrino.
Tfno.: (987) 31 09 41.
Local con 60 literas, duchas con agua caliente, cocina con menaje y lavadora y un saloncito con televisión.

LEON
— Colegiata de San Isidoro (Escuela-Taller).
Tfno.: (987) 23 66 00.
Local con capacidad para 20 personas.
— Nuevo local con todos los servicios.

LA VIRGEN DEL CAMINO
— Los padres dominicos facilitan alojamiento en el santuario. 200 plazas.

SAN MIGUEL DEL CAMINO
— Refugio municipal sencillo.

VILLADANGOS DEL PARAMO
— Excelente refugio en el ayuntamiento con todos los servicios.

HOSPITAL DE ORBIGO
— Dos locales sencillos, uno en el ayuntamiento y el otro en la parroquia.

ASTORGA
— Hermanos Holandeses. Capacidad para 80 personas.

MURIAS DE RECHIVALDO
— Junta vecinal.
Alojamiento de nueva construcción, con todos los servicios.

RABANAL DEL CAMINO
Tfno.: (987) 63 94 68.
Local para 30 personas.

EL ACEBO
— Junta vecinal.

MOLINASECA
— Local con capacidad para 15 personas.

PONFERRADA
— Basílica de Ntra. Sra. de la Encina.
Tfno.: (987) 41 19 78.

Local con capacidad para 80 personas.

CAMPONARAYA
— Parroquia.
Local con capacidad para 15 personas.

CACABELOS
— Parroquia.

VILLAFRANCA DEL BIERZO
— D. Jesús Arias Jato.
Tfno.: (987) 54 02 29.
Local con capacidad para 50 personas.

TRABADELO
— Parroquia. Preguntar por el Sr. Silva.

VEGA DE VALCARCE
— Escuelas Viejas.
Capacidad para 60 personas.

HERRERIA
— Preguntar por el Sr. Urbano.

CASTRILLO DE SAN PELAYO
— Colegio de Padres Palotinos.
Local con capacidad para 260 personas.

MANJARIN DEL PUERTO
— Ayuntamiento.

VALDEVIEJAS
— Ayuntamiento.

LUGO

O'CEBREIRO
— Padre Félix.
Tfno.: (982) 36 90 40.
Albergue de nueva construcción con capacidad para 100 personas. Baño, duchas, cocina, calefacción y cafetería.
Se mantiene la antigua pálloza que servía de refugio en el que sólo hay agua corriente. Capacidad para 60 personas.

ALTO DO POIO
— Refugio de montaña.

TRIACASTELA
— En la casa rectoral vieja.
Tfno.: (982) 54 70 47.

Albergue con capacidad para 100 personas.

SAMOS
— Monasterio benedictino.
Tfno.: (982) 54 60 46.
Alojamiento con capacidad para 40 personas. Está habilitado con 40 literas, duchas y agua caliente.

SARRIA
— Convento de la Magdalena (padres mercedarios).
Tfno.: (982) 53 10 20.
En la actualidad, y sólo en el verano, tienen un pequeño refugio en el que acogen a los pe-

regrinos, pero no está institucionalizado como tal.

BARBADELO
— Albergue con todos los servicios de nueva construcción.

PARADELA
— Albergue municipal.

PORTOMARIN
— Preguntar en la parroquia por el Sr. Meilán.
Albergue con capacidad para 100 personas.

LIGONDE
— Albergue de nueva construcción con todos los servicios.

PALAS DO REI
— Alojamiento para peregrinos de nueva construcción, con todos los servicios.

LEBOREIRO
— Albergue nuevo con todos los servicios. De los mejores alojamientos a lo largo de todo el Camino.

LA CORUÑA

MELIDE
— Parroquia de Mellid.
Tfno.: (981) 50 51 20.
Capacidad para 100 personas.
Alojamiento nuevo antes de llegar al pueblo, con todos los servicios.

ARZUA
— Ayuntamiento.
Tfno.: (981) 50 00 00.
Parroquia.

ARCA (O PINO)
— Ayuntamiento.
Tfno.: (981) 51 10 02.
— Parroquia.
Tfno.: (981) 41 10 03.
Albergue nuevo para peregrinos.

LABACOLLA
— Capilla de San Roque (preguntar en Ayuntamiento).

MONTE DEL GOZO
— Se van a inaugurar para este Año Santo 1993, unas instalaciones con 2.900 camas y entre 2.000 y 2.600 plazas de cámping, con todos los servicios.

SANTIAGO DE COMPOSTELA
— Convento de San Francisco.
c/ de los Castaños.
— Seminario Menor Belvís.
Preguntar por el Sr. Pérez Lago.

ARAGON

CANFRANC-ESTACION
(HUESCA)

HOTEL EL ALBERGUE DE
SANTA CRISTINA DE SOM-
PORT (***)

Crta. de Francia, s/n.
Tfno.: (974) 37 33 00.
Cierra: Noviembre.
Precios: 5.460-7.690 ptas. +
IVA.
N.º habitaciones: 58. Con
baño completo y teléfono.
Servicios: Restaurante, bar-
cafetería, salón de reuniones,
autoservicio, sala de TV, tienda,
alquiler y guardaesquíes. oficina de guías de montaña.
El hotel debe su nombre al
antiguo hospital de peregrinos
de Sta. Cristina de Somport.
Está situado en el Camino de
Santiago y paralelo al río Aragón. El edificio data de primeros de siglo, habiendo estado
ocupado por un cuartel de ca-
rabinereos y posteriormente
por la Guardia Civil. Para convertir el edificio en hotel se ha
reformado totalmente, conservando su fachada externa.

HOTEL VILLA ANAYET (**)
Pza. José Antonio, 8.
Tfno.: (974) 37 31 46.
Cierra del 1 de abril al 1 de
julio y del 15 de septiembre al
15 de diciembre.

HOTEL ARA (*)
Fernando el Católico, 1.
Tfno.: (974) 37 30 28.
Cierra: Mayo, junio, sep-
tiembre, octubre y noviembre.

Precio: 3.000-4.000 ptas.
N.º habitaciones: 30.
Servicios: Desayuno, parking, no hay restaurante.
Situado junto al Camino de Santiago y a 8 km de Somport.

HOSTAL CASA MARRACO (*)
Fernando el Católico, 31.
Tfno.: (974) 37 30 05.
Cierra: Del 26 de abril al 1 de junio y del 15 de septiembre al 26 de diciembre.
N.º habitaciones: 46.
Precio: 1.450-2.000 ptas.
Servicios: Bar, restaurante, salón de TV y calefacción.

CANDANCHU (HUESCA)

HOTEL CANDANCHU (**)
Crta. Francia.
Tfno.: (974) 37 30 25.
Cierra del 1 de mayo al 15 de julio y del 15 de septiembre al 1 de diciembre.
N.º habitaciones: 48 Baño completo, teléfono, calefacción.
Precio: 5.800-8.800 ptas.
Servicios: Garaje, bar, salón, disco-bar, peluquería, tienda de regalos y todos los servicios propios de un hotel dedicado fundamentalmente a esquiadores. Las habitaciones están decoradas con sobriedad, pero el hotel en general resulta confortable. El restaurante ofrece un menú del día con dos opciones (1.800 ptas), teniendo como vinos de la casa los de Bodegas Irache.

HOTEL TOBAZO (**)
Crta. Francia, s/n.
Tfno.: (974) 37 31 25.
Cierra: Mayo, junio, octubre y noviembre.
Precio: 6.100-7.260 ptas + IVA.
N.º habitaciones: 50. Baño completo, teléfono, terraza y calefacción.
Servicios: Parking, bar, salón social, salón TV, cafetería con terraza solarium sobre las pistas. Guardaesquíes. Alquiler de material deportivo.
Situado a pie de telesilla y a un kilómetro de la frontera francesa.

VILLANUEVA (HUESCA)

HOTEL FAUS-HAUTE (***)
Crta. Francia, km. 658,5.
Tfno.: (974) 37 81 36.
Precio: 7.000-9.000 ptas (sin desayuno).
N.º habitaciones: 10. Baño completo, televisión, teléfono y mullidos edredones de plumas.
Servicios: Parking, restaurante, ginmasio, guardaesquíes, secador de prenda húmeda. Se admiten perros.
Hotel familiar de montaña regentado por una familia desertora del bullicio madrileño. Ofrecen guía de montaña y turístico. Se organizan excursiones a todo nivel, a pie, en 4 x 4 o mixtas.

HOTEL RESIDENCIA RENO (*)
Avenida de Francia, 23.
Tfno.: (974) 37 80 66.
Cierra: Noviembre.
Precio: 3.700-4.700 ptas.
N.º habitaciones: 15.
Servicios: Parking, jardín, bar y restaurante.

RESTAURANTE DEL HOTEL FAUS-HAUTE
Crta. Francia, km. 658,5.
Tfno.: (974) 37 81 36.
Especialidades: Caza y fondues de carne y queso.
Vinos recomendados: Claretes de Navarra, tintos de Rioja, blancos catalanes y el vino de la casa (aragonés).
Precio medio: 3.500 ptas.

RESTAURANTE DEL HOTEL RESIDENCIA RENO (2 tenedores)
Avenida de Francia, 23.
Tfno.: (974) 37 80 66.
Cierra: Noviembre.
Especialidades: Migas a la pastora, conejo a la brasa, cordero a la pastora y hojaldre de manzana con salsa de chocolate.
Vinos recomendados: Tintos y rosados del Somontano, riojas, cariñenas y vinos catalanes.
Precio medio: 2.500 ptas.

CASTIELLO DE JACA (HUESCA)

HOSTAL EL MESON (**)
Crta. de Francia, 4.
Tfno.: (974) 36 11 78.

Precio: 5.500 ptas.
N.º habitaciones: 26.
Servicios: Es un edificio de construcción moderna. Muy recomendable la cocina que realiza Pilar Lacasa.

JACA (HUESCA)

GRAN HOTEL (***)
Paseo del General Franco, 1.
Tfno.: (974) 36 09 00.
Cierra: Noviembre.
Precio: 6.825-9.975 ptas.
N.º habitaciones: 165. Baño completo, teléfono, calefacción, TV color, vídeo, hilo musical, antena parabólica. Además de habitaciones dobles tienen familiares (de tres y cuatro plazas).
Servicios: Jardín, piscina, salones, bar y restaurante (El Parque).

HOTEL CONDE AZNAR (**)
Paseo Gral. Franco, 3.
Tfno.: (974) 36 10 50.
Precio: 5.400-7.500 ptas.
N.º habitaciones: 24. Calefacción, baño completo, TV con antena parabólica y teléfono.
Hotel cómodo y confortable, trato cordial y personalizado, restaurante con reconocido prestigio (La Cocina Aragonesa).

HOTEL RESIDENCIA PRADAS (**)
Obispo, 12.
Precio: 4.500-6.000 ptas.
N.º habitaciones: 39.

Servicios: Cafetería, restaurante.

HOSTAL ABOIRA (**)
Valle de Anso, 3.
Tfno.: (974) 36 35 28.
Precio: 4.200-4.700 ptas.
N.º habitaciones: 29. Baño completo, teléfono, TV y calefacción.
Servicios: Salas de estar, restaurante.

RESTAURANTE LA COCINA ARAGONESA
(2 tenedores)
(Perteneciente al Hotel Conde Aznar)
Cervantes, 5.
Tfno.: (974) 36 10 50.
Cierra: Miércoles, fuera de la temporada de esquí. Conviene confirmar.
Especialidades: Caza, matanza casera y ternasco al horno, repostería casera.
Vinos recomendados: Vino de la casa de Aragón-Señoría de Lazán, rioja Bordón del 87, blanco Gewurtrami-ner,Cabernet Sauvignon rosado.
Precio medio: 4.000-5.000 ptas.
Resulta acogedor y confortable, con una gran chimenea de piedra que preside el comedor de 11 mesas. Cocina hecha con mimo y basada en productos de temporada.

RESTAURANTE EL PARQUE
(3 tenedores)
(Pertenece al Gran Hotel)

Paseo de Franco, 1.
Tfno.: (974) 36 09 00.
Cierra: Noviembre.
Especialidades: Huevos escalfados al salmorrejo, pencas de acelga rellenas de bacalao al ajoarriero, cazuela de pollo al chilindrón, cordero encebollado al vino tinto, leche frita al anís con helado y manzana rellena de guirlache.
Vinos recomendados: Amplia carta de vinos y cavas. Vinos de la casa (blanco-rosado-tinto): Viña San Marcos y Castillo Montearagón.
Precio medio: 6.000 ptas.

MESON EL SERRABLO (2 tenedores)
Obispo, 3
Tfno.: (974) 36 24 18.
Cierre: Del 1 de mayo al 30 de junio y del 1 de octubre al 30 de noviembre.
Especialidades: Trucha con almendras y cordero del pirineo asado.
Vinos recomendados: Tintos y rosados de Aragón.
Precio medio: 2.500 ptas.
Cocina familiar. Comedor ambientado en una casa popular del siglo XVII en el casco urbano de la ciudad.

VENTA DEL SOTON
En Esquedas a 00 kms de Jaca
Tfno.: (974) 27 02 41.
Especialidades: Auco relleno a la mairaleda con manzanas, pierna de cordero rellena al

hornor, sesos con setas a la crema y pasta fresca. Cocina alto-aragonesa tradicional.

Vinos recomendados: Amplia y selecta carta de vinos.

Precio medio: 3.500-4.000 ptas.

Merece la pena desviarse hasta Esquedas para comer en la «Venta del Sotón». En un ambiente acogedor se podrá degustar una buena cocina aragonesa, renovadora e innovadora sin olvidar la tradición.

PUENTE LA REINA (HUESCA)

HOSTAL DEL CARMEN (**)
Crta. Pamplona (N-240), s/n.
Tfno.: (974) 37 70 05.
Cierra: Del 15 al 30 de septiembre.
N.º habitaciones: 30.
Precio: 3.500-4.000 ptas.
Servicios: Cafetería, restaurante, piscina y salón TV.

Esta localidad es muy visitada por los aficionados a la ornitología, además de estar enclavada en una zona de caza y pesca abundante.

HOTEL ANAYA (**)
Crta. N-240, s/n.
Tfno.: (974) 37 74 11.
N.º habitaciones: 30. Baño completo, hilo musical y teléfono.
Precio: 4.500 ptas.
Servicios: Restaurante.

RESTAURANTE DEL HOSTAL DEL CARMEN (2 tenedores)
Crta. Pamplona (N-240), s/n.

Tfno.: (974) 37 70 95.
Cierra: Del 15 al 30 de septiembre.
Especialidades: Cocina tradicional aragonesa (carnes a la brasa, conejo con chocolate) y de nueva elaboración (ossobuco con orejones, costillas hojaldradas, crepes de cordero).
Vinos recomendados: Vinos de Somontano (tinto, rosado y blanco).
Precio medio: 2.500 ptas (menú del día: 1.250 ptas).

MESON ANAYA (2 tenedores)
Crta. N-240, s/n.
Tfno.: (974) 37 71 94.
Cierra: Miércoles de todo el año, del 15 al 30 de junio y del 1 al 15 de octubre.
Especialidades: Boliches de Embún con oreja y chorizo, migas a la pastora, potajes, ternasco al horno, carnes a la brasa, guisadas y estofadas.
Vinos recomendados: Somontano.
Precio medio: 1.700 ptas.

BERDUN

HOSTAL RINCON DE EMILIO (*)
Plaza Martincho, 1.
Tfno.: (974) 37 74 59.
N.º habitaciones: 7. Baño completo.
Precio: 3.500-4.200 ptas.
Servicios: Bar, restaurante.

RESTAURANTE DEL HOSTAL
RINCON DE EMILIO (1 tenedor)
  Plaza Martincho, 1.
  Tfno.: (974) 37 74 59.
  Especialidades: Boliches, re-
vuelto de espárragos trigueros
con gambas, revuelto de tru-
fas, jarretes, de cordero brase-
ado, ternasco de Berdún.
  Vinos recomendados: Vinos
de Somontano, Sarriá, rosado
Las Campanas, vino blanco del
Penedés.
  Precio medio: 1.500 ptas.

NAVARRA

VALCARLOS (LUZAIDE-
VALCARLOS)

HOSTAL MAITENA (**)
  Elizaldea, s/n.
  Tfno.: (948) 76 02 10.
  N.º habitaciones: 7. Dobles,
con baño o lavabo.
  Precio: 2.900 ptas. (hab. con
lavabo)-4.000 ptas. (hab. con
baño completo).

CASA DE LABRANZA CUROT-
ZEZAR
  Verónica Barcelona.
  Tfno.: (948) 79 00 52.
  Plazas: 4.
  Precio: Habitación doble:
2.600 ptas. Desayuno: 200 ptas.
Cena: 950 ptas.
  Servicios: Estufas en habita-
ciones, jardín, huerta. Acepta
animales.

RONCESVALLES

HOTEL LA POSADA (***)
  Roncesvalles.
  Tfno.: (948) 76 02 25.
  Cierra: Noviembre.
  Precio: 4.000-4.500 ptas.

  N.º habitaciones: 11.
  Servicios: Agua caliente, calefacción, restaurante con cocina tradicional muy bien reali-
zada y con un servicio amable.
  Está enclavado en el recinto
de la colegiata, y conviene reservar con tiempo por ser parada obligatoria para los que
cruzan la frontera, sobre todo
en verano.

HOTEL LA POSADA
  Roncesvalles.
  Tfno.: (948) 76 02 25.

BURGUETE (AURITZ-
BURGUETE)

CASA DE LABRANZA LOIGO-
RRI
  M.ª Rosario Ciganda.
  Tfno.: (948) 76 00 16.
  Plazas: 4.
  Precio: Habitación doble:
2.600 ptas. Desayuno: 250
ptas.
  Servicios: Estufas en habita-
ciones. Posibilidad de cuna
para bebés. Cuarto de estar.
Acepta animales.

CASA DE LABRANZA VERGARA

Dominica Granada.
Tfno.: (948) 76 00 44.
Plazas: 6.
Precio: Habitación doble: 2.800 ptas. Desayuno: 300 ptas.
Servicios: Cuarto de estar con chimenea, estufas en las habitaciones, jardín, huerta. Acepta animales.

RESTAURANTE TXIKIPOLIT

Calle Unica, 42.
Tfno.: (948) 76 00 19.
Cierra: Domingos noche y lunes.
Especialidades: Cocina tradicional y actual.
Vinos recomendados: Tintos de Rioja y claretes navarros.
Precio: 2.000-2.700 ptas.

ESPINAL (AURIZBERRI-ESPINAL)

CASA DE LABRANZA DE CARMEN ERRO

M.ª Carmen Erro.
Tfno.: (948) 76 01 54.
Plazas: 4.
Precio: Habitación doble: 2.800 ptas. Desayuno: 250 ptas.
Servicios: Calefacción central. Terraza.

MEZKIRITZ (A 8 km atravesando el Espinal, y cogiendo una desviación, en la N-240.

CASA DE LABRANZA ESTANCO

Rosa Goikoetxea.
Tfno.: (948) 76 01 24.

Plazas: 4.
Precio: Habitación doble: 2.600 ptas. Desayuno: 250 ptas.
Servicios: Estufas en las habitaciones, cuarto de estar, huerta. Acepta animales.

CASA DE LABRANZA PASCUALENA

M.ª Isabel Lega.
Tfno.: (948) 76 01 92.
Plazas: 4.
Precio: Habitación doble: 2.600 ptas. Desayuno: 250 ptas.
Servicios: Cuarto de estar, estufas en las habitaciones. Acepta animales.

ZUBIRI

HOTEL GAU-TXORI

Crta. Francia por Alduides, km 21.
N.º habitaciones: 7. Habitaciones dobles.

RESTAURANTE GAU-TXORI

Crta. Francia por Alduines, km. 21.
Tfno.: (948) 30 40 76.
Precio: Menú del día: 950 ptas. Menú especial para peregrinos: 1.250 ptas. Carta: 2.000-3.000 ptas.

HUARTE

ASADOR ZUBI-ONDO (2 tenedores)

Avenida Roncesvalles, 1.
Tfno.: (948) 33 08 07.
Cierra: Lunes.

Especialidades: Tortilla de bacalao, anchoas fritas de San Sebastián, pimientos del piquillo, carnes y pescados a la brasa, postres caseros.

Vinos recomendados: Vinos de la casa (Viña Salceda 83 y Coto 87), Viña Ardanza 83 reserva, Murcia 81 y Muga 85.

Precio medio: 3.500-4.000 ptas.

PAMPLONA

En Pamplona, durante los Sanfermines, los precios de los hoteles se duplican, por lo que el precio máximo corresponde a esa semana.

IRUÑA PARK HOTEL (****)

Avda. Bayona/Sancho el Fuerte, s/n.

Tfno.: (948) 17 32 00.

N.º habitaciones: 225. Habitaciones y suites, baño, TV. color, antena parabólica, minibar, aire acondicionado, hilo musical, lavandería y servicio de canguros para cuidar niños.

Precio: 14.700-29.000 ptas (suite) + IVA.

Servicios: Salones, despachos privados, servicio de habitaciones durante las 24 horas del día, bar, restaurante, parking.

HOTEL AVENIDA (***)

Avda. Zaragoza, 5.

Tfno.: (948) 24 54 54.

N.º habitaciones: 24. Minibar, TV, pase de vídeos, baño completo, teléfono).

Precio medio: 10.700-24.000 ptas.

Servicios: Cafetería, restaurante Leyre con cocina típica navarra.

HOTEL RESIDENCIA
CIUDAD DE PAMPLONA (***)

Iturrama, 21.

Tfno.: (948) 26 60 11.

N.º habitaciones: 117. Baño completo, teléfono, TV, color con vídeo, antena parabólica, mini-bar, aire acondicionado, hilo musical...

Precio: 12.300 -20.000 ptas.

Servicios: Desayuno-buffet, parking, gimnasio, restaurante —en el que se ofrece, aparte de la carta, platos combinados— y amplia bodega que cuenta con los mejores vinos tintos y rosados navarros.

HOTEL RESIDENCIA
ESLAVA (**)

Plaza Virgen de la O, 7.

Tfno.: (948) 22 22 70.

Cierra: 24 de diciembre al 7 de enero

N.º habitaciones: 28.

Precio medio: 8.500 -15.000 ptas.

Servicios: Desayuno y bar. Situado en la parte antigua de

la ciudad de Pamplona, sobre las murallas de la ciudad. Todas las habitaciones son exteriores.

HOTEL RESIDENCIA LA PERLA (*)
Plaza del Castillo, 1.
Tfno.: (948) 22 77 05.
N.º habitaciones: 76. Con baño completo y hay otras con ducha o bien sólo con lavabo, siendo su precio inferior.
Precio medio: 7.275 -7.800 ptas. Los peregrinos gozan de un 10% de descuento, y si su estancia se realiza en viernes, sábados o domingos, este descuento es mayor.
Servicios: Restaurante con carta y menú del día.
Fundado hace 111 años, está situado en la plaza del Castillo, en el centro de la ciudad, siendo un alojamiento hostelero tradicional, no sólo en Pamplona, sino también como parada en la Ruta Jacobea. Con un poco de suerte, para los peregrinos aficionados a los toros y al mundo que le rodea, pueden dormir en la misma habitación en la que durmió Ernest Hemingway o Manolete.

HOSTAL VELATE (*)
Travesía de Velate, 2.
Tfno.: (948) 25 30 54.
Precio medio: 4.000-10.000 ptas.
N.º habitaciones: 10.
Servicios: Pensión completa (en este hostal-residencia se alojan principalmente estudiantes de la Universidad de Navarra).

RESTAURANTE HARTZA
Juan del Labrit, 19.
Tfno.: (948) 22 45 68.

RESTAURANTE JOSETXO
Pza. Príncipe de Viana, 1.
Tfno.: (948) 22 20 97.

RESTAURANTE SARASATE
García Castañón, 12.
Tfno.: (948) 22 51 02.

RESTAURANTE LA OLLA
Avda. Roncesvalles, 2.
Tfno.: (948) 22 95 58.

PUENTE LA REINA

HOTEL MESON DEL PEREGRINO (**)
Crta. Pamplona-Logroño, km 23.
Tfno.: (948) 34 00 75.
N.º habitaciones: 15.
Precio: 7.000 ptas.
Servicios: Restaurante con buena cocina tradicional.

TAFALLA (A 38 km de Pamplona)

RESTAURANTE TUBAL (2 tenedores)
Pza. Navarra, 2.
Tfnos.: (948) 70 08 52
                70 12 96.
Cierra: domingo noche y lunes todo el día.

Vacaciones: 23 de agosto al 6 de septiembre.

Especialidades: Crepes de borraja sobre salsa de almejas, hojaldre relleno de gambas y pimientos sobre salsa de pimientos, lomos de merluza con kokotxas, almejas y angulas, pato de la Baja Navarra al armagnac. Platos tradicionales de la cocina navarra.

Vinos recomendados: Viña Ardanza, Viña Tondonia, Remelluri 125, Aniversario Chivite 85, Lágrima Ochoa, Gran Feudo Chivite, Rosado Viña Nava.

Precio medio: 4.000 ptas.

Merece la pena desplazarse del Camino y acudir a Túbal, donde Atxen, con su cordialidad habitual, hará todavía más agradable la degustación de su excelente cocina, reconocida en todo el territorio nacional.

LIEDENA

HOSTAL LATORRE (**)
Crta. Pamplona-Huesca, km 40.
Tfnos.: (948) 87 06 10
              87 06 09.
N.º habitaciones: 40. Calefacción, teléfono, baño completo.
Precio: 4.000 ptas.
Servicios: Restaurante, frontón, piscina, tenis, jardín, parking, squash.

SANGÜESA

HOTEL YAMAGUCHI (**)
Crta. Javier, s/n.
Tfno.: (948) 87 01 27.
N.º habitaciones: 40. Baño completo, teléfono y calefacción.
Precio: 6.300 -6.900 ptas.
Servicios: Cafetería, restaurante, salón TV, pista de tenis, mini-frontón, piscina y discoteca.

RESTAURANTE DEL HOTEL YAMAGUCHI (*)
Carretera Javier s/n.
Tfno.: (948) 87 01 27.
Especialidades: Verduras navarras, pescados frescos, cordero asado, chilindrón y pochas de Sangüesa. Carta variable según temporada.
Vinos recomendados: Rosados Gran Feudo (Chivite) y Rosado Malon Echaide, tinto Viña del Perdón 85, reserva tinto Chivite, rioja Marqués de Cáceres y rioja El coto 82.
Precio medio: 4.000 ptas.

JAVIER

HOSTAL XAVIER (**)
Plaza del Santo, s/n.
Tfno.: (948) 88 40 06.
Cierra: Enero.
N.º habitaciones: 46. Baño completo, teléfono, hilo musical, calefacción.
Precio: 5.000-6.500 ptas.
Hotel situado en la misma plaza de Javier, con vistas al

castillo. De noche, con el castillo iluminado, es un placer para la vista.

RESTAURANTE DEL HOSTAL XAVIER

Plaza del Santo, s/n.

Tfno.: (948) 88 40 06.

Especialidades: Lenguado relleno de txangurro en su jugo, menestra de la tierra, solomillo al oporto con foie, tarta de trufa Xavier.

Vinos recomendados: Castillo de Javier (rosado), Real Irache (tinto).

Precio: 2.500-3.500 ptas.

ESTELLA

RESTAURANTE MARACAIBO (2 tenedores)

C/ Pza. de los Fueros, 22.

Tfno.: (948) 55 04 83.

Cierra: Martes.

Especialidades: Carta de temporada, con especial atención a los pescados y a la cocina tradicional navarra.

Vinos recomendados: Marco Real (Homenaje) como vino de la casa, Viña Ardanza reserva 85, Remelluri reserva 85, Castillo de Javier rosado, Cava Vila Morgades Brut.

Precio medio: 3.500-4.500 ptas. Existe un menú del día (1.300 ptas), un menú tradicional (3.000 ptas) y un menú de degustación (5.000 ptas).

LOS ARCOS

HOSTAL EZEQUIEL (**)

General Mola, s/n.

Tfno.: (948) 64 02 96.

N.º habitaciones: 14.

Precio: 3.855 ptas (10% de descuento para los peregrinos)

Servicios: Restaurante, carta y menú del día. Verduras, espárragos, cordero lechal y repostería casera.

RESTAURANTE ROAL (3 tenedores)

Crta. Sesma, s/n.

Tfno.: (948) 64 00 81.

Especialidades: Estofado de ternera, pimientos rellenos, cordero a la cazuela, postres caseros.

Vinos recomendados: Cosechero claro de la casa, tintos Rioja y Malon de Echaide.

Precio: 1.000 a 1.300 ptas. (Hay menús a precios especiales para peregrinos.)

LA RIOJA

LOGROÑO

HOTEL MARQUES DE VALLEJO (**)

Marqués de Vallejo, 8.
Tfno.: (941) 24 83 33.
Precio: 5.875-6.350 ptas + IVA.
N.º habitaciones: 30. Baño completo, TV, teléfono.
Servicios: Cafetería.

HOTEL RESIDENCIA ISADA (*)

Doctores Castroviejo, 13.
Tfno.: (941) 25 65 99.
Cierra: Navidad.
N.º habitaciones: 30. TV y teléfono.
Precio: 4.500 ptas.

RESTAURANTE LA MERCED

Marqués de San Nicolás, 111.
Tfno.: (941) 22 11 66.
Cierra: Domingos y del 1 al 20 de agosto.
Vinos recomendados: Lorenzo Cañas posee una bodega excepcionalmente variada y de calidad. Algunos la califican como la mejor bodega de todos los restaurantes españoles.

RESTAURANTE EL ANZUELO DE ORO (3 tenedores)

Bretón de los Herreros, 62.
Tfnos.: (941) 22 45 06
             22 21 46.
Cierra: Domingos, del 20 de diciembre al 15 de enero.
Especialidades: Cocina marinera, con claras influencias vascas y navarra. Alcachofas con almejas, setas de bosque a las trufas, cogote de merluza, carnes y caza mayor y menor. Repostería «Isabel», mousses y sorbetes.
Vinos recomendados: Cosechero «Manolo» selección, Rioja Bordón, Viña Alcorta y Marqués de Cáceres.
Precio medio: 5.250 ptas.

RESTAURANTE SAN REMO (2 tenedores)

Avda. España, 2.
Tfno.: (941) 23 08 38.
Cierra: Domingo y festivos por la noche.
Especialidades: Garbanzos con arroz, pochas, manitas de cordero y lechecillas; cocina regional de temporada.
Vinos recomendados: Maese Joan 90 (vino tinto de la casa), Mi Villa 91 (vino clarete de la casa), Imperial 85, Villa Monty 82.
Precio medio: 4.000 ptas.

NAJERA

HOTEL SAN FERNANDO (**)

Paseo de San Julián, 1.
Tfnos.: (941) 36 77 00
             36 38 01.
Precio: 5.550 ptas.
N.º habitaciones: 55. Todas exteriores, calefacción, teléfono, baño completo y TV, opcional.

Servicios: Parking, restaurante.

RESTAURANTE RIO (3 tenedores)
(Pertenece al Hotel San Fernando)
Paseo de San Julián, 1.
Tfnos.: (941) 36 37 00
           36 38 01.
Especialidades: Manitas de cerdo, asadurilla (por encargo), picadillo, cordero de leche con sus cabezas asadas, pimientos rellenos.
Vinos recomendados: Riojas y vinos jóvenes de cosechero.
Precio: 1.500 ptas.

RESTAURANTE LOS PARRALES
Mayor, 52.
Tfnos.: (941) 36 37 35
           36 37 30.
Cierra: Del 17 al 30 de septiembre.
Especialidades: Alubias blancas con almejas, kokotxas de merluza con angulas, cabrito asado, pimientos del piquillo rellenos.
Vinos recomendados: Tinto y rosado de cosechero (Rioja Alta), tinto El Coto Crianza 89, Viña Cublio Crian-za 87, blanco El Coto seco cosecha 90.
Precio medio: 2.800 ptas.

ANGUIANO (A 15 km de Nájera, hacia el sur)

HOTEL EL CORZO (*)
Carretera de Lerma, 12.
Tfno.: (941) 37 70 85.

Precio: 4.000 ptas.
N.º habitaciones: 7.
Servicios: Cafetería y restaurante.
Hotel pequeño y familiar, situado en el centro de la villa de Anguiano y a orillas del río Najerilla. Organizan excursiones a caballo por los bonitos alrededores.

SANTO DOMINGO DE LA CALZADA

PARADOR NACIONAL DE TURISMO
(Cerrado por obras)

HOTEL EL CORREGIDOR (***)
Zumalacárregui, 14-16.
Tfnos.: (941) 34 21 28 - 34 25 52 -
           34 27 63.
N.º habitaciones: 32. Baño completo, teléfono, TV color, antena parabólica e hilo musical.
Servicios: Cafetería, 2 restaurantes, sala de lectura y de TV.
El hotel dirige un hostal (**) con 14 habitaciones y cada cuatro de ellas comparten dos baños completos. El hotel está construido en la que fuera casa del corregidor de la ciudad

EL RINCON DE EMILIO (2 tenedores)
Pza. de D. Bonifacio Gil, 7.
Tfno.: (941) 34 09 90.
Cierra: Todas las noches excepto los sábados de octubre

a julio, y todo el mes de febrero.

Especialidades: Pimientos rellenos, manitas de cerdo, cordero asado, garbanzos y menestra de verdura, pescados frescos.

Vinos recomendados: Imperial CUNE, Marqués de Cáceres, Viña Tondonia, Monterreal y Viña Albina.

Precio: 2.000 ptas.

Jardín con parking y, aunque no se admiten perros dentro del restaurante, se guardan en un sitio apropiado.

EZCARAY (A 15 km de Santo Domingo de la Calzada, al sur)

ALBERGUE DE LA REAL FABRICA (***)
Santo Domingo, s/n.
Tfno.: (941) 35 44 74.
N.º habitaciones: 32 dobles y 4 individuales.
Precio: 2.800 ptas.

HOTEL ECHAURREN (***)
Héroes de Alcazar, 2.
Tfno.: (941) 35 40 47.
Cierra: Noviembre.
N.º habitaciones: 26 y 4 apartamentos. Baño completo, TV, hilo musical y teléfono.
Precio:
Servicio: Bar, salones y su magnífico restaurante, uno de los mejores de España.

El hotel y el restaurante Echaurren ocupan el edificio que ya en 1698 era un mesón con camas, pesebres y caballerizas, para que las diligencias y sus ocupantes efectuaran allí su descanso. A finales del siglo XIX los tíos-abuelos de los actuales propietarios adquirieron la propiedad y sus sucesores se han encargado con el tiempo de rehabilitar y mejorar todas las instalaciones y a la vez en el campo gastronómico han conseguido una reconocida fama y una buena colección de premios por su buen hacer.

RESTAURANTE ECHAURREN (2 tenedores)
Héroes del Alcázar, 2.
Tfno.: (941) 35 40 47.
Cierra: Noviembre.
Especialidades: Croquetas, menestra de verduras, potajes, pescados, carnes, caza y repostería casera.
Vinos recomendados: Viña Ardanza, Imperial Cune, Azpilicueta, Viña Tondonia, Muga.
Precio: 4.000 ptas
Uno de los mejores restaurantes de La Rioja y con reconocido prestigio nacional.

RESTAURANTE LA COJA (2 tenedores)
Travesía Río Molinar, 14.
Tfno.: (941) 35 42 71.
Especialidades: Olla podrida (caparrón de la Cara de Dios, morcilla, chorizo, tocino, costillas o picadillo de cerdo), truchas del Oja a la sebastiana, sopa de ajos de fuero, patitas de cordero a la riojana, torrijas

con miel de cosecha propia, postres caseros.

Vinos recomendados: Viña Ardanza, Viña Arana, Boscinia, Tondonia, Marqués de Riscal. Precio medio: 3.000 ptas.

Restaurante tradicional fundado por Sebastiana Lahera y en la actualidad dirigido por su sobrino-nieto. Comida casera muy bien elaborada.

HARO (A 18 km de Santo Domingo de la Calzada, hacia el norte)

RESTAURANTE ASADOR TERETE (2 tenedores)
Lucrecia Arana, 17.

Tfno.: (941) 31 00 23.
Cierra: Domingos noche, lunes y el mes de octubre.
Especialidades: Menestra de verduras, menudillos con huevos al horno, cordero asado al horno de leña.
Vinos recomendados: Todos los de Rioja y sus propios vinos de reserva.
Precio: 2.900 ptas.

Magnífico asador de cordero cuya antigüedad se remonta a 1850-1860, siendo la cuarta generación la que lo regenta en la actualidad.

BURGOS

CASTILDELGADO

HOSTAL EL CHOCOLATERO (**)
Castildelgado.
Tfno.: (947) 58 80 63.
N.º habitaciones: 37.
Precio: 3.200-3.600 ptas.
Servicios: Cafetería, restaurante.

BURGOS

HOTEL CONDESTABLE (****)
Vitoria, 8.
Tfno.: (947) 26 71 25.
N.º habitaciones: 85. TV, minibar y complementos cadena NH.
Precio: 13.700 ptas.

HOTEL CORONA DE CASTILLA (***)
Madrid, 15.
Tfno.: (947) 26 21 42.

N.º habitaciones: 7.300-8.700 ptas.
Servicios: Cafetería, restaurante, garaje, salones.

HOTEL DEL CID (***)
Pza. Santa María, 8.
Tfno.: (947) 20 87 15.
N.º habitaciones: 28. TV, teléfono, hilo musical, servicio habitaciones, lavandería.
Servicios: Garage, salones y comedores, restaurante.
Hotel situado en el casco urbano histórico de Burgos y desde sus habitaciones se puede contemplar la catedral.

HOSTAL RESIDENCIA LAR (**)
Cardenal Benlloch, 1.
Tfno.: (947) 20 96 55.
N.º habitaciones: 11.

Precio: 3.750-4.325 ptas.

Servicios: Pensión alimenticia a buenos precios. (P.C.: 2.125 ptas.)

MESON DEL CID (2 tenedores)
Pza. Santa María, 8.

Tfno.: (947) 20 87 15.

Cierra: Domingos por la noche.

Especialidades: Alubias rojas con tropiezos, hojaldre de puerros, bacalao del mesón, escabechados de caza, canutillos con chocolate, postre del abuelo, queso de Burgos con miel y nueces.

Vinos recomendados: Viña Pedrosa crianza, Valsotillo reserva, Viña Bosconia.

Precio medio: 3.500 ptas.

Restaurante ubicado en una casa palacio del siglo XV, en la que estuvo la imprenta del maestro Fabrique Alemán de Basilea. Asimismo en esta imprenta nació la primera edición de La Celestina y El Lazarillo de Tormes.

RESTAURANTE GAONA (2 tenedores)
Paloma, 41.

Tfno.: (947) 20 61 91.

Cierra: Lunes no festivos.

Especialidades: Sopa castellana, alubias de Ibeas, merluza a la sal, rollitos de salmón rellenos, cordero lechal asado, postres caseros.

Vinos recomendados: Campoviejo 64-70, Viña Valera tinto y rosado, Sanz Blanco de Rueda.

Precio medio: 3.500 ptas.

Situado cerca de la catedral, posee un patio andaluz que en verano está abierto y en invierno se coloca un tejado.

BENAVER (A 2,7 km de la salida de la capital en la carretera de Burgos-León)

MONASTERIO DE SAN SALVADOR
(monjas benedictinas)
Tfno.: (947) 45 02 09.

Hospedería con 14 camas distribuidas en nueve habitaciones, cinco dobles y cuatro sencillas. Algunas con cuarto de baño completo y otras con lavabo.

Precio de la pensión completa: 2.500 ptas por persona y día.

Comida casera, y celebran la liturgia y cantan gregoriano (Laudes, Vísperas...). Pertenecen a la Escuela de Silos, de cuyo monasterio recibe la comunidad (son 23 monjas) clases de gregoriano.

VILLANUEVA DE ARGAÑO

HOSTAL RESIDENCIA LAS POSTAS (**)
Avda. Rodríguez de Valcárcel, s/n.

Tfnos.: (947) 45 12 56 -
45 01 66.

N.º habitaciones: 11 dobles con baño y 4 individuales.

Precio medio: 4.000-4750 ptas.

Servicios: Garaje, zona ajardinada y parking. Restaurante con especial dedicación a la cocina castellana (sopa castellana, cordero asado) y a la caza.

SAN PEDRO DE CARDEÑA

HOSPEDERIA DEL MONASTERIO DE SAN PEDRO DE CARDEÑA
Tfno.: (947) 20 52 47.
En la plaza del monasterio hay un mesón donde se puede tomar comida típicamente castellano-burgalesa a buen precio.

PALENCIA

FROMISTA

MESON LOS PALMEROS (2 tenedores)
Pza. San Telmo, s/n.
Tfno.: (988) 81 00 67.
Cierra: Martes, excepto si son festivos o en temporada de verano.
Especialidades: Menestra de verdura, lechazo asado, pichones estofados.
Vinos recomendados: Tintos Ribera del Duero, rosados Cigales y de Rioja.
Precio medio: 3.300 ptas.
Está situado en el centro de la villa. Su edificio, que data del siglo XVIII, fue hospital de peregrinos. Decoración tipo isabelino. Pequeño, pero muy acogedor.

MONZON DE CAMPOS (A 18 km de Frómista N-611, hacia el sur)

HOTEL CASTILLO DE MONZON (**)
Monzón de Campos, s/n.
Tfno.: (988) 80 80 75.

PALENCIA (A 32 km de Frómista N-611, hacia el sur)

HOTEL HUSA REY SANCHO DE CASTILLA (***)
Avda. Ponce de León, s/n.
Tfno.: (988) 72 53 00.
N.º habitaciones: 100.
Precio: 7.800-8.700 ptas.
Servicios: Cafetería, pistas de tenis, piscina, salones, parque infantil, restaurante con especialidades como pastel de puerros, solomillo al vino tinto, rabo estofado, melocotones rellenos de helado.

HOTEL RESIDENCIA MONCLUS (**)
Menéndez Pelayo, 3.
Tfno.: (988) 74 43 00.
N.º habitaciones: 40.
Precio: 4.700-5.000 ptas.
Servicios: Desayuno, lavado de ropa, salón social.

VILLALCAZAR DE SIRGA

MESON VILLASIRGA
Pza. Generalísimo.
Tfno.: (988) 88 80 22.

Cierra: Navidad. Durante el año sólo abre viernes noche, sábado y domingo. En verano todos los días. Durante el Año Santo 1993 abre todos los días desde el mes de abril.

Especialidades: Sopa albada, lechazo asado con ensalada, postres caseros, chorizo y morcilla casera.

Vinos recomendados: Ribera del Duero y Riojas.

Precio medio: 2.500-3.000 ptas.

Pablo Payo lleva más de treinta años al frente de este casi legendario mesón del Camino de Santiago. En la actualidad su mujer y sus hijos están al frente de la cocina y se encargan de atender a todos con la amabilidad y cordialidad conocida, ofrecen una copita de licor de peregrino a los postres y a los peregrinos de a pie, «sólo a los que hacen el camino a pie», les acogen con un cuenco de sopa y un vaso de vino. El marco exterior (está situado en la Plaza Mayor, frente a la iglesia) y el interior, un silo del siglo XVII, completan la agradable estancia en este mesón.

CARRION DE LOS CONDES

Desde Carrión de los Condes

— En Villoldo, a 12 km de Carrión, por la carretera N-615, hacia el sur.

HOTEL ESTRELLA DEL BAJO CARRION (**)
Crta. Nacional, 615, km 46.
Tfno.: (988) 82 70 06.

SALDAÑA (A 25 km de Carrión, por la carretera Palencia-Riaño, hacia el norte)

HOTEL RESIDENCIA DIPO'S (*)
Avda. de Alejandro Díez, s/n.
Tfno.: (988) 89 01 44.

— *En Villoldo*

RESTAURANTE ESTRELLA DEL BAJO CARRION
Crta. Palencia-Riaño, km 29,300.
Tfno.: (988) 82 70 05.

— En Saldaña

RESTAURANTE EL MOLINO
Crta. San Martín Obispo, 1.
Tfno.: (988) 89 05 74.

LEON

SAHAGUN

HOSTAL LA CODORNIZ (*)
Avda. La Constitución, 93.
Tfno.: (987) 78 02 76.

N.º habitaciones: 27, teléfono y TV.

Precio medio: 3.700-3.800 ptas.

Servicios: Parking, cafetería, restaurante con cocina tradicional leonesa (lechazo de Sahagún, codornices con almejas y gambas, setas a la marinera).

HOSPEDERIA DEL MONASTERIO BENEDICTINO (*)
Antonio Nicolás, s/n.
Tfno.: (987) 78 00 70.
N.º habitaciones: 24.
Precio medio: 3.000-3.800 ptas.
Servicios: Desayuno, comida, cena y comidas a grupos. (Todos los servicios de grupo han de ser solicitados con antelación.)
Hospedería situada dentro del monasterio de Santa Cruz (monjas benedictinas).

SANTAS MARTAS

HOSTAL RESIDENCIA SAN ANTONIO (*)
Crta. Nacional, 601.
Tfno.: (987) 31 41 39.

MANSILLA DE LAS MULAS

HOSTAL RESIDENCIA LA ESTRELLA (*)
Plaza Calvo Sotelo, 1.
Tfno.: (987) 31 02 18.

Existen en Mansilla muchos bares en los que los «chatos» de vino van acompañados de unas buenas tapas. Recomendamos «Café Español», «Bar Mansillés», «Bar Pauli», «Bar El Arco» y «Bar Los Molinos»

CASA TENTA
Santa María, 2.
Especialidad: Conejo picante.

RESTAURANTE TOÑO
Avda. de Valladolid, 49.

EL HORREO DE TIO FAICO
Avda. de Valladolid, 58.

MESON EL GALLO
Crta. Cistierna, s/n.

VILLARENTE

HOSTAL RESIDENCIA LA MONTAÑA (**)
Crta. Adanero-Gijón, km 314.
Tfno.: (987) 31 08 61.

HOSTAL RESIDENCIA DELFIN VERDE (*)
Crta. Adanero-Gijón.
Tfno.: (987) 31 20 65.

LEON

PARADOR DE TURISMO SAN MARCOS (*****)
Plaza de San Marcos, 7.
Tfno.: (987) 23 73 00.
N.º habitaciones: 250.
Precio: 14.000-16.000 ptas.
Servicios: Restaurante, cafetería, salones.
Maravilloso edificio plateresco construido entre los siglos XVI y XVIII por varios arquitectos. Está decorado con

abundantes veneras e imágenes del Apostol Santiago. En el siglo XII existía un hospital para peregrinos y una iglesia. El edificio de dos plantas que está al lado del actual hostal era donde se alojaban los peregrinos. Dentro del edificio, existe una iglesia y el Museo Arqueológico Provincial, abiertos al público. Merece la pena visitarlo aunque no se aloje en él.

HOTEL RESIDENCIA CONDE LUNA (****)
Independencia, 7.
Tfno.: (987) 20 65 12.
N.º habitaciones: 115. TV, color, hilo musical.
Precio: 11.400 ptas.
Servicios: Cafetería, mesón, piscina climatizada, sauna, capilla.

HOTEL RESIDENCIA RIOSOL (***)
Avda. de Palencia, 3.
Tfno.: (987) 21 66 50.
N.º habitaciones: 141. Baño completo, teléfono, TV, antena parabólica y música ambiental. Reformadas recientemente todas las habitaciones.
Precio: 9.500 ptas.
Servicios: Cafetería, restaurante.

HOTEL RESIDENCIA QUINDOS (**)
Avda. José Antonio, 24.
Tfno.: (987) 23 62 00.
N.º habitaciones: 96. Baño

completo, teléfono, aire acondicionado, calefacción.
Precio: 7.400 ptas + IVA.
Servicios: Salón social, salón TV, restaurante «Formela».

HOTEL RESIDENCIA PARIS (*)
Generalísimo Franco, 20.
Tfno.: (987) 23 86 00.
N.º habitaciones: 81. Baño, teléfono, TV.
Precio: 4.558-4.995 ptas.
Servicios: Cafetería, restaurante y discoteca.
Situado a 100 m de la catedral.

RESTAURANTE FORMELA (3 tenedores)
Avda. José Antonio, 24.
Tfno.: (987) 22 45 34.
Cierra: Domingos.
Especialidades: Ensalada Formela, merluza de pincho con caviar de oricios, lomo de conejo en hojaldre, fresas calientes al oporto con helado de canela.
Vinos recomendados: Viña Pedrosa, 91, Mauro 86, Valdeamor 91, Cava Formela.

RESTAURANTE ADONIAS POZO
Santa Monia, 16.
Tfno.: (987) 20 67 68.

RESTAURANTE CASA POZO
Plaza San Marcelo, 15.
Tfno.: (987) 22 30 39.

MESON SAN MARTIN
Plaza San Martín, 8.
Tfno.: (987) 25 60 55.

RESTAURANTE PATRICIO
Condesa de Sagasta, 24
Tfno.: (987) 24 16 51

EL RACIMO DE ORO (2 tenedores)
Caño Vadillo, 2.
Tfno.: (987) 25 75 75.
Cierra: Domingos noche y martes.
Especialidades: Patatas con congrio y almenas, cocido leonés, entremeses leoneses (morcilla, chorizo, jamón, pimientos del Bierzo...), morcillo estafado, lechazo al horno, rabo de toro al jerez, merluza Racimo, salmón a la sidra.
Vinos recomendados: Cantoblanco (rosado) de Pajares de los Oteros, D. Suero 82, Señorío del Bierzo 86, (D.O. Bierzo) y Guerra reserva 86 (D.O. Bierzo).
Precio medio: 3.000 ptas.
En el edificio en que está situado el mesón, en su día existió un hospital para peregrinos de la Cofradía de San Martín, que estaba atendido por una mujer que les proporcionaba «luz, leña y paja para la cama».

SAN ANDRES DE RABANEDO
(A 4 km de León por la carretera C-623)

CASA TEO
Corpus Christi, 17.
Tfno.: (987) 23 30 05.

LA VIRGEN DEL CAMINO

HOSTAL RESIDENCIA SOTO (**)
Crta. León-Astorga, km 5.
Tfno.: (987) 23 61 15.

LAS REDES (2 tenedores)
Crta. Astorga, km 5.
Tfno.: (987) 30 01 64.
Cierra: Domingos noche y lunes.
Especialidades: Platos típicos regionales, a base de pescados y mariscos frescos, carnes guisadas y chuletas asadas, postres caseros.
Vinos recomendados: Blanco del Bierzo, rosado Valdebimbre y tinto Don Suero.
Precio medio: 3.800 ptas.

HOSPITAL DE ORBIGO

HOSTAL EL KANGURO AUSTALIANO (**)
Crta. León-Astorga, km. 31
Tfno.: (987) 38 90 31

COTO CERO
Al lado del río.
Alfredo Fernández le venderá truchas escabechadas por él mismo.

ASTORGA

MOTEL PRADORREY (***)
Crta. Madrid-Coruña, km 329.
Tfno.: (987) 61 57 29.
N.º habitaciones: 64. Baño completo, mini-bar.

Precio: 7.900-8.900 ptas.

Servicios: Cafetería, restaurante, salón de reuniones, discoteca, jardines.

Hotel con una fachada espectácular en cuyo centro hay un gran torreón, a imitación del estilo medieval. Su decoración es a tono con el edificio y en las paredes hay símbolos típicos de la Orden de los Templarios, como homenaje a la importancia de éstos en la zona maragata, así como a su pertenencia a la Cadena Temple. Está situado en un paraje tranquilo.

HOSTAL RESIDENCIA LA PESETA (**)

Pza. San Bartolomé, 3.

Tfno.: (987) 61 72 75.

N.º habitaciones: 22. Baño completo y teléfono.

Precio: 4.800-5.600 ptas.

Servicios: Restaurante.

HOSTAL CASA SACERDOTAL (*)

Hermanos la Salle, 6.

Tfno.: (987) 61 65 00.

RESTAURANTE DEL MOTEL DE PRADORREY

(2 tenedores)

Crta. Madrid-Coruña, km 329.

Tfno.: (987) 61 57 29.

Especialidades: Cocido maragato, pimiento relleno a la berciana, sopa de trucha, trucha rellena de la casa, lacón asado con pimientos, morcillo de ternera braseado, postres caseros leoneses.

Vinos recomendados: Vinos del Bierzo, Guerra 3.er año (vino de la casa), Padorñina.

Precio: 3.500 ptas.

El restaurante del Motel Pradorrey ha obtenido varios premios gastronómicos, no sólo en la provincia de León, sino también internacionales. Es uno de los organizadores de las Jornadas Maragatas, en las que se exalta la cultura maragata en general y el cocido maragato en especial.

RESTAURANTE LA PESETA (2 tenedores)

Plaza San Bartolomé, 3.

Tfno.: (987) 61 72 75.

Cierra: Domingos noche y del 13 de octubre al 10 de noviembre.

Especialidades: Alubias con almejas, congrio al ajoarriero, pulpo a la gallega, morcillo estofado, cocido maragato, cocina casera.

Vinos recomendados: Del Bierzo, de Valladolid y de Rioja.

Precio: 3.000 ptas.

Restaurante atendido por sus dueños (que es la cuarta generación al frente del establecimiento) de forma familiar y atenta.

NURIAS DE RECHIVALDO

MESON EL RANCHO

Su especialidad es el cocido maragato.

BAR LOS ALAMOS

Especialidad en jamón y cecina.

CASTRILLO DE LOS POLVAZARES

MESON EL ARRIERO

(María Luisa Martínez)
Tfno.: (987) 61 60 21.
Especialidades: Cocido maragato.

Tiene una capacidad para 40 comensales y una vez que se llena se cierra el portón y no se admite la entrada a más personas. De postre se tomará natillas. Por esta localidad no pasó nunca el Camino, pero por la belleza insólita del pueblo se ha «metido» en el recorrido.

RABANAL DEL COMINO

BAR DEL CAMINO DE SANTIAGO

Está en la carretera.
Su especialidad es la sopa del peregrino.

PONFERRADA

HOTEL RESIDENCIA DEL TEMPLE (***)

Avda. Portugal, 2.
Tfno.: (987) 41 00 58.
N.º habitaciones: 114.
Precio: 8.600 ptas.
Servicios: Cafetería, restaurante, parking y discoteca.

HOTEL RESIDENCIA CONDE SILVA (**)

Avda. de Astorga, 2.
Tfno.: (987) 41 04 07.
N.º habitaciones: 60. Baño completo y teléfono.
Precio: 5.700-6.800 ptas.
Servicios: Cafetería, parking, salones para reuniones.

HOTEL MADRID (**)

Avda. de la Puebla, 44
Tfno.: (987) 41 15 00
N.º Habitaciones: 55. Baño completo, TV y vídeo.
Precio: 4.000 ptas.
Servicios: Restaurante.

HOSTAL RESIDENCIA SAN MIGUEL (*)

Luciana Fernández, 2.
Tfno.: (987) 41 10 47.
N.º habitantes: 45. Baño, teléfono, TV.
Precio: 3.000-3.400 ptas.

HOSTAL SANTA CRUZ (*)

Marcelo Macías, 4.
Tfno.: (987) 41 63 51.
N.º habitaciones: 30. Baño y TV.
Precio: 2.500-3.200 ptas
Servicios: Cafetería.

CONGOSTO (A 10 km de Ponferrada)

HOTEL RESIDENCIA VIRGEN DE LA PEÑA (***)

La Peña.
Tfno.: (987) 46 71 02.

CACABELOS

RESTAURANTE EL GATO (2 tenedores)
El Foyo, 25.
Tfno.: (987) 54 70 71.
Especialidades: Callos con garbanzos, salpicón de trucha asalmonada, ensalada del Bierzo, cordero de Castilla asado al horno.
Vinos recomendados: Viña Aralia (blanco), Guerra (tinto), Bierzo (tinto) y vino del año de la casa.
Precio: 1.500 ptas.
Dispone de piscina, cancha de tenis y parking propio.

RESTAURANTE PRADA A TOPE (2 tenedores)
Cimadevilla, 99.
Cierra: Lunes.
Especialidades: Entremeses, cordero, empanada, pimientos, postres caseros.
Vinos recomendados: Vinos de Prada a Tope.
Precio: 2.000 ptas.

VILLAFRANCA DEL BIERZO

PARADOR NACIONAL DE TURISMO (***)
Avda. Calvo Sotelo, s/n.
Tfno.: (987) 54 01 75.
N.º habitaciones: 40. Calefacción central, teléfono, TV.
Precio: 8.500 ptas.
Servicios: Bar, restaurante, cambio de moneda, parking, jardín. No se admiten perros.

HOSTAL RESIDENCIA SAN FRANCISCO (*)
Pza. de Generalísimo, 5.
Tfno.: (987) 54 01 75.

HOSTAL EL CRUCE (*)
San Salvador, 37.
Tfno.: (987) 54 01 85.

TRABADELO

HOSTAL NUEVA RUTA (**)
Crta. Madrid-Coruña, km 414.
Tfno.: (987) 54 30 81.
N.º habitaciones: 10.
Precio: 3.000-3.800 ptas
Servicios: Bar, restaurante y garaje.

LUGO
O CEBREIRO

HOSTAL RESIDENCIA SAN GIRALDO DE AURILLAC (**)
O Cebreiro.
Tfno.: (982) 36 90 25.
N.º habitaciones: 9.
Precio: 1.700 ptas.

Servicios: Desayuno, comida y cena.
Pertenece a la diócesis y fundamentalmente se atiende a los peregrinos, pero su funcionamiento es como el de un hotel.

HOSTAL REBOLLAR (**)
Avda. Castilla, 18.
Tfnos.: (982) 36 90 15 -
            36 90 57.
N.º Habitaciones: 18.
Precio: 2.600-3.100 ptas.
Servicios: Cafetería, restaurante y calefacción.

ALOJAMIENTO PARA PEREGRINOS
— De nueva construcción un albergue para 100 personas, baño, duchas, cocina, calefacción y cafetería.
— Palloza para 50 personas. Sólo agua corriente.
Tfno.: (982) 36 90 40 (Parroquia: padre Félix).

PUERTO DEL POIO

MESON O POIO
Casa de comidas con buenos precios.

TRIACASTELA

HOSPEDAJE VILASANTE
Tfno.: (982) 54 70 16.

FONDA O'NOVO
Tfno.: (982) 54 70 06.

MESON EDUARDO
Tfno.: (982) 54 70 48.

SAMOS

HOTEL A VEIGA (*)
Crta. Sarria-Pedrafita.
Tfnos.: (982) 54 60 52 -
            54 61 13.

N.º habitaciones: 15. Baño y teléfono.
Precio: 3.000-4.000 ptas.
Servicios: Televisión, restaurante.

RESTAURANTE A VEIGA
Crta. Sarria-Pedrafita.
Tfnos.: (982) 54 60 52 -
            54 61 13.
Especialidades: Truchas, anguilas, churrasco, sopa de pescado, cabrito y cordero al horno, tarta de piña.
Vinos recomendados: Moza Fresca, Viña Costeira, Menciño, Marqués de Cáceres.
Precio medio: 2.000 ptas.

MESON PONTENOVA
Tfno.: (982) 54 60 03.

SARRIA

HOSTAL ROMA (*)
Calvo Sotelo, 2.
Tfnos.: (982) 53 05 70 -
            53 22 11.
N.º habitaciones: 12.
Precio: 2.000-3.000 ptas.
Servicios: Cafetería, restaurante, terraza.

EL FARO
Tfno.: (982) 53 08 91.

A PEGA
Tfno.: (982) 53 01 40.

CARRETA
Calvo Sotelo, 161.
Tfno.: (982) 53 08 49.

PORTOMARIN

HOSTAL MESON RODRI-
GUEZ (**)
Fraga Iribarne, 6.
Tfno.: (982) 54 50 54.
N.º habitaciones: 10.
Baño.
Precio: 4.000-5.000 ptas.
Servicios: Salón TV, des-
ayuno, restaurante y parking
para coches y bicicletas.
Situado al lado de la igle-
sia de San Nicolás.

MESON RODRIGUEZ (2 tene-
dores)
Fraga Iribarne, 6.
Tfno.: (982) 54 50 54.
Especialidades: Empana-
das variadas y anguila preparada de diversas maneras.
Vinos recomendados: Los
cuatro primeros meses del
año, vinos frescos de Portomarín, albariños.

POSADA DEL CAMINO
Tfno.: (982) 54 50 07.

CASA FERREIRO
Tfno.: (982) 54 50 17.

CASA PEREZ
Tfno.: (982) 54 50 40.

MIRADOR
Tfno.: (982) 54 51 80.

CASA AVENIDA
Tfno.: (982) 54 50 69.

LUGO (A 26 km de Portomarín,
hacia el norte)

GRAN HOTEL LUGO (****)
Avda. Ramón Ferreiro, 21.
Tfno.: (982) 22 41 52.
N.º habitaciones: 168. Baño
completo, TV color, vídeo, aire
acondicionado.
Precios: 11.250-9.000 ptas +
IVA.
Servicios: Cafetería, restau-
rante «Os Marisqueiros», disco-
teca, parking, piscina, solarium.

RESTAURANTE VERRUGA
Cruz, 12.
Tfno.: (982) 22 98 55.
Cierra: Lunes.
Especialidades: Mariscos y
pescados del Cantábrico, carnes de Lugo.
Vinos recomendados: Alba-
riños, ribeiros, Godellos. Gran
variedad de riojas, vinos catalanes y de la Ribera del Duero.
Precio medio: 4.500 ptas.
Con tradición familiar desde
hace 50 años, elaboran una cocina familiar y hecha al fuego
del carbón. Pertenecen a varias
sociedades gastronómicas, entre ellas a la de Protección de la
Cocina Lucense.

LIGONDE

RESIDENCIA RIVAS
Tfno.: (982) 37 71 32.

BAR OVELLA
Tfno.: (982) 37 71 58.

XOIMAR
Tfno.: (982) 37 74 77.

BAR ALAMEDA
Tfno.: (982) 37 71 26.

BAR OUTEIRO
Tfno.: (982) 37 70 14.

CUATRO VIENTOS
Tfno.: (982) 37 74 05.

PALAS DO REI

CASA GUNTINA
Tfno.: (982) 38 00 80.

HOSTAL PONTERROXAN
Tfno.: (982) 38 01 32.

PENSION UTREYA
Tfno.: (982) 38 00 98.

Ponterroxán.
Tfno.: (982) 38 01 92.

LA CORUÑA
MELIDE

HOSTAL ESTILO II (*)
Progreso, 6.
Tfno.: (981) 50 51 53.

CASA FLORENCIO
Ramón Franco, 43.
Tfno.: (981) 50 00 74.

CASQUEIRO I (1 tenedor)
Santiso, s/n.
Tfno.: (981) 50 02 11.
Especialidades: Sopa casera de verduras, merluza a la gallega, queso de Arzúa con miel.
Vinos recomendados: Vinos de la casa, ribeiro, albariños.
Precio: 1.500 ptas.
Dispone también de habitaciones.

O'GLOMAN (1 tenedor)
Prolongación Ramón Franco, s/n.
Tfno.: (981) 50 05 85.

CASA DE COMIDAS TEODORA
Tfno.: (981) 50 00 83.
Dispone de habitaciones.

CASA DE COMIDAS CARBALLEIRA
Tfno.: (981) 50 00 94.
Dispone de habitaciones.

RESTAURANTE O RETIRO
Tfno.: (981) 50 05 54.
Dispone de habitaciones.

ARCA (O PINO)

HOSTAL RESIDENCIA O'PINO (**)
Rúa de Arca, 23.
Tfno.: (981) 51 10 35 -
51 11 48.
N.º habitaciones: 14. Baño completo, TV, calefacción e hilo musical.

Precio: 4.800-6.000 ptas.
Esta situado en el marco de un bonito entorno natural y en el mismo Camino de Santiago.

RESTAURANTE O'PINO (1 tenedor)
Rúa de Arca.
Tfno.: (981) 51 10 35.
Cierra: Domingos.
Especialidades: Cocina regional gallega, resaltando las empanadas de bonito, de berberechos, de congrio o de bacalao con uvas pasas. Callos, pescados y carnes gallegas.
Vinos recomendados: Blancos de Ribeiro o del Barco, albariños, condados, tintos riojas, Amandi y Barrantes.
Precio: 1.000 a 2.500 ptas.

A'CASILLA (1 tenedor)
Pereira. Vilachá.

DE PAU (1 tenedor)
Crta. Lugo-Santiago, empalme Santa Irena.
Tfno.: (981) 51 10 01.

MESON TOXO (1 tenedor)
La Torreira. Carretera a Curtis

O'CRUCEIRO (1 tenedor)
Marquiño, s/n.

LABACOLLA

HOTEL GARCAS (*)
Mouretans, 2.
Tfno.: (982) 88 83 78.

SANTIAGO DE COMPOSTELA

HOTEL LOS REYES CATOLICOS (*****)
Plaza del Obradoiro, 1.
Tfno.: (982) 58 22 00.

HOTEL ARAGUANEY (*****)
Alfredo Brañas, 5.
Tfno.: (982) 59 59 00.

HOTEL PEREGRINO (****)
Avda. Rosalía de Castro, s/n.
Tfno.: (982) 52 18 50.
N.º habitaciones: 148. TV, vídeo, mini-bar, cajas fuertes individuales.
Precio: 12.200 ptas.

HOTEL RESIDENCIA COMPOSTELA (****)
Horreo, 1.
Tfno.: (982) 58 57 00.
N.º habitaciones: 99. Baño completo, TV, teléfono, calefacción, mini-bar, cajas fuertes indivuales.
Precio: 11.000 ptas.

HOTEL SANTIAGO APOSTOL (***)
Grela, 6 (Crta. Santiago-Lugo).
Tfno.: (982) 52 18 50.

HOSTAL HOGAR SAN FRANCISCO (***)
Campillo de San Francisco, 3.
Tfnos.: (982) 58 11 43 -
58 16 00.

HOTEL RESIDENCIA REY FERNANDO (**)
Fernando III el Santo, 30.

Tfnos.: (982) 59 35 50 -
59 35 08.

HOTEL CONGRESO (**)
Montouto, 8.
Tfno.: (982) 59 05 90.

HOSTAL SEMINARIO MAYOR (*)
Pza. de la Inmaculada, 5.
Tfno.: (982) 58 30 09.

HOSTAL LA SALLE
San Roque, 8.
Tfno.: (982) 58 46 11.

RESTAURANTE PEREGRINO (4 tenedores)
Rosalía de Castro, s/n.
Tfno.: (982) 59 18 50.
Especialidades: Sopa de marisco, merluza primavera, solomillo peregrino, escalopes, sanjacobos.
Vinos recomendados: Albariños Condes de Albaret, Lagar de Cevera y Matin Codax, tinto de la Rua Peregrino.

VILAS (2 tenedores)
Rosalía de Castro, 88.
Tfno.: (982) 59 10 00.

ANEXO VILAS (2 tenedores)
Avda. de Villagarcía, s/n.
Tfno.: (982) 59 83 87.

ALAMEDA (2 tenedores)
Avda. de Figueroa, 15.
Tfno.: (982) 58 66 57.

Especialidades: Lubrigante con arroz, empanada de vieiras, lombiños Alameda, rodaballo Alameda.
Vinos recomendados: Rosal, albariño de Ika de la casa, tinto del Barco, Godello especial de la casa.
Precio: 3.500-4.000 ptas.

DON GAIFEROS
Rúa Nueva, 23.
Tfno.: (982) 58 38 94.
Cierra: Domingos y quince días en Navidad.
Especialidades: Mariscos, pescados y carnes de ternera.
Vinos recomendados: Blancos gallegos, tintos de la Ribera del Duero y riojas.
Precio: 4.500 ptas.

FORNOS
General Franco, 24.
Tfno.: (982) 56 57 21.

RUTA JACOBEA
Labacolla, 41.
Tfno.: (982) 88 80 07.

TACITA DE JUAN (anteriormente TACITA DE ORO)
General Franco, 31.
Tfno.: (982) 56 32 55.

ASESINO
Plaza de la Universidad, 16.
Tfno.: (982) 58 15 68.

BIBLIOGRAFIA

Abad Alegría, Francisco, y Ruiz Ruiz, María Rosario: *Nuestras verduras*, Editorial Pamiela, Pamplona, 1984.

Altimiras, Juan: *Novísimo arte de Cocina*, Ediciones Parsifal, Barcelona, 1992.

Bardají, Teorodor: *El arte culinario práctico*, Ediciones Garriga, Barcelona, 1984.

Beltrán, Antonio: *Costumbres aragonesas*, Editorial Everest, León, 1984.

Bravo Lozano, Millán: *Guía del Peregrino Medieval, «Codez Calixtinus»*, Centro de Estudios Camino Santiago, Sahagún, 1991

Calera, Ana María: *Cocina Castellana*, Editorial Everest, León, 1990.

Carbajo, María José, y García G. Ochoa, Lola: *Los dulces de las monjas. Un viaje a los conventos reposteros de Castilla y León*, Junta de Castilla y León, Salamanca, 1990.

Centeno, José María, y Zarza, Francisco: *Cocina regional*, Editorial Cantábrica, Bilbao, 1984.

Conde de Llarena, Carmen: *200 recetas de la cocina burgalesa*, Edita Excmo. Ayuntamiento de Burgos, 1981.

Corpa Mauleón, Juan Ramón: *Curiosidades del Camino de Santiago,* Editorial El País-Aguilar, Madrid, 1992.

Cunqueiro, Alvaro, y Filgueira Iglesias, Araceli: *Cocina gallega,* Editorial Everest, León, 1990.

Delibes, Miguel: *Castilla habla,* Ediciones Destino, Ancora y Delfín, Barcelona, 1987.

Delibes, Miguel: *Mis amigas las truchas,* Editorial Destino Libro, Barcelona, 1987.

—: *Atlas de los vinos de España,* Editorial Plaza y Janés, Barcelona, 1991.

Duijker, Hubrecht: *Vinos de Rioja,* Editorial Plaza y Janés, Barcelona, 1984.

Dumas, Alejandro: *Cocina Española,* Editorial Seteco, Madrid, 1982.

Echevarría, Juan D.: *Cocina vasca tradicional,* Editor Eduardo Izquierdo, Bilbao, 1988.

Echevarría Bravo, Pedro: *Cancionero de los peregrinos de Santiago,* Centro de Estudios Jacobeos, Madrid, 1971.

Enríquez de Salamanca, Cayetano: *El Camino de Santiago,* Editorial El País-Aguilar, Madrid, 1991.

Fernández Gil, Mariano: *Gastronomía Palentina,* edita Obra Cultural de la Caja de Ahorros y Monte de Piedad de Madrid, Palencia, 1983.

Fidalgo Sánchez, José Antonio: *Gastronomía Castilla - León,* folleto editado por la Junta de Castilla y León, León, 1991.

García Santos, Rafael: *Gastronomía de Navarra,* Editorial Kriselu, Zarauz, 1990.

García Simón, A.: *La tradición hospedera en los monasterios de Castilla y León.*

Gil del Río, Alfredo: *El Camino francés a Compostela. Evocaciones y leyendas siguiendo las estrellas,* edición de Alfredo Gil del Río, Madrid, 1990.

Gómez Gónzalez, Eduardo: *Cocina riojana,* Editorial Everest, León, 1990.

Gutiérrez Tascón, José: *Cocina leonesa,* Editorial Everest, León, 1987.

Hualde, José María; Pagola, Javier, y Torre, Paloma: *Quesos de Navarra:* Colección Temas de Navarra, n.º 2, editado por el Gobierno de Navarra, 1989.

Jacobs, Michael: *El Camino de Santiago. Guía de Arquitectura para viajeros,* Editorial Debate, Madrid, 1991.

Landa, Angela: *El libro de la repostería,* Alianza Editorial, Madrid, 1989.

Lasierra Gil, José Vicente: *Cocina Aragonesa,* Editorial Everest, León, 1987.

—: *La Cocina Aragonesa,* Mira Editores, S. A., Zaragoza, 1987.

Mariño Ferro, Xosé Ramón: *Las romerías/Peregrinaciones y sus símbolos,* Ediciones Xerais de Galicia, Vigo, 1984.

Martínez Llopiz, Manuel-Irizar, Luis: *Las cocinas de España,* Alianza Editorial, Madrid, 1990.

Moro, Carlos: *Guía práctica de los quesos de España,* Editorial Club G. S., Madrid, 1989.

Muntión Hernáez, Carlos: *Guía de Santo Domingo de la Calzada,* Gobierno de la Rioja, 1991.

Muro, Angel: *El Practicón,* Ediciones Poniente, Madrid, 1982.

Nola, Ruperto de: *Libro de Cozina,* edición de Carmen Iranzo, Editorial Taurus, Madrid, 1982.

Ortega, Simone: *Quesos españoles,* Alianza Editorial, Madrid, 1990.

Pacheco Reyero, Félix: *Viaje a la Gastronomía Leonesa,* Editorial Nebrija, León, 1984.

Pallaruelo, Severino: *Pastores del Pirineo,* Ministerio de Cultura, Madrid, 1988.

Pousa, Xosé Ramón: *Guía del Camino de Santiago,* Editorial Biblioteca Gallega, Serie Nova, La Coruña, 1982.

Pradera, Nicolasa: *La Cocina de Nicolasa,* Editorial Txertoa, San Sebastián, 1979.

Puga y Parga, Manuel María, «Picadillo»: *La cocina práctica por Picadillo,* Editorial Galí-Santiago, Santiago de Compostela, 1984.

Sáenz Terreros, María Victoria: *El hospital de peregrinos y la cofradía de Santo Domingo de la Calzada,* Ediciones Biblioteca de Temas Riojanos, Instituto de Estudios Riojanos, Gobierno de La Rioja, Logroño, 1986.

Salsete, Antonio: *El Cocinero Religioso,* transcripción de Víctor Manuel Sarobe Pueyo, editado por el Gobierno de Navarra, Pamplona, 1990.

Sarobe Pueyo, Víctor Manuel: *Gastronomía. Platos de Caza (I),* folleto n.º 20 de «Navarra/Temas de Cultura Popular», Diputación Foral de Navarra.

Sauleda Parés, Jorge: *Vinos de Navarra*, Gobierno de Navarra, Pamplona, 1991.

Sección Femenina del Movimiento: *Cocina Regional. Recetario*, Editorial Alemana, Madrid, 1984.

Sueiro, Jorge Víctor: *Galicia: aguardientes, licores, queimadas*, Madrid, 1984.

—: *Comer en Galicia*. Ediciones Arnao, Madrid, 1989.

Valiña Sampedro, Elías: *El Camino de Santiago. Guía del Peregrino*, Editorial Everest, León, 1984.

Varios autores: *El Camino de Santiago, Guía Completa*, Editorial Anaya, Madrid, 1990.

—: *Cocina castellana*, Editorial Servilibro, Madrid, 1989.

—: *Guía de Vinos Gourmets, 1993*, Ediciones Club G. S. A., 1992.

—: *Las castañas del Bierzo*, Centro de Iniciativas Turísticas y Junta de Castilla y León, noviembre, 1989.

—: *Libro de la gastronomía de Castilla y León*, Junta de Castilla y León, Valladolid, 1987.

—: *Manual de Cocina. Recetario*, Ediciones Poniente, Madrid, 1982.

Manuel Vázquez de Parga, Luis;, Lacarra, José María, y Uría Riu, Juan. *Las peregrinaciones a Santiago de Compostela*, tomos I y II, edición facsimil editada por el Gobierno de Navarra, 1992.

Vega, Luis Antonio de: *Guía Gastronómica de España*, Editora Nacional, Madrid, 1970.

Viñayo González, Antonio: *Caminos y Peregrinos. Huellas de la peregrinación jacobea*, Colección isidoriana popular, Editorial Isidoriana, León, 1991.

INDICE POR INGREDIENTES

CARACOLES

VERDURAS Y LEGUMBRES

MASAS, EMPANADAS y PAN

CARNES

AVES y CAZA

DESPOJOS, VISCERAS y EMBUTIDOS

PESCADOS y MARISCOS

SALSAS

POSTRES y DULCES

BEBIDAS

INDICE ALFABETICO DE RECETAS

INDICE

Ultimos títulos publicados